DOLLARS
AND
SENSE

怪诞行为学 5
理智与金钱

[美] 丹·艾瑞里（Dan Ariely）
[美] 杰夫·克莱斯勒（Jeff Kreisle） 著
刘雅娟 / 译

How We
Misthink Money
and
How to
Spend Smarter

中信出版集团·北京

图书在版编目（CIP）数据

怪诞行为学. 5，理智与金钱 /（美）丹·艾瑞里，（美）杰夫·克莱斯勒著；刘雅娟译. -- 北京：中信出版社，2018.11（2024.6重印）

书名原文：Dollars and Sense: How We Misthink Money and How to Spend Smarter

ISBN 978-7-5086-9205-0

I. ①怪… II. ①丹… ②杰… ③刘… III. ①行为经济学－通俗读物 IV. ①F069.9-49

中国版本图书馆CIP数据核字（2018）第148249号

Dollars and Sense: How We Misthink Money and How to Spend Smarter
Copyright © 2017 By Dan Ariely and Jeff Kreisler
Simplified Chinese translation copyright © 2018 by CITIC Press Corporation
Published by arrangement with author c/o Levine Greenberg Rostan Literary Agency
Through Bardon Chinese Media Agency
ALL RIGHTS RESERVED
本书仅限中国大陆地区发行销售

怪诞行为学5：理智与金钱

著　者：[美]丹·艾瑞里　[美]杰夫·克莱斯勒
绘　者：[美]马特·特罗尔
译　者：刘雅娟
出版发行：中信出版集团股份有限公司
　　　　　（北京市朝阳区东三环北路27号嘉铭中心　邮编 100020）
承　印　者：北京通州皇家印刷厂

开　　本：880mm×1230mm　1/32　　印　张：10.5　　字　数：250千字
版　　次：2018年11月第1版　　　　印　次：2024年6月第24次印刷
京权图字：01-2018-6344
书　　号：ISBN 978-7-5086-9205-0
定　　价：52.00元

版权所有·侵权必究
如有印刷、装订问题，由发行公司负责调换。
服务热线：400 600-8099
投稿邮箱：author@citicpub.com

致金钱

为你给我们带来的美好一面,也为你对我们造成的糟糕一面,以及介于两者之间的灰色地带

目 录

推荐序一 // III
推荐序二 // IX
导　言 // XIII

第一部分　何为金钱？
金钱的恩惠和诅咒

1　赌场的心机 // 003
2　当机遇来敲门 // 009
3　价值定位 // 018

第二部分　价值误判
我们是如何以风马牛不相及的方式来评估价值的？

4　相对性骗局 // 025
5　心理账户的偏见 // 050
6　付款之痛 // 075
7　对锚定效应的依赖 // 114
8　损失厌恶和禀赋效应 // 135
9　惩罚不公平 // 161

10　语言和形式的魔力 // 184
11　期望扭曲 // 206
12　失控 // 225
13　精确性错觉 // 243

第三部分　现在，该怎么办？
站在并不完美的思维之肩

14　心之所向，金钱所在 // 261
15　免费的建议 // 274
16　自控力 // 275
17　现在是我们反抗它们的时候了 // 287
18　停下来，想一想 // 305

致　谢 // 313

推荐序一

看住你的钱包

对于金钱,我特别欣赏葛优在小品中讲的一句话:钱不是万能的,但没有钱是万万不能的。对任何人来说,金钱并不等于幸福,但又是幸福的基础,人人都这样想,因此总有人盯着你的钱包。

说到这里,你一定会以为我介绍的这本书是关于如何预防偷窃、抢劫或电信、金融类诈骗的,你错了,这是一本经济学的书,讨论的自然不会是非经济学问题。这本书要告诉你,盯着你的钱包,偷你钱的不是小偷、骗子或强盗,而是你自己。你不理智地花钱就是在偷自己的钱,看住你的钱包就是学会理智地花钱。

也许你会认为理智地花钱还用学习吗?我是一个理性人,知道自己需要什么,也知道如何合理地支出自己的收入,如果你有这样自信的想法,就可能已经丢了不少钱。理性人假设是古典经济学的说法，成为经济学分析的起点之一，从中也引申出许多至今仍有意义的结论。不过，以此为基础的经济学偏重于理论与数学推导，严谨且逻辑性强。但越来越多的经济学家认识到，这并不能反映复杂的现实。行为经济学正以大量的事实和充分的论证说明，人的行为，包括消费行为，往往是不理性的。

这种不理性使你花了不少不该花的钱，这就等于你的钱被自己偷了。举例来说，中国人有个说法叫"穷家富路"。在家时勒紧裤带（不是减肥），一分钱掰成两半花，外出旅游则大手大脚，买了一堆留之无用（还占地方）弃之可惜（又花了钱）的旅游纪念品。而在家时，你对小摊上类似的东西看都不会看一眼，其实在家的一块钱和你在外时的一块钱是完全相同的，可以互换的。在家你把这一块钱当宝，在外却并没有把它视作同样的一块钱。这样花钱理智吗？在这个问题上，你能是理性人吗？"穷家富路"的说法是不是在外旅游时偷自己的钱，没有看住你的钱包？类似的事，中外皆有，作者用了人在赌场的案例做分析，就与我们的"穷家富路"相似。

当然，这本书如果只是罗列人花钱不理智的事例，不仅无法列完，而且也意义不大，这本书的可贵之处在于分析了这些现象背后的原因，告诉我们非理性消费在心理认知中的误区。这就使我们读完后恍然大悟，知道自己为什么没有看住自己的钱包。

每一分钱的价值都是完全相等的，而且可以互换。每花掉一分钱的机会成本就是放弃这一分钱的其他用途。这个道理简单而平凡，任何人都不会否认，但在实际花钱时往往就会忘了这一点。

这就会造成有时惜钱如命，有时却大手大脚。想想自己每一次花钱时的情况，谁没犯过这类错误？作者用许多例子证明了，几乎每个人都逃不出这个"魔咒"。

应该承认，我们的非理性消费行为有外部的原因，其中两点特别值得注意。一是商家玩折扣的花招，会导致你抵制不了诱惑而上当，不少中老年妇女爱买折扣销售的产品，结果买了一堆过时的或无用的东西，还觉得占了便宜，心中窃喜。外国人也不例外。作者举了一个苏珊阿姨的例子（也是中老年妇女），原价100美元，标价6折的衬衣，她会买，但同样的衬衣，标出真实价格60美元，她就不要了。不要以为仅仅是苏珊阿姨会这样做。杰西潘尼商场过去就一直以打折促进销售，那里不仅是苏珊的最爱，有同样爱好的人很多，也正因如此，商场才得以兴旺赚钱。新来的总裁罗思·约翰逊决定改革，实行明码标价不打折，苏珊阿姨们大为不满，拒绝去购物。结果这家商场严重亏损，新任总裁也混不下去了。我的一个学生开了一家高级餐厅，给同学们发了优惠卡，可享受8.5折优惠，其实这家餐厅的菜价比其他同类餐厅都高，打折后的价格才比较实际，而且菜本身也做得一般，但仍有不少同学爱去这里享受折扣就餐，还口口相传。这样的行为与苏珊阿姨有何不同？别忘了，这些人可都是成功的企业家啊！

非理性消费行为的另一个原因是现在的支付方式。过去，花钱是用现金，收到一分货，立马交一分钱。你看着可爱的现金不断流出去，无法不心痛。钱花起来就理智了。何况，现金交易没钱无法成交，也成了一种对你的控制。但现在，用信用卡或支付宝等第三方支付平台消费时，看不见真金白银流出，没钱也不影响消费，到月底才还款，花起来有时候就会更不理智。许多年轻人成为"月光族"，甚至"月负族"，这正是原因之一。年轻人花得多，又缺乏自制力，信用卡或支付宝为他们的提前消费创造了条件，即使再理性也难以理智地花钱了。

还有许多其他方式，使你无法理智地花钱。如商家给产品取了一个好名字而使你多花钱，你对意外之财（有些其实也是辛勤劳动所得，如消费或者其他赠予收入）的支出不如正常收入理智，等等。

不过，外因要通过内因才会起作用。商家的各种促销只要不违法，即使有些缺失道德感，也无法禁止，面对这些诱惑，能否理性花钱还在于自己的消费心理。行为经济学正是分析这一问题的，如禀赋效应和心理账户，等等。这本书正是根据行为经济学来分析不理智花钱的问题。如果你读完这本书后还觉得不过瘾，那么可以找行为经济学大师理查德·塞勒的著作看看，他的三部重要著作《错误的行为》《助推》《赢家的诅咒》的中文版也已由中信出版集团出版。

中国人与外国人有相同的消费心理，苏珊阿姨与中国大妈不差分毫，不过由于历史传统与国情的不同，中外消费者在实际的消费行为方面也存在一定的差异。例如，中国人（特别是老人）舍不得扔旧东西，一个耗电又不好用的冰箱还当宝贝留下来使用，坚决不换节能而方便的新冰箱，看起来是为了省钱，实际上，不但用起来不方便，还多交了电费。我觉得这种现象可称为"旧物情结",虽然这本书中并没有分析这种现象,但能够引发类似的反思。读了这本书,你不仅可以了解哪些消费行为是不理智的,还能进一步了解其背后的非理性动机。如果有兴趣,也可以做一些调查,用行为经济学做些分析,这对国人看住钱包更有意义。

这是"怪诞行为学"系列的第 5 本。这套书不是教条地讲理论,而是通过现实中的事例,通俗而有趣地讲经济学道理。趣味性是这本书的最大特点,它将深奥的道理置于有趣的故事之中,让人读起来兴趣盎然又有所收获。我是在去往欧洲的飞机上读的这本书。书读完时,目的地斯德哥尔摩到了,旅行开始了,也知道了应该警惕"穷家富路"。读这本书有利于我们更理智地花钱、消费。钱包看紧了,你的生活会更幸福。

梁小民
经济学家

推荐序二

花钱的正确姿势

金钱是人类的伟大发明。没有货币、银行、金融市场，人类不可能享有今天丰富多彩的现代生活。每个人心里都承认金钱的重要性，但是，说出热爱金钱的话，是勉为其难的。从古至今，鄙薄金钱的文学作品大行其道，连伟大的莎士比亚也未能免俗，但也不是没有例外，著名诗人奥斯卡·王尔德就说过，"我年轻时以为金钱是世上最重要的东西，等我老了才知道，确实如此"。王尔德是毒舌诗人，他的话直指人心。

在一定意义上，人生就是与金钱打交道的过程，金钱是人类共同的语言。对金钱的态度和做法，在一定程度上反映了一个人对待人生的态度和做法，因为这里体现着人的价值观、思维方式，有什么样的价值观和思维方式，就有什么样的人生。金钱的本质是什么，人们很少考虑，这是经济学家的兴趣和任务。相应地，也很少有人能正确地花钱，所谓正确，就是经济学家们认为的理性消费，让金钱实现最大的效用。这是因为人们在消费时，容易受到心理因素的干扰，而并非完全遵从理性的指引。

本书作者对人们在消费中的非理性行为进行了梳理，并冠以学术概念。相对性骗局，说的是很多人喜欢买打折的商品，不但没少花钱，反而多花了钱，此时的原价是被商家大大抬高了的虚假原价。心理账户，也就是对本来完全相同的一单位金钱，做出明确的区分，放在不同的账户里。提出这个概念的经济学家理查德·塞勒获得了2017年诺贝尔经济学奖。其实一块钱就是一块钱，无论花在哪里，你的损失都是一样大的，不应该区别对待。付款之痛，即人们有时候会因为支付的便捷或者推迟实际支付，就多花钱，使用信用卡和移动支付都有此类效果。锚定依赖，人们往往根据商家的第一个出价，来估算一件新商品的价值，但是第一个价格与真实价值或者我们的购买决策是没有关系的。损失厌恶和禀赋效应，人们对自己曾经使用或者拥有过的东西，往往有过高的估计，舍不得出手。损失十块钱的厌恶感比获得十块钱的愉悦感强烈得多，这在股市和赌场中最常见，可能赢二十块钱才会抵消输十几块钱的不快。但无疑，它们在绝对值上没有这样的差别。惩罚不公平，比如在天气不好的时候叫网约车，价格是平时的数倍，我们会感到愤怒，其实这是一种误区，因为，价格高是因为需求大大增加，而车不会增加还在减少，此时打车获得的效用远高于平时，并没有吃亏。语言和形式的魔力，商家动听的语言或者说话技巧，包括广告等，往往会让消费者多掏钱。期望扭曲，对一件商品的期望，会影响支付意愿，比如人们愿意为名牌产品支付更多的钱，觉得使用名牌的体验一定更美妙，但实际上，名牌和非名牌在体验上的差距，远远没有价格的差距大，追逐名牌可能会吃亏。失控，人应该为自己的未来考虑，比如储蓄计划，但是人们往往是短视而看不清未来的，可能就不会储蓄，选择今朝有酒今朝醉。精确性错觉，人们习惯通过商品的价格来判断商品的价值，价格越高，就被认为效用更大或者体验更好，真实情形未必如此。

这本书的核心思想，其实只有一个：金钱（价格）的本质是机会成本。机会成本，也是经济学的核心概念。人们一般头脑里的概念是会计成本，但是会计成本不应该是决策，包括消费决策的依据，因为会计成本并不是真正意义的成本，所谓成本，就是损失。而做一件事情的机会成本，就是如果不把钱（资源）投入这件事，而是其他的事中，所能获得的最高回报或者价值，这是真正的损失，也是成本唯一正确的含义。一件商品究竟值不值得买，花多少钱才是合适的，不是看花费在这件商品上的钱有多少，而是看，这笔钱如果买其他商品所能获得的最高的效用或者价值。所有的误区，都是因为背离了这个最高原则，按照作者的话就是，我们本来应该比较的是此物和彼物，或者金钱的机会成本，但实际上，我们比较的是花出去的钱和购买的这个物品。正是因为把注意力集中于金钱和物品的对比，才会有上述价值误判。

各大学商学院都有一门核心课——市场营销学，其实就是教商家如何利用这些误判赚钱。误判主要不是因为狡猾的商家误导消费者，而是人们在心理上固有的认知缺陷造成的。人并不是或者并不总是理性的，比如总能从机会成本认识世界，人有非理性的一面。这是正常的，没有这些非理性，人类就成了精于理性计算的冷血动物，世界不会更美好，而是更糟。所以，在很大程度上，这些误判，以及由于这些误判消费者多花出去钱的行为，并不能一概认定是愚蠢或者不值。因为效用或者价值本来就是主观的。

作者的意图，其实也是经济学家的意图，是让人始终用理性之光观照自身，这样，才能实现经济上的满足。因此，误判是需要适当克服的。

能看出来，为了让我们运离价值误判，作者煞费苦心，竭尽全力，提出了破解之法。坦白说，这些办法，并不是灵丹妙药，比如要有自控力，付款之前不妨停下来，用机会成本的思路，多想想，再决定要不要把钱花出去。但我想，单是这样对机会成本的理性思考，就已然能让我们终身受益了。

王福重

中央财经大学教授

导　言

1975 年的时候，鲍勃·尤班克斯主持过一档短期电视游戏秀，叫作《钻石头脑大比拼》。这档节目当时的录制地点在夏威夷，其中有个非常有特色的奖惩关卡，叫作"财运大喷发"。在这一关卡中，所有参赛者将进入一个玻璃盒子，之后，这个透明空间将会变成一条狂风大作、金钱纷飞的隧道。钞票四处飞舞、旋转拍打，参赛者需要在规定的时限内尽可能抓到更多的钱。在这个关卡里，所有人都表现得格外癫狂，他们伸手、抓取、转身，在满是金钱的龙卷风中手脚并用。这是一项伟大的娱乐活动：因为很明显，在这 15 秒内，金钱成了世界上最重要的东西。

其实，从某种层面来说，我们每个人都身处财运大喷发中。只不过，我们是在以一种不那么强烈和直观的方式玩这个游戏而已，但可以肯定的是，多年以来，我们一直以各种方式和途径参与其中，或者被它玩弄于股掌之间。大多数人都对金钱思考良多：我们有多少钱，我们需要多少钱，怎样才能获得更多的钱，怎样才能留住现有的钱，我们的邻居、朋友以及同事，他们赚了多少钱，花了多少钱，又存了多少钱？奢侈品、各种账单、机遇、自由、压力，金钱涉及当代生活的每个部分，小到家庭预算，大到国家政治，远到购物清单，近到储蓄账户。

随着金融世界日新月异的变化，我们每天要考虑的内容也与日俱增。因为抵押、贷款以及保险都变得更为复杂，因为我们活得更久，退休更晚，所要面对的也将是全新的金融技术、更复杂的金融期权，以及更大的金融挑战。

如果经常考虑钱财可以帮我们做出更优选择的话，那么多想想也不是什么坏事。但事实并非如此。真相是，在涉及金钱时，人们总是会做出糟糕的决策，这也是人类的一大特点。在搞砸自己的经济生活方面，我们总是厉害到不可思议。恭喜人类，我们是最棒的。

考虑一下这些问题：

导 言

- 使用信用卡和使用现金,这两者有区别吗?不管用哪种方式,我们花出去的钱都一样多,是吗?实际上,研究表明,当我们使用信用卡的时候,总是乐意支付更多。我们用它支付了更高额的购买款项,给的小费也更多。你没猜错,最常用的支付方式——信用卡,总是让我们低估或忘记自己到底花了多少钱。

- 耗时两分钟打开门、收费100美元的锁匠,与耗时一小时打开门、同样收费100美元的锁匠,这两者究竟哪个更合算?大多数人都觉得耗时更久的那位更好,因为对方投入了更多的努力,而且算下来,平均每小时的收费也相对更低廉。那么,假设这位耗时更久的锁匠在成功打开门之前就已经尝试多次,甚至还为此弄坏了一堆工具呢?如果收费也随之涨至120美元呢?令人惊讶的是,大多数人还是坚持认为,这位锁匠比耗时两分钟打开门的那位更合算,即便他只是因为自己的技艺欠佳而浪费了我们一小时的时间。

- 我们是否为退休存够了钱?我们能否做到心中有数,即便只是个模糊的概念,到了退休的那天,我们赚了多少钱,又存了多少,投资收益如何,以及在接下来的几年里,各种开支会是怎样的情形?没有?我们对退休规划感到非常恐慌,从整个社会来看,我们存储的钱还不到实际所需的10%,而且也没有自信能存够钱,我们甚至觉得,即便人类的平均预期寿命是78岁,自己也得一直工作到80岁。好吧,这也是一种减少退休费用的方式:永不退休。

- 我们对时间的利用是否合理?比起来寻找利率更低的抵押

贷款机构，我们是否将更多的时间花在了开车四处寻找一个加油站上，就为了节省几美分？

我们要考虑的，不仅仅是金钱本身，更重要的是改善财务决策，实际上，有时候把金钱想得过于简单会给我们带来深刻而麻烦的改变。财务问题是离婚的首要原因，也是让美国人备感压力的首要源头。那些本来就存在财务问题的人，在处理其他事务时，情况会更糟，这一点是有据可循的。一组研究表明，那些富人，特别是当有人提醒他们很富有的时候，其所作所为往往比一般人更加不道德。此外，另一项研究也发现，仅仅是看到有关钱财的图像，就会使人联想到从办公室窃取资金，与同事进行不正当交易，或是通过撒谎牟利。而思考钱财这个词则总是会让我们的大脑一片混乱。

鉴于金钱对每个人的生活、对整个社会及经济都有着至关重要的作用，而合理地看待钱财也是一种挑战，那么，我们究竟能够做些什么来改善自己的想法呢？这一问题的标准答案通常是"财务教育"，或者用更复杂的术语来说，就是"金融素养"。不幸的是，理财课程，比如学习如何购置一辆车，或是如何获得一笔抵押贷款，效果往往消退得很快，因此很难对我们的行为产生长远的影响。

所以，这本书并不会探讨如何掌握一定的财务知识，也不会告诉我们，每次打开钱包的时候，应该如何对待其中的钞票。相反，我们将会深入研究财务领域最常见的错误，更重要的是，探讨我们为什么会犯这些错误。之后,在下一次面临财务决策时,我们就可以更好地理解个中利害,做出更好的决策。或者说,至少是在了解更多信息的基础上再做决策。

我们会向大家介绍一些人,分享他们的关于金钱的小故事。我们将展示在某些特定的财务状况下,他们都做了些什么。然后,解释他们的经验教给了我们怎样的科学常识。在这些故事中,有一些是真实的,还有一些就像电影一般,"根据真实事件改编而成"。这之中有智者,也有愚人。我们将强调,甚至夸大其中存在的某些特征,以突出某些常见的行为,好让那些所作所为看起来更接近某些约定俗成的理念。我们希望每个人都能意识到,那些故事中的每个人,他们所犯的错误、许下的承诺,以及他们的所作所为对我们的生活会产生怎样的影响。

这本书将告诉我们,应该如何看待金钱,以及在处理金钱时容易犯的各种错误。我们对财务运作的理解,我们实际支出的方式,以及我们应该如何合理地看待和使用金钱,这三者之间存在着偏差,而这本书所讲述的也正是这种偏差——有关金钱给我们每个人所带来的挑战,也有关花钱时的常见错误。

那么,在读完这本书后,我们是否就能更加明智地消费了呢?当然,也许,有点儿,大概。

至少,我们可以相信,昭示隐藏在财务决策背后的、消耗我们的时间、控制我们人生的复杂力量,能够改善我们的财务状况。我们也相信,在了解到金钱对思维产生的影响后,在与财务不相关的其他领域,我们也可以做出更好的决策。为什么这么说?因为我们对财务的抉择不仅仅局限于金钱本身。在财务方面把握现实的力量，同样也会影响我们对生活中其他重要事物的衡量：如何安排自己的时间，如何管理事业，如何接受他人，如何发展各种关系，如何让自己快乐，以及——如何理解周围的世界。

更简单地来说，这本书会让一切变得更好。那么，它是不是物有所值了呢？

|第一部分|
Dollars and Sense

何为金钱？

金钱的恩惠和诅咒

1 赌场的心机

乔治·琼斯（注意：我们说的可不是那位名叫乔治·琼斯的歌手，这里的乔治只是我们杜撰出来的一个人物。为了不让读者误解，不如假设这个人完全不会唱歌，甚至连卡拉OK都唱不好）觉得自己需要舒缓放松一下。工作的压力，孩子的吵闹，金钱的紧张，这些都让他备感焦虑。因此，在公司组织的一次去拉斯维加斯的旅行中，他顺道去了趟赌场。当时，他把车停靠在一条公众筹建的、保养良好的道路尽头的免费停车场内，下了车，漫无目的地四处游荡。随后，他踏进了赌场——那是一个不同于自己日常的缤纷世界。

周围的声响将他从恍惚中惊醒：20世纪80年代的音乐和收音机的声音，混合着硬币的叮当作响，夹杂着上千台老虎机发出的轰鸣。他不知道自己在赌场里待了多久。他在周围没看到钟表，但是从身边那些一门心思扑在老虎机上的上了年纪的人来看，感觉已经有一辈子那么久。也可能只是过了5分钟。他应该离入口不远。但是，又一次，他看不到入口，或是出口，或是其他任何可以带他逃离这里的门或窗或走廊或其他途径。视线所及，只有闪烁的灯光，衣着暴露的鸡尾酒服务生，美元符号，或狂喜或悲恸的人，除此之外，不存在介于两者之间的情绪。

老虎机？当然，为什么不去试试呢？他玩了一轮，遗憾地和大奖擦肩而过。于是，他又接着玩了15分钟，不断投进更多的钞票，试图反败为胜。结果，一把也没赢，他所做的只是一次又一次地与大奖失之交臂。

后来，乔治的钱包里只剩下一些讨人厌的零钱，于是他去自动柜员机取了200美元，毫不在意3.5美元的手续费，因为他坚信，只要赢一把，他就能把那点儿钱赚回来。他又坐回21点的牌桌前。他换了5张崭新的20美元，发牌员给了他一叠鲜艳的红色塑料筹码。筹码上印着赌场的画像，装饰着一些羽毛、一个箭头和一顶帐篷。每个筹码等价于5美元，但显然，它们给人的感觉一点儿都不像真的钱币，更像是玩具。乔治将这些筹码玩转于指间，又在桌上弹来弹去，观察着每个人面前筹码堆的起伏变化，对于发牌员面前那堆五颜六色的筹码，他垂涎不已。乔治让发牌员对自己好一点儿。"甜心，在我看来，你可以拥有这一切——但请千万不要拿走属于我的这部分。"

一位可爱又友善的服务生给乔治端来了一杯免费的饮料。免费哟！太划算了吧！他感觉自己已经在赢了，于是给了对方一枚小小的塑料玩具筹码当作小费。

乔治玩了起来。乔治乐在其中。乔治快快不快。他赢的很少，输的很多。有些时候，他觉得自己胜券在握，于是翻倍下注或是亮出自己的牌，两个或三个筹码？不，还不够，他要赌上4个或是6个筹码。到头来，他输光了200美元。不知为何，他没法像同桌的那些牌友一般——他们瞬间就能赢得大堆筹码，然后下一把，下更多的注。他们之中有性情温和的人，也有一些人，在被人拿走原本属于自己的牌时，变得非常暴躁。但不管是谁，看起来都不像是能承受一小时内输光500或是1 000美元的类型。尽管如此，这样的事一直在上演。

当天早上，乔治先在当地的咖啡馆门口转悠了一会儿，然后就回到了酒店的房间，因为自己煮咖啡能省下4美元。而这个晚上，他损失了40个价值5美元的筹码，眼睛都没眨一下。他甚至还给了发牌员一个筹码，只是为了犒赏对方的友好态度。

这是怎么回事？

说到从人身上捞金，赌场可谓是个中佼佼者，我们以此为开头，似乎有点儿不太厚道。但不管怎样，乔治的经历还是提供了一个契机，让我们能够一窥自己也会犯的那些心理错误，即便有些时候，它的发生并非蓄意而为。

下面列出的几点因素，正是赌场中迷乱的灯光打在地板上时所耍的心机。在接下来的几章里，我们还会进一步探讨这其中涉及的细节部分。

心理账户。乔治很担心自己的财务状况（从那天早上他为了省钱而决定自己煮咖啡就可以看出来）。然而，他却若无其事地在赌场消费了200美元。这种反差的发生，在某种程度上，是因为他下意识地将赌场里的消费算在了另一个不同于咖啡消费的"心理账户"中。掏出钱，将钱换成一个个塑料筹码，自此，他便开设了一项"娱乐"账户，与此同时，其他支出仍然被计在类似"日常开支"的项目内。这一伎俩让他觉得，在赌场里花掉的钱不同于买咖啡所需要的钱，但实际上，这两种花费都源自同一账户："乔治的钱"。

免费的代价。免费停车和免费饮料，这些都让乔治兴奋不已。的确，他没有直接为此付费，但是这些"免费的"东西让乔治以一种愉悦的心情进入了赌场，也影响了他的判断。实际上，这些"免费的"事物，压榨出的代价反而更高。或许人生中最美好的东西都是不要钱的，但免费通常会以意想不到的方式让我们为之付出代价。

付款之痛。当乔治拿着那些五颜六色的筹码去赌博或支付小费时，他并没有意识到自己在花钱。他觉得自己好像在玩一个游戏。每个筹码的离去，并没有让他感受到金钱的流失，而正是由于没有完全意识到自己在消费，他也就没有特别在意自己所做的选择，更不用说意识到隐含其中的深意了。消费塑料筹码的感觉不像手里拿着钞票钱币那般真实，所以他才会不断地花钱。

相对性。乔治给服务生的那 5 美元小费（对方给他端来了免费饮料）和从自动柜员机取款时所产生的 3.5 美元手续费，看起来似乎和 21 点牌桌上那些成堆的筹码或是从自动柜员机里取出的 200 美元没有什么可比性。那些都是小钱，乔治以相对的观点去看待它们，也就更容易放任自己消费。但与此截然不同的是，当天早上，咖啡馆里售价 4 美元的咖啡，同酒店房间里自己动手不要钱的咖啡，他会觉得相差甚多而不愿去花那个钱。

期望值。由于被金钱的景象和声响包围着（收音机、明晃晃的灯光、美元符号），乔治幻想自己化身为 007 詹姆斯·邦德那般的绅士，在赌场中所向披靡，战胜反派。

自我控制。当然，对许多人来说，赌博是一件比较严重的事，甚至可以说是一种瘾。不过，在这个事例中，我们可以坦白地承认，乔治当时受到自身压力与周遭环境的影响，再加上那些友善的服务生和"触手可及"的机遇，所以，想要让他收手，抵挡赌博赤裸裸的诱惑（毕竟从长远利益来看，它可能会让乔治赚回比 200 美元更多的钱），实在并非易事。

以上这些误区，看似是只有在赌场里才会出现的状况，然而实际上，虽然我们不大愿意承认，整个世界也像一个赌场：要知道，在 2016 年的时候，甚至有一位赌场经营者当选了美国的总统。尽管我们不会通过赌博来释放压力，但当牵涉心理账户、免费、付款之痛、相对性、自我控制以及更多方面的选择时，我们所面临的挑战大同小异。乔治在赌场里所犯的错误，在日常生活中的诸多方面都能看到类似的例子。这些错误产生的根源，正是我们对金钱本质的基本误解。

谈及钱，可能我们中的大多数人都觉得自己对它拿捏得体，但出乎意料的事实是，我们并不知道它究竟所谓何物，为我们做了哪些事，更让人惊异的是，它又对我们做了什么？

2 当机遇来敲门

所以，金钱到底是什么？它为我们做了哪些事，又对我们做了什么？

乔治在赌场里的时候，他脑子里压根儿没闪现过这些想法，同样，我们也不太会考虑这些，即便考虑过，次数也是少之又少。但它们确实又是值得一问的重要问题，也是很好的切入点。

钱代表了价值，但钱本身并没有价值。它所代表的，是能用钱获得的那些东西的价值。可以说，它是传递价值的信使。

这真是太棒了！钱让商品和服务价值的衡量变得更加容易，

从而让彼此间的交易更加便利。我们不用像祖先那样，在物物交换、掠夺侵吞上耗费大量时间，也能获得基本的生活必需品。这样挺好的，毕竟，没有几个人能轻松操控弹弓或者石弩。

钱具备了某些专有的特征，让它显得格外有用：

- 用途广泛：我们可以用钱交换几乎任何东西。
- 能屈能伸：不管是什么样的东西，也不管尺寸大小，几乎都能用钱来衡量。
- 可被取代：我们并不需要某张特定的货币，因为任何一张同样面额的钞票，所代表的数值都一样。在所有10美元的钞票中，哪张都一样，没有任何好坏之分，也不管它从何而来，又是如何而来。
- 可被储存：钱在任何时候都能使用，无论现在或是将来。它不像轿车、家具、有机产品或者学院T恤衫，它既不会老化，也不会腐朽。

换句话说，不管什么时候，只要拿出一定数量的任何一种货币，几乎没有它买不到的东西。这一事实本质帮助人类（人类的非理性主义）走出了直接物物交换的时代，取而代之，我们用一种符号——货币，来更高效地交换货物和服务。反过来说，这种行为也赋予了货币最重要的终极特征：它是一种共通货物，这也就意味着，任何人都可以使用它，而且，几乎没有它换不到的东西。

细想这些特征，我们不难发现，如果没有货币，也就不会有如今的现代生活。有了钱，我们可以把它储存起来，可以去尝试新事物，可以与他人分享，也可以让自己成为一个专业的人——教师、演员、律师或是农民。金钱让我们有了更多的时间和精力去开展其他各项活动，去探索自身的才能与热情，去学习新事物，去享受艺术、美酒和音乐。而在很大程度上，这些东西的存在也离不开钱。

正如其他先进事物一般（印刷机、轮子、电力，甚至真人秀），金钱在很大程度上也改变了人们的生活状况。

一方面，认识到金钱的重要性和有用性确实很有必要，但不幸的是，它自身的某些优点也常常遭人诟病。许多麻烦随它而来。正如伟大的哲学家"声名狼藉先生"（原名克里斯托弗·华莱士）所言："钱越多越麻烦。"

细想一下金钱的恩惠与诅咒，有句一语双关的老话很适用：每枚硬币都有两面。任何事物都有两面性——现在，让我们来想一下金钱的基本性质。能用金钱买到形形色色、各式各样的东西是一件重要又美好的事，这一点毋庸置疑。但这同时也意味着，我们在做与钱有关的决策时，面临着高难度的复杂处境。

暂且不论大众口味的喜好，苹果和橙子，这两种水果比较起来十分容易吧？假设我们旁边有一个果盘，上面放着一个橙子和一个苹果，不管什么时候，我们都能清楚地知道自己想要的究竟是哪个。但如果涉及金钱，我们就得好好想想自己是不是愿意花1美元或50美分去买一个苹果，这个时候，选择就变难了。而如果苹果的售价是 1 美元，而橙子是 75 美分，选择会变得更加复杂。每当牵涉金钱，做决策就变得尤为让人头疼。

机会的流失

为什么这些与金钱有关的选择会变得更加错综复杂？原因不是别的，正是机会成本的存在。

当我们在考虑金钱的专有特征（用途广泛、能屈能伸、方便储存、能被取代，而且尤为重要的是，它还是一种共通货物）时，显而易见，几乎没有钱办不到的事。但这并不意味着，我们靠它就能实现所有的愿望。我们必须做出选择。我们必须有所取舍，我们必须放弃某些事。也就是说，不管是有意识的还是无意识的，在每次花钱的时候，我们绝对会掂量机会成本。

机会成本是一种替代品，是我们为了达成某些事，迟早要放弃的东西，也是我们在做出选择时牺牲掉的一些机会。

对于我们来说，金钱的机会成本也就意味着，当我们在某个事物上花费一笔钱时，这笔钱就不能挪作他用，不管是现在还是将来。

那么再一次，想象一下，我们面前放着一个果盘，而且此刻所处的世界中，只有这两样东西——一个苹果和一个橙子。买苹果的机会成本是放弃橙子，买橙子就意味着放弃苹果。

与之相似，我们赌场里的那位朋友乔治，他在当地咖啡馆省下来的 4 美元，可能日后会拿去搭公交，或是作为午餐费的一部分，说不定几年后，他还会参加赌徒大会，到时候，他就可以拿这4美元给自己买份小吃了。他不会一直放弃那4美元，他有所取舍的是那些钱给他带来的机会，不管是现在还是将来。

为了让读者更好地理解机会成本的重要性，以及为何我们总是不能全面地审视它，现在假设，每周一你会得到500美元，这些钱就是本周可供你支配的全部额度了。开头的几天，你可能不大会考虑自己的选择所带来的后果。当你花钱吃顿晚餐，或给自己买杯喝的，或买下那件让你无法移开视线的漂亮衬衣时，你不会意识到你正在放弃一些东西。但当500美元逐渐所剩无几，当周五悄悄地来临，你发现自己只剩下43美元的时候，你才会明显地感觉到机会成本的存在，而这周早些时候的支出也影响了你接下来的消费。周一，你决定买晚饭、买饮料、买时髦的衬衫，这一切都让你在周日的消费选择上更加举步维艰——你可以买份报纸或是买个涂了奶油芝士的面包圈，但你不能两样都买。周一的时候，你其实可以考虑一下机会成本，但你看得不够清晰。于是现在，周日了，机会成本也终于明白地展现在你眼前，然而已经太迟了（不过，往好的方面想，至少你可以衣着光鲜地读着体育版报道，即便你已经饥肠辘辘了）。

所以说，机会成本正是我们在做财务决策时需要仔细考虑的事项。当下每花出去一笔钱，我们都应该好好想想，自己放弃掉的那些替代选项都有什么。但事实是，我们还不够重视机会成本，或是压根儿没去考虑它。这是涉及金钱时我们最大的误区，也是其他各种错误的根源所在。而我们正在这一岌岌可危的基础之上，搭建着我们的财政大楼。

013

让我们把眼光放得更远一点儿

机会成本并不仅仅局限于个人财务中。它遍布全世界,正如德怀特·艾森豪威尔总统在1953年就军备竞赛所发表的演讲中所提到的那样:

人类制造的每一杆枪,启航的每一艘军舰,发射的每一支火箭,归根结底,都是从饥肠辘辘却没能吃饱、衣不蔽体瑟瑟发抖的人那儿偷来的。这个全副武装的世界所需要的不仅仅是金钱。它还耗费劳动工人、科研精英的汗水,以及他们的孩子们的希望。制造一台现代重型轰炸机所付出的成本,可以为30多座城市建造现代化的校园;可以开设两个电力工厂,每个工厂能服务一个6万人口规模的小镇;可以建起两家设施齐全、装修精致的医院;可以铺设一段50公里长的混凝土道路。一架战斗机的成本是50万蒲式耳[①]小麦。一艘驱逐舰的成本是一栋可以容纳8 000人的新居。

值得庆幸的是,我们在个人交易中所涉及的机会成本,并不像战争的代价那么高昂,大部分都是类似苹果售价这样的琐碎问题。

---

① 1蒲式耳≈36.37升。——编者注

几年前，丹和一位调研助手去了丰田汽车特许经营店，他们询问了一些前来看车的人：如果付款买了新车，你是否能意识到自己将要放弃的是什么。几乎没人能给出明确的答案。没有一位顾客花时间细想过，即将花在一辆车上的那几千美元，其实可以用在其他事情上。因此，丹在下一个问题中试图更深入一步，他追问道，如果买了丰田汽车，他们就无法拥有的产品和服务具体有哪些。很多人回答，买完丰田汽车之后，他们应该就不能再买一辆本田汽车，或是其他差不多价格的车。也有极少一部分人，说买完车后，他们夏天就没法去西班牙度假，来年也没钱去夏威夷了，还可能在接下来的几年里，都承担不起一个月去两次高级餐厅的费用，并且大学教育贷款得延长5年才能还清。这些人似乎都不能或是不愿意将这笔即将花出去的钱视作他们未来随着时间发展将要购买的一系列人生经历和各种货物的潜在经济能力。而产生这一点的原因在于，钱实在是一种非常抽象而宽泛的东西，这让我们很难去想象机会成本的存在，或者切实考虑到这一因素。说白了，我们在花钱的时候，脑子里除了打算购置的东西，几乎容不下其他具体内容。

我们对机会成本的意识欠缺和认识不足，并不仅仅局限在购置轿车这一行为上。我们总是不能充分理解替代品。而且不幸的是，在不考虑机会成本的时候，我们所做的决定往往也没法达到利益最大化。

在一篇名为《机会成本的忽视》的论文中，谢恩·弗雷德里克、南森·诺夫斯盖、王静、拉维·达尔以及斯蒂芬·诺里斯拿购买音响设备的事例做了次实验。他们找来一些参与者，将他们分成两组，其中一组需要在1 000美元的先锋音响和700美元的索尼音响之间做出选择。而另一组面对的是1 000美元的先锋音响和同等价格的索尼音响优惠套餐——套餐附赠价值300美元的索尼会员购物券，但这些购物券只能用来买CD（光盘）。

实际上，这两组参与者都是在1 000美元的不同消费方式之间进行选择。第一组可以选择将1 000美元全部花在先锋音响上，或是拿出700美元购买索尼音响，剩下300美元留作他用。第二组也可以将1 000美元全部用来购买先锋音响，或是用700美元购买索尼音响，300美元购买CD。实验结果显示，附带价值300美元CD的索尼音响优惠套餐比单独的索尼音响更受欢迎。为什么会这样？事实上，严格来说，不限定消费范围的300美元要比只能用于购买CD的同等金额实用得多，因为我们可以用这些钱去买任何东西——包括CD。但是，当这300美元被捆绑在套餐中，只能用于购买CD时，实验的参与者反而觉得这样更有吸引力。这是因为，价值300美元的CD要比300美元的"任何东西"这一定义更加具体。在这一事例中，我们清楚地知道自己会得到的是什么。它切实有形，易于评估。而当300美元是抽象且宽泛的概念时，我们想象不出自己花掉它时的具体画面，这样一来，我们的情感和动机就不会那么强烈。这也是一个典型的例子，显示我们在面对与金钱相关的事情时，通常会如何应对，结果，在面对同一笔钱时，我们总是会低估没有具体表现形式的那一种。

当然，CD只是这里举的一个例子，对于当今的很多事物而言，其所要表达的中心思想是统一的：当我们轻描淡写地提醒他人，其实可以将钱花在其他地方的时候（拿去度假也好，买一堆CD也好），不知为何，他们总是表现出意外。这种惊讶也正好说明：人们本能地从不打算考虑替代选项，而由此带来的后果是，他们也就不会想到机会成本。

这种对机会成本的忽略倾向显示了我们在思考时存在的某些欠缺。它还证明了一点：金钱所带来的美好的一面，不管是现在还是将来，我们都能用钱换到各种各样不同的东西，这也正是让我们的行为产生种种问题的最大根源所在。而且，尽管我们在花钱的时候应该考虑机会成本（当下花出这些钱买下某样东西，就意味着没法再买另一样东西），但这种想法还是过于抽象。这太难了。所以，我们干脆就不去做这件事。

更糟的是，现代生活带来数不清的金融工具，比如信用卡、按揭、车贷以及学生贷款，这些东西会进一步（而且通常是有目的性地）扰乱我们对消费所带来的长远效果的理解。

当我们不能，或不愿按照正确的思维去考虑财务决策时，我们就会退回到各种心理捷径上。这些策略基本上能帮助我们应付金钱所带来的复杂问题，但是，它们并不能合理地解决问题，也没法达到最令人满意的效果。而且，它们通常还会让我们错误地评估事物的价值。

3 价值定位

前不久,杰夫和自己的小儿子一同搭乘飞机,儿子央求他讲个故事。不巧的是,童书都被放在了托运行李中——尽管妻子之前明确地告诉他,应该将那些东西随身带上飞机!所以,杰夫只能现场编个故事了,他借用了苏斯博士的那篇《一只毛怪在我的口袋》作为原型。

宝宝家藏了许多怪物,有的在口袋里,有的躲在灯罩里⋯⋯你打算花多少钱把它们买回来?

从当时的情景来看,杰夫的所作所为似乎只是在折磨旁边的乘客（更不用说他的儿子了），但故事中的那些发问，不正像我们在现实生活中会遇上的那样吗？

买一瓶可口可乐需要付出些什么？一个月的Netflix（奈飞）会员呢？一部苹果手机呢？而这些，我们又是如何得知的？这些词汇都是什么意思？这又都是些什么东西？如果我们面前站着一位来自其他星球的访客，我们会如何向他们描述这些东西的价值？会不会荒谬如同藏在灯后的Zamp（《一只毛怪在我的口袋》中的怪物），或是躲在瓶里的Yottle（《一只毛怪在我的口袋》中的怪物）？如果我们不清楚一样东西到底是什么，不清楚它的价格，也不清楚其他人为之付出的具体代价，我们又怎么会知道自己需要付出什么才能得到它呢？

而艺术，又是怎样一种情形？杰克逊·波洛克的画作与引进的阿尔巴尼亚三只脚趾的blork（《一只毛怪在我的口袋》中的怪物）之间有什么不同吗？它不同寻常、独一无二，可能也相当实用。但不管怎样，艺术也是有价的。2015年的时候，一位买家花1.79亿美元买下了一幅被《纽约客》称为"毕加索晚年毫无亮点的马马虎虎的作品"。还有一个人，买下了一些发布在Instagram上的照片——这款应用可以让人们将照片传到网上，供他人免费浏览，之后大肆宣传一番，卖出了9万美元的价格。甚至，还有一张土豆的照片，卖到了1万欧元。那么，这些价格是由谁决定的呢？这些作品的价值又是如何界定的呢？会有人愿意买我们用自己手机拍摄的土豆照片吗？

毫无疑问，关于"价值"这一概念，我们已耳闻颇多。价值所展现的，是一样东西值多少钱，是我们可能愿意为一种产品或服务付出多少代价。从本质上来说，价值应该真实地反映机会成本。它应该如实地告诉消费者，如果想要获得某样东西或经历，我们将要放弃什么。在消费的时候，我们也应该基于不同项目的实际价值，斟酌之后再做选择。

在理想的世界中，我们能精准地估算每一笔消费所附带的价值。"这对我来说，意味着什么？我愿意为它放弃哪些东西？这其中涉及的机会成本是什么？这就是我为这样东西所付出的代价。"但是，正如健身杂志里所说，理想很丰满，现实很骨感：我们没有6块腹肌，也总是对价值预估错误。

这里列举了一些例子，让我们看看人类在对事物的价值定位上都犯过哪些常见的错误：

- 美洲原住民曾经为了一些珠子和荷兰盾就把曼哈顿给卖了。他们又怎么会知道如何判定一样东西（财产）的价值呢？毕竟，他们连"价值"这个词都没听说过，并且一直以来对此毫无概念。
- 在某些大都市，一套公寓每个月的租金可以高达4 000多美元，对此，我们毫不在意。而如果某种汽油的价格上调了15美分，全体国民的选择都会因此受到影响。
- 咖啡馆里的一杯咖啡需要花4美元才能买到，隔壁便利店里同样的东西却只要1美元。
- 在大众眼中，成立一家非营利性的科技型企业需要耗费上亿甚至10多亿美元，而事实往往出乎我们的意料。

•有些人愿意花10 000美元去度假，却每天都会花20分钟找一个免费的停车场所。

•买手机的时候，我们货比三家。我们觉得自己清楚地知道自己在做什么，而且也觉得自己最终做出了正确的选择。

•国王理查德三世愿意卖掉自己的王国——他的整个国度，来交换一匹马。用一个国家换一匹马！

在评估一样东西的价值的时候，我们所用的方式，可以说，根本和价值扯不上一点儿必然的关系。

如果我们是完美的理性生物，一本讲述金钱的书就能呈现我们对产品和服务的价值定位，因为从理性的角度说来，钱就等于机会成本，也等于价值。但事实是，正如丹在《怪诞行为学：可预测的非理性》《怪诞行为学2：非理性的积极力量》以及《嘿！我们真是太不理性了！》中所强调的那样，我们还不够理性。而且，我们还用各种离奇古怪的心理小伎俩去思考对事物价值高低的评判，即我们愿意为之付出多少。因此，这本书所讲述的，是我们在财务决策时所做出的各种古怪的、疯狂的，当然也有完全不理性的选择，以及引起我们对事物高估或低估的根源所在。

这些根源、诡计以及捷径，我们将其认定为"价值暗示"。它们让我们觉得，自己是和某种产品或服务的真实价值息息相关的，而事实往往并非如此。一些相当精准的价值暗示当然也是存在的，但大部分都是毫无关系、导向错误的，剩下的则是一些受他人有意操控的。尽管如此，我们还是纵容了这些暗示来改变我们对价值的洞察及看法。

为什么会这样？并不是因为我们天生就喜欢做错误的决策，也不是因为我们想让自己受点儿罪（虽然有些地方，也可以让我们花钱得到这种体验）。我们之所以跟随这些暗示，是因为考虑机会成本和判定事物的真实价值都是非常困难的。此外，在经济世界总是试图迷惑我们、让我们分心的环境下，确定我们愿意为某样东西付出多少也变得尤为艰难。

这种动向极为关键：我们的确一直在和金钱的复杂本质做斗争，也一直想要将机会成本纳入考虑范围。更糟糕的是，我们还要一直对抗外在势力——这股势力让我们花更多的钱，让我们更放任，也更频繁地消费。存在着数不清的势力，它们不愿让我们触及事物的真正价值，因为只有我们的不理性消费，才会让它们从中获益。考虑到我们所面临的种种挑战，并不是所有人都能住在富丽堂皇的别墅里，拿着水晶杯子，喝着高档洋酒，也就不足为奇了。

|第二部分|

Dollars and Sense

价值误判

我们是如何以风马牛不相及的方式来评估价值的?

4 相对性骗局

苏珊·汤普金斯是某个人的苏珊阿姨,我们每个人都与这位苏珊阿姨有着相似的一面。她生活开心、可爱迷人,在给自己或子女购物的时候,总是不会忘记给侄子和侄女买礼物。苏珊阿姨喜欢逛杰西潘尼。在她还是个孩子的时候,她就开始逛街购物了。她和父母或祖父母一道,帮他们找出特卖商品。总是有很多非常划算的东西。对苏珊阿姨来说,这是一个有趣的游戏,她跑来跑去,找出百分比符号前最大的数字,发现隐藏的货堆让她格外有成就感。

最近这几年，苏珊阿姨总是拉着哥哥的孩子同她一起购物，她拿起难看的毛衣、搭配奇怪的套装，一一展示给孩子们，表示"这么划算的东西不买简直是犯傻"！但苏珊阿姨喜欢的这项活动，并不受孩子们待见。尽管对苏珊来说，在杰西潘尼里淘到超划算的商品，仍然是一件让她激动不已的事。

然后有一天，杰西潘尼的新任CEO罗恩·约翰逊取消了所有的促销活动。他在商场里实行了一种被称为"光明正大"的定价措施。不再有促销、特卖、优惠或折扣。

事发突然，苏珊很伤心。接着，她又感到一阵愤怒。她不再踏进杰西潘尼半步。她甚至和自己的朋友在线上发起了一个组织，叫作"我恨罗恩·约翰逊"。像她这样的人还有很多。有不少常客抛弃了杰西潘尼，不再去那里购物。对这家企业来说，那真是一段艰难的时光。那段时间，不管是苏珊本人，还是罗恩·约翰逊，日子都不算好过。那些难看的毛衣也挺伤心：毕竟它们没法自产自销。唯一觉得庆幸的，大概只有苏珊的侄子、侄女了。

一年后，苏珊阿姨听闻杰西潘尼又开始了促销活动。她将信将疑，小心翼翼地前去探查一番。她穿梭于长裤套装货架间，拿起一些围巾，又审视了镇纸的陈列架。她留心查看了价格标签："8折""大减价""促销"。这一天，她买得不多，不过自此，她开始重返自己所熟知的杰西潘尼。她又变得开心起来。对她来说，这意味着更多的购物之旅，更多难看的毛衣，以及来自她所爱之人口中略带尴尬的道谢。太棒了！

杰西潘尼，想你所想

2012年的时候，杰西潘尼的新任CEO罗恩·约翰逊摒弃了杰西潘尼一直以来的销售传统，那其实是一种略带欺诈性的营销手段——先将商品的价格调高，再打折。在约翰逊上任前的数十年内，杰西潘尼一直给像苏珊阿姨这样的消费者提供优惠、促销以及店内折扣。这些活动看似降低了店内商品的"常规售价"，让它们显得"划算至极"，但实际上，原先的定价根本是人为的抬价，打完折之后，那些商品的价格才和其他地方差不多。为了让一件商品达到其最终售卖价格，顾客和商店都参与到这场歌舞伎戏剧中——先抬高价格，再以各种各样的创意名目去降低售价，使用花样繁多的标识和不尽相同的百分比数字来促销和打折。这样的游戏，所有人乐在其中，从未中断。

之后，罗恩·约翰逊让商品的价格变得"光明正大"。不再有优惠，不再需要为了淘便宜货而四处探寻，也不再有促销噱头。只有真实的售价——基本和杰西潘尼竞争对手商店里的价格差不多，也和之前商品经过提高再降低后的"最终"售价差不多。约翰逊坚信，自己的这项新举措会让交易变得更加透明，更受人欢迎，也让顾客不再那么盲目（当然，他的这种想法没错）。

但他没想到的是，如苏珊阿姨这样的忠实老主顾，对他的行为深恶痛绝。他们不喜欢所谓的"光明正大"。这些人明明得以脱离价格的枷锁，却满腹牢骚，他们觉得自己被真实的价格所欺骗、误导和背叛，他们不喜欢诚实的、光明正大的定价。仅仅一年时间，杰西潘尼就亏损了 9.85 亿美元，而约翰逊也被公司革职。

约翰逊被开除后没多久，杰西潘尼将大多数商品的售价都上调了 60%，甚至更多。一张 150 美元的小桌子，价格被上调至"日常售价" 245 美元。（如果看到这儿的读者，恰好也经营着一家连锁品牌大型百货商店，又碰巧在考虑针对定价开展一些大规模的、根本的转型，那么我们建议你先在一两家商店试运行，之后再全面推广——除非你想被开除，以便获得一笔不菲的赔偿金，对此情况，我们不提供任何建议。）与上调常规售价同时进行的，是更多的折扣选项：除了价格的小幅降低，商店还提供"促销"售价、"原始"售价，以及"预计"售价。当然，如果我们将切实的折扣（促销、优惠或特卖）计算在内的话，就会发现，其实价格基本维持原样。它们只是看起来有所不同而已。现在看起来，杰西潘尼又一次给顾客提供了非常划算的买卖。

罗恩·约翰逊经营下的杰西潘尼，赋予了商品实打实的售价，取消了促销噱头。但苏珊阿姨至今还恨着他。仔细想一下：杰西潘尼的顾客们举着各自的钱包投票选举，却最终还是选择被商店玩弄于股掌之间。他们想要的是特卖、划算和促销，即便这些只不过是将原本虚高的售价降回原位而已——而这也是杰西潘尼最终在做的事。

杰西潘尼，以及罗恩·约翰逊，在理解定价的心理学上，付出了一笔高昂的学费。但商店最终还是学到了一点，那就是，基于人们无法理性地评估价值这一事实，它可以从中获益。或者，正如 H.L. 门肯曾经说过的，"没人会因为低估美国大众的智商而破产"。

这是怎么回事？

苏珊阿姨和杰西潘尼的故事所展示的，是诸多相对性影响中的部分内容。而相对性这一概念，正是使我们以毫不相干的方式去评判事物真实价值的最强大的势力之一。在杰西潘尼，苏珊阿姨靠着相对价格去断定一样东西的价值，但这里的"相对"是指什么呢？相对的是商品的原始标价。杰西潘尼给商品贴上折扣百分比，又加上诸如"促销""特卖"这样的符号来吸引苏珊阿姨的注意，她在将两种价格比较一番后，再也无法将视线从劲爆的相对价格上移开。

售价60美元的正装衬衫，和原价100美元但贴了"促销！6折！仅售60美元！"标签的同样一件衬衫，你会买哪一件呢？

其实选哪件根本无关紧要，不是吗？一件60美元的衬衫就只是60美元的衬衫而已，不管它的标价签上加了怎样的文字和图画。的确是这样，没错，但是，相对性对我们的影响颇为根深蒂固，它使我们看不清这两者其实是完全相同的。如果我们是像苏珊阿姨那样的商店常客，肯定会选那件折扣衬衫，甚至还会对直率地将价格标为60美元的那件感到义愤填膺。

这种行为合乎逻辑吗？当然不。理解相对性有用吗？答案是肯定的。类似的情况经常发生吗？是的。这能让负责人丢了工作吗？当然。

我们经常无法衡量商品和服务本身的价值。这就好比在一个与世隔离的环境中，我们如何能去界定一栋房子、一个三明治、医疗服务或是阿尔巴尼亚有三只脚趾的blork的价值呢？对事物价值进行正确定位是一件困难的事，因此我们常常用其他可行的方法去判定价值。相对性这一概念便由此而来。

当直接衡量某样东西的价值较为困难时，我们就会把它同其他东西进行比较，比如竞争产品，或是同一样产品的其他版本。在我们比较这些东西的时候，相对价值便顺应而生。这看起来没什么不对，是吧？

问题不在于相对性这一概念本身，而是怎么利用它。如果我们将任一事物同除此之外的其他事物一一对比，我们就会考虑机会成本，也就不存在任何问题了。但我们没有，我们仅仅是将一样东西同另一样（有时候是另两样）进行对比。也就是在这个时候，相对性才能成功地愚弄我们。

和100美元比起来，60美元可以说是相对便宜了，但你要记住，机会成本呢？我们应该将60美元和0美元，或是任何可以用60美元买到的其他东西进行对比。但我们没有，我们像苏珊阿姨那样，在使用相对价值的时候，仅仅将一样东西当前的售价和它在促销前的价格（或声称的价格）进行比对，以此来判定它的价值。相对性就是这样迷惑我们的。

杰西潘尼的促销价格给顾客提供了一个非常重要的价值暗示。不仅如此，它还是唯一的暗示。促销价格以及杰西潘尼吹嘘可以帮助顾客省下的那些钱，让买家觉得，自己所做的每一笔交易都如此划算。

杰西潘尼的促销标签有些写明了具体内容，有些没写，我们该如何去判定一件衬衫的价值,又怎么知道它到底值不值60美元呢?我们没法知道。但是,如果把它和100美元的衬衫相比,它就显得非常划算了。不是吗?为什么?因为这等于凭空获得了40美元啊!赶紧买一件给侄子吧,尽管这会让他在学校里被人嘲笑。

如果没有促销和帮助顾客"节省开支"的噱头,杰西潘尼就少了让顾客觉得自己所做的选择正确的手段。仅仅是看了一眼促销售价旁边的原价,给出的心理暗示就能让顾客认定自己的选择是明智的。但,其实不然。

相对论泛谈

让我们先把财务问题放一边,从广义上思考一下相对性这个概念。

我们最喜欢的错视图是这张画了黑色和灰色圆圈的图(如图4–1所示)。

很明显,右边的黑色圆圈看起来要比左边的小。不是吗?但事实并非如此。虽然有点儿难以置信,但两边黑色圆圈的大小其实完全一样。你不相信?没关系,你可以把灰色的圆圈盖住,再比对看看。我们等着你的结论。

为什么这张图能成功地迷惑我们?这是因为,我们并没有直接将两个黑色圆圈互相对比,而是将它们和各自所处的环境(在这个例子中,就是那些灰色的圆圈)进行对比。左边的黑色圆圈和环绕着它的灰色圆圈比起来显得更大,而右边的黑色圆圈和围

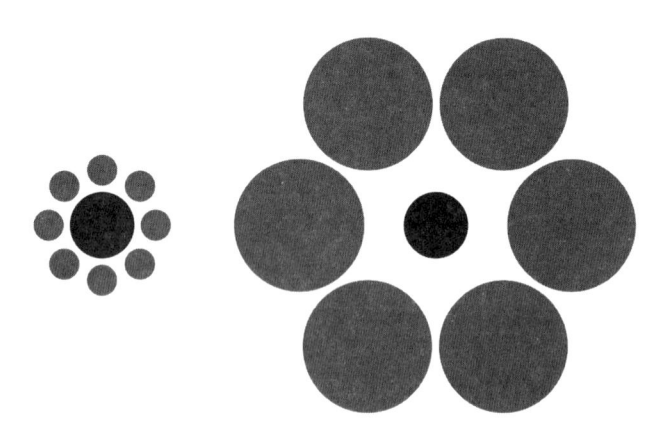

图 4-1

绕着它的灰色圆圈比起来显得较小。当我们以这种方式去看待这两个圆圈时,对它们大小的比较其实就成了对它们的相对大小而非绝对大小的比较。这就是视觉相对论。

因为我们实在是太喜欢错视图了,所以这里再放一张特别中意的——阿德尔森方格错视图(如图 4-2 所示)。图里有一张简单的棋盘,棋盘的一边立着的一个圆柱状物在方格上投下一片阴影。(为了配合本章的主题,我们用了难看的毛衣来代替圆柱状物。)图中标出了两块方格。方格 A 在阴影外,方格 B 在阴影内。当我们将两者进行比较的时候,显然 A 看上去更暗,对吗?但事实却并非如你所见。虽然有点儿难以置信,但 A 和 B 的亮度是完全一样的。你不相信?没关系,你可以拿东西挡住其他所有方格,再对比 A 和 B 看看。我们等着你的结论。

图 4-2

相对性作为心理行为中的一般机制，以多种方式作用于生活的各个方面和领域。举个例子，布莱恩·汪辛克在《瞎吃》（*Mindless Eating*）中阐述了相对性对腰围的影响。我们在考虑吃多少东西的时候，并非单纯地基于自己实际所需摄入的量，而是通过和其他选项进行对比来决定的。假设我们面前摆着一份菜单，在 8 盎司、10 盎司和 12 盎司的汉堡中选一个，我们很有可能会选择 10 盎司的那个，而且吃完了还挺满足。但如果摆在我们面前的选项是 10 盎司、12 盎司和 14 盎司呢？我们可能还是会选择中间的那个，吃完也会觉得同样开心和满足，即便我们其实吃得有点儿多了，我们根本不需要摄入这么多的日常养分，也不需要吃这么饱。

人们还喜欢把食物和周围环境里的其他东西进行比较。比方说，拿食物的量和盘子的大小进行对比。布莱恩有这么一个实验，他将一些汤碗放在桌上，请一些人过来喝汤，喝到他们再也喝不下为止。有些人饱了之后就停止了进食。但有一组参与者，他们不知道自己的汤碗底部有一些细小软管，在他们喝汤的时候，布莱恩神不知鬼不觉地一点点地往碗里加入一定的量。一勺勺的汤被喝下，同时又有一点点的汤被加到碗里。结果，用"无底洞"碗的人喝下的汤，要比用普通碗的人喝的多得多。在那些人喝掉很多汤之后，布莱恩停止了往碗里加汤的行为（他也不能再让他们继续喝下去了），但他们竟然说仍然很饿。用"无底洞"碗喝汤的人，没有满足感的暗示，也就无从得知自己需要摄入多少汤，也不清楚自己有多饿。相反，他们通过自己所见的碗里的汤的减少幅度来断定自己的饱腹感。（说到相对性，家庭聚会中也有类似的经验，我们大部分人都会在聚会的时候埋头大吃，这样就不用和表兄弟、叔叔阿姨、父母以及祖父母交谈，但那是另一种相对性了。）

这种比较并不局限于同一基本类别下的事物，比如汤或汉堡。当意大利钻石商人萨尔瓦多·阿萨尔打算率先开始售卖当今流行的大溪地黑珍珠时，没有一个人买账。阿萨尔没有放弃，他也没有把那些黑珍珠混在白珍珠里发给买家，以求对方能够识货。取而代之，他说服了自己的朋友——珠宝商哈利·温斯顿，他让哈利将黑珍珠放在了第五大道的玻璃橱窗里，周围还摆着各种钻石和其他珍稀宝石。很快，这些珍珠就吸引了世人的目光，它们身价暴涨。而就在一年前，它们还不值什么钱——说不定，还比不上养育它们的牡蛎。然后突然之间，整个世界都觉得，如果一颗黑珍珠能被放在一条高贵的蓝宝石吊坠旁，被一起陈列在橱窗里，那么它本身也肯定是相当高贵且值钱的。

这些事例无一不说明，相对性是人类思维中的一种基本计算方法。如果它能影响我们对具体事物价值的理解，比如食物和奢侈珠宝，那么它也有可能在很大程度上影响我们的财务决策。

比较常见的财务相对性

除了像苏珊阿姨那样爱淘便宜货的强迫症外，让我们思考一下，还有没有哪些方式能让我们被相对价值蒙蔽双眼，以至于看不清事物的真实价值。

- 在汽车特许经营店的时候，我们往往会被问及需不需要添置一些附加产品，比如皮革座椅、遮阳篷顶、轮胎保险、银线烟灰缸以及古板的汽车销售员推荐的一系列无用的东西。卖车的人，在各种销售者中，可以说是最狡诈的业余心理学家了，他们非常清楚，当我们在花 25 000 美元的时候，一些额外的开支，比如 200 美元的 CD 机，就会显得比较便宜，即便这么比较并不合理。我们曾经买过 200 美元的 CD 机吗？现在还有人听 CD 吗？没有，并没有。但想想，200 美元啊！仅仅相当于 25 000 美元的 0.8%，这么低的占比，让我们很难拒绝，但这些难以拒绝的消费会飞速累积。

- 当我们在一处风景胜地度假的时候，我们往往毫不犹豫地掏出4美元买一杯苏打水，即便这种东西在其他地方只卖1美元。在某种程度上是因为我们懒，只愿意在海滩附近闲逛。但其实还有一个原因是，相比在热带度假这件事上花的几千美元，4美元的确少到不值一提。

- 超市人员在结账通道上用了同一种方法，让我们不自觉就掏钱买了没什么营养的通俗小报和腻人的糖果。和购买一周食物所花费的200美元比起来，花2美元买一盒嘀嗒糖，或是花6美元买一本有卡戴珊姐妹出镜的杂志，真的没什么大不了。

- 别忘了酒！餐厅里的酒要比酒行里的酒贵多了。晚餐搭配酒水这种便利的服务似乎就该多花点儿钱。我们总不想吃一口食物就要跑回车上，大饮一口从打折店买的博若莱红葡萄酒吧，但这其实也是一个混淆了相对价值与绝对价值的例子。当我们在购买玉米片或者加工干酪的时候，我们可能不会愿意付80美元去买一小杯酒，但如果我们是在一家别致的法国餐厅呢？我们花了几百美元吃一顿法国大餐，所以付80美元来杯喝的也就显得不那么昂贵了。不过，如果我们想要在声名远扬的加州餐厅预定席位，最好还是邀请本书的作者一起前往共享晚餐比较好，当然，这只是为了认证这一假设而已。

说到超市，最近，杰夫在购物的时候发现了一件有趣的事。一直以来，他最喜欢的麦片非"最佳苗条"莫属。对于一个像他这样性格温和、身材圆润、逐渐年长又不怎么爱运动的人来说，这种麦片能够让他摄入不多不少的热量以维持身材。这是最佳的量。

在当地的商店里，这种麦片的售价一直都是3.99美元一盒。突然有一天，杰夫来到经常摆放这种产品的货架那里，却半天没有找到它。他不甘心，找了又找。还是无果。他感到一阵轻微的恐慌（几乎任何事都能让他出现这种症状，从找不到早餐食物到找不到电视遥控器），直到后来，一位店员给他指了指放在货架上的一个新盒子。那是一种叫作"自然之路有机－低脂香草"的麦片，在盒子的左上角，是以前"最佳苗条"的包装图片和说明，"新包装——口味依旧"。

啊！他松了口气，放下了安定，拿起了那盒麦片。接着，他的目光又被架子上的一张标签吸引住了："自然之路有机最佳苗条——原价6.69美元，促销价3.99美元。"

是的，他最爱的麦片，一直以来卖3.99美元的麦片，现在有了新包装和新售价——3.99美元，还是从原价6.69美元折扣而来的？厂商推出一种新包装坐地起价是一回事，而店家为了带动销量捏造原价进行促销就是另一回事了。但两者同步进行——也就是利用了一定的相对性。这是最佳的量。

对于杰夫这种已经是该麦片忠实用户的人，并不是店家和厂商试图通过促销标签吸引购买的受众群体。他们的目标是无法评判这种"新品"麦片价值的新顾客。在对方对这种产品毫不知情的情况下（不知道其口味如何，不知道它是否健康，也不知道它值多少钱），他们希望能用新商品名和6.69美元与3.99美元之间的单纯价格落差让顾客觉得："哇，这种麦片现在也太划算了吧！"

我们总是会遇到自己想要的东西，就叫这些东西"生产单位"吧（在传统的经济学课本中，这是一个很常见的术语，它所表示的是一类产品，这类产品既淡化了自身价值存在的疑点，对传统经济学教材的读者来说，也是一种折磨）。我们的生产单位在打折！5折！这让人兴奋，不是吗？但请等一下。为什么我们要关注打折？为什么我们要在意它原来多少钱？照理说，它原来卖多少钱根本不重要，因为反正现在已经不是那个价了。但由于我们没有切实可行的办法去了解这类珍贵的生产单位到底价值多少，于是只能去比较打折前的价格（也就是原价）和现价，并将这种对比结果作为它此刻惊人价值的表现形式。

特价商品也让我们觉得自己既专业又明智。它使我们确信，自己找到了一些其他东西所没有的价值。对于苏珊阿姨来说，花60美元去买一件原价100美元的衬衫，节省40美元，就意味着她可以将这些钱用在其他地方。但从更理性的角度来说，我们不应该用自己没花的钱（40美元）去衡量一样东西的价值，而是应该用花出去的钱（60美元）去衡量。但是，我们并不是这么做的。

还有一种和这差不多的比较方式，那就是数量（也就是所谓容量）折扣。如果一瓶昂贵的洗发水售价16美元，而两倍容量的大瓶售价25美元，那么突然地，大瓶就看起来格外划算了，但我们很容易忽略一个事实：我们从一开始就打算买这么多洗发水吗？我们真的就想买这个牌子的吗？而且，容量折扣也很容易掩盖一个事实，那就是我们没法判定洗发水所含化学混合物的价值。

如果阿尔伯特·爱因斯坦不是物理学家而是经济学家的话，他可能就会把那个世界著名的相对论从 $E=MC^2$ 改成：100 美元 > 200 美元的半价。

金钱与百分比

也许我们看到这些例子，会开始思考："好了，我知道相对性这么用是不对的。"那真是太好了！"但——是——"你可能会说，"那些选择之所以讲得通是因为，和正在花出去的那部分相比，额外开支的占比真的很小。"是这样没错，但不管我们在其他地方花了多少钱或是做了什么，1 美元就是 1 美元，这一点不会变。因为我们花了 25 000 美元买了一辆车就要在 CD 机上花 200 美元，和因为我们碰巧正穿着格子衬衫就要在 CD 机上花 200 美元，这两者在本质上，都同样毫无逻辑可言。它只是让自己看起来不是那么毫无联系而已。

假设，某个周六的早上，我们出门去做两件事。第一件事是，我们要去买一双心仪已久的跑鞋。我们到了商店，拿起了那双售价 60 美元的运动鞋。这时候，有人悄悄告诉我们，在街边的另一家商店里，这双鞋正在打折，只要 40 美元。为了节省 20 美元开 5 分钟的车前往，值得吗？我们中的大多数人都会给出肯定的回答。

好，现在，我们买好了鞋，接下来要去做第二件事了。我们要去买露台家具，因为春天来了！我们在一家花园商店里发现了一对完美的椅子和一张带伞顶的桌子，这些东西的价钱加起来是1 060美元。再一次，有个店员向我们透露，距离这儿5分钟车程的地方，同样的东西正在打折出售中。在那里，这些东西只要花1 040美元就能买到。那么这一次，我们会为节省20美元而开5分钟的车吗？我们中的大多数人都会给出否定的回答。

在这两个事件中，我们都没有看到呈现在眼前的真实绝对价值：20美元所需的5分钟车程。与此相反，我们考虑的是20美元相对于60美元和20美元相对于1 060美元所占的百分比。我们比较了40美元的鞋和60美元的鞋的相对利益，觉得值得花时间去省下这笔钱。接着，我们又比较了1 040美元的露台家具套装和1 060美元的露台家具套装的相对利益，这一次，又觉得不值了。在第一次比较中，我们省下的是总花费的33%，而在第二次比较中，只能省下1.9%——然而，不管在哪个事件中，省下的20美元都是一模一样的。

这也就是为什么，花25 000美元买车的人不会拒绝加200美元买台CD机，却会在买薯条的时候使用优惠券以节省25美分，或是在餐馆里为了一两美元的小费据理力争。当相对性开始发挥作用时，我们会发现，自己在做大额财务决策时往往都很迅速，到了小额决策反而犹豫拖拉，这是因为，我们所考虑的其实不是那笔钱的实际数量，而是它在总消费中的占比。

这些决策合理吗？不。它们是正确的选择吗？通常不是。做出这种选择轻而易举吗？当然。我们中的大多数人，在大多数的时候，都做了简单的选择。这就是我们最大的问题所在。

简单为之

"你晚饭想吃什么"和"你晚饭想吃鸡肉还是比萨"这两个问题，哪个能让我们回答得更迅速、更坚决？

在第一个问题中，摆在我们面前的是无数选择。而在第二个问题中，我们只需将两种选项对比一番，然后选出当下自己更喜欢的那个就好。所以，第二个问题得到的回答更快。这种比较很简单。而且，这也并不是重要的问题，毕竟，除非我们有乳糖不耐受症，不然，谁会选鸡肉而不选比萨呢？这不是疯了吗？

相对性存在于两种选择捷径中。第一种，当我们无法评判一样东西的绝对价值时，我们就会进行比较。第二种，我们总是倾向于选择简单的比较。艾琳·阿伊迪尼尔、马尔科·贝尔蒂尼以及安雅·兰布雷希特对相对性做了一番研究，他们查看了不少销售邮件，比如团购信息（他们将这些称为"价格促销"），结果发现促销能够营造一种独特的情感倾诉效果。特别是，一旦看到了价格促销，我们就几乎不会再花时间去考虑其他的不同选项了。而且，当之后再被问起促销的具体细节时，我们几乎想不起任何产品信息。

看起来，折扣似乎是一剂让人变蠢的药水，它轻而易举地就降低了我们决策过程的难度。当一样东西被打上"促销"的标签之后，我们会更快地采取行动，并不会花时间去多想什么；而如果同样一件产品标的是原价，即便和上文中打折后的价格一样，我们可能也不会那么快就做出选择。

从本质上来说，判定大部分事物的真实价值对我们来说太难了，面对某种正在促销的商品时（当相对价值呈现在我们面前时），我们会采取更简单的方法：基于折扣价格，做出我们的选择。正如杰西潘尼的顾客所热衷的那样，我们从不试图努力研究一样东西的绝对价值，只要有机会选择，我们就会选择最简单轻松的那条路。

转移和诱骗

相对性和总是倾向于做简单选择的喜好使我们很容易受到各种各样外部因素的影响，也容易在无形中被那些设置价格的人牵着鼻子走，甚至被诱骗消费。在《怪诞行为学》中，丹用《经济学人》的订阅服务项目对相对性这一问题做了阐述。在那个案例中，读者可以支付59美元订阅电子版，或花125美元订阅纸质版，也可以同时订阅纸质版和电子版，价格同样是125美元。

如果我们是自作聪明的人，就像丹的实验对象——麻省理工学院的研究生，那么我们之中会有84%的人选择花125美元同时订阅纸质版和电子版，不会有人选择只订阅纸质版，而只有16%的人选择只订阅电子版。我们是不是觉得自己的选择看上去很明智？

但是，如果摆在我们面前的选项只有花59美元订阅电子版和花125美元同时订阅纸质版和电子版呢？出人意料的是，如果我们也和麻省理工里那群花了上千美元学费，就为了能多研究几年学问的人一样，我们的选择将和上一种情境截然相反：68%的人会选择只订阅电子版，仅有32%的人会选择同时订阅纸质版和电子版（而在第一种情境中，这么选的人占84%，很明显，这一数值下滑不少）。

只是加了一个明眼人都知道不划算的只订阅纸质版的选项（结果也根本没人选），《经济学人》就让同时订阅纸质版和电子版的销售量翻了三倍。为什么会这样？因为只有纸质版的订阅选项其实只是一个作为诱饵的比较项，其存在的目的就是把我们推向捆绑交易。

显而易见，花125美元同时订阅纸质版和电子版当然要比花同样的钱但是只订阅纸质版要划算得多。这两个选项看起来差不多，但又很容易比较区分。相对价值应运而生。于是，我们在对比两者的基础上做出了选择，而且自我感觉颇为明智。等到我们读完几期之后，会更加觉得自己是聪明的人（而且，显而易见，当我们把其中的某一本随意地放在公寓里时，朋友们会觉得我们看起来更聪明了）。但我们又怎么会知道，其实我们变成了某项研究中毫不知情的参与者，而这项研究正是为了证明我们根本一点儿都不聪明。

订阅

欢迎来到

《经济学人》订阅中心

请选择您想要购买或续费的订阅项目。

- **官网电子版订阅**：59 美元

为期一年的官网电子版订阅。

可线上浏览《经济学人》自 1997 年至今的所有文章。

- **纸质版订阅**：125 美元

为期一年的《经济学人》纸质版订阅。

- **纸质版和电子版订阅**：125 美元

为期一年的《经济学人》纸质版订阅，同时可线上浏览《经济学人》自 1997 年至今的所有文章。

丹的这次实验显示了相对性是怎样（而且经常这样）被用来对付我们的。我们之所以拿单独纸质版的订阅与纸质版和电子版同时订阅进行对比，是因为这么做是最简单的，也是最一目了然、最容易的。因为这些选项在内容和价格上是最接近彼此的，所以比较起来也就更加简单。这也就容易让人遗忘、忽略或拒绝另一种选项——这种选项需要我们进行更复杂的对比。当面对简单的比较时，我们往往会忘记更庞大的情境和隐藏在它背后的替代选项——在这个实验中，替代选项就是花 59 美元订阅电子版，或是压根儿不花钱订阅《经济学人》。我们走上了相对性的道路。我们总喜欢告诉自己为什么要做一些事，而当我们遇上相对性的时候，分析原因就变得简单多了。这么一来，我们便能为自己的行为做出合理的辩解，即便这种辩解并没有什么实质性的作用。

还有另一种情形，也常常会让我们陷入更轻松的比较之中（如果不存在其他简便的方法，我们就会用相对性去评判事物的价值），那就是，当摆在我们面前的选择太多，而我们又没法轻易地去评估每个选项价值的时候。丹以电视为例：36 英寸[①]的松下电视售价 690 美元，42 英寸的东芝电视售价 850 美元，50 英寸的飞利浦电视售价 1 480 美元。在面对这三种选项的时候，大多数人都会选择中间那个——850 美元的东芝电视。最便宜和最贵的选项都是将我们引向中间项的指路牌。在这个事例中，相对性没有强迫我们拿某样特定的产品去和另一样产品相比较，而是引导我们去考虑某样产品的属性，比如价格或尺寸，然后在某一范围内以相对的眼光去看待这些属性。我们会告诉自己"价格在 690~1 480 美元"或者"尺寸在 36~50 英寸"。然后，在这一范围中相对地进行选择，并且通常都会选中间的那个。

当我们不清楚购买一样东西具体需要花多少钱时，我们坚信，既不买超支的奢侈款，也不买廉价的基础款才是最佳选择。所以，我们总会选择中间的那个，而这其实也是商家在设置选项时真正想卖给我们的那一个。虽然我们不知道自己所选的是否真的就是自己想要的，也不清楚它到底值不值那个价，但选中间的看起来总是有理可循。这种选择并不一定错，只是基于这种理由而做出

---

① 1 英寸≈0.025 米。——编者注

的选择其实跟事物的真正价值没什么关系。这就好像购买一件售价 60 美元的衬衫，只是因为它之前售价 100 美元；又比如，不管是在 8 盎司、10 盎司、12 盎司之间，还是在 10 盎司、12 盎司、14 盎司之间，我们都会选择中间分量的汉堡；又或是在电影院买一份 8 美元的爆米花，只是因为 9 美元的超大桶看起来有点太多了。当两种选项摆在面前时，相对性不存在任何问题。那些决策也并不关乎我们所做选择的绝对价值，而是和相对替代项有关联。

因此，我们总是倾向于更轻松的比较方式。商人、菜单设计者以及政客深谙此道，于是他们在计划自己的策略时，会灵活地运用这一伎俩。现在，我们也知道这个花招了，如果能将此牢记于心，便能更加客观地看待这个世界。既然你知晓了这一点，说不定你的商业竞争能力也能略微有所提升了。

捆绑销售

当产品在被捆绑销售、附带多种特色和选项时，相对性也会影响我们对价值的评估。在这种情况下，相对性看似让我们避免了复杂的麻烦。然而实际上，它可能会带来另一种问题以及更多的困惑和混乱。

想一想快餐中常见的"超值套餐"。我们可以单点两样——但为什么不把这两样组合到一起，然后花几美分再加一样呢？想要一个汉堡和一杯汽水？为什么不再加份薯条呢？需要换成大份吗？这样的捆绑销售常常使我们落入圈套，因为我们根本不知道该如何准确地定位这种产品的价值。当面对诸多此类的产品时，我们没法轻易地评估每个单独组成部分的价值，因为一旦移除其中一个，整个产品的价格构成就不一样了。比如，三样单品，每个售价5美元，但组合在一起的套餐只要12美元，那么到底是哪样单品不值5美元呢？又到底是哪样打了折？还是说，其实三样都有降价？一杯汽水到底值多少钱？是多大杯的？新奇马克杯的价值呢？！噢，我就要第一个好了！再选下去得叫心脏病医生了。

如果我们以这种角度看待捆绑销售，那么很快便能意识到，生活中其实充斥着许多诸如此类的事物，其中有很多混淆着我们的视听。当我们花25万美元去买一套房时，25万并不是一个精准的消费总数值，它只是一个基础数字而已。事实上，我们需要付一笔首付款，加上15年或30年的月供，这包括一定百分比的尾款和一部分利息——利率可能会变，也可能不变。还有保险和税值，这两样也会随着时间而有所变化。还有一系列手续费，比如估价费、检查费、产权调查费，以及保险费、代理费、律师费、检验费、过户公证费、承销费，还有闻所未闻的各种名目的费用。很难把这么多费用一一区分，再去货比三家每部分最划算的价格，所以我们会把所有这些都混在一起，只简单地表示，我们要付25万美元买一套房。

当然，所有的服务提供商都喜欢把他们的各种费用隐藏在这笔庞大的支出背后，不让我们注意到具体费用，或是当我们注意到的时候，利用我们对相对性的依赖，使我们提不出任何异议。

或者，想一想买手机时的场景。想要将一部手机及其专有的售前售后服务计划同竞争品牌的手机及服务进行比较，几乎是一件不可能的事。从设计的角度来看，每个独立的个体都很难衡量各自的价值：同数据字节相比，文本信息的价值如何？4G网络、超额费用、备忘录、漫游、覆盖范围、游戏、存储容量、全球通，这些项目的价值又该如何界定？还有供应商的服务、费用以及声誉呢？我们该如何比较使用威瑞森服务的苹果手机和使用T-Mobile服务的安卓手机？想要评估个体的相对价值，需要考虑太多细微的综合元素，到头来，我们只会比较每部手机及其包月服务的总费用。即便，其实我们是可以区分个中细节的。

相对成功

除了手机和难看的毛衣这类产品外，受相对性影响的事物林林总总。对自我价值的感觉也会受到它的影响。有的朋友上着国内最好的大学，其中有些人尽心尽力，取得了非常不错的成绩。而还有一部分人，喜欢拿自己和更成功的同事、国家级俱乐部的成员或一起打高尔夫的伙伴相比较，然后总是觉得自己做得还不够好。杰夫清楚而悲伤地记得发生在某个好友生日宴上的事。那是一场精心筹备、服务周到的聚会。那位寿星好友住在派克大街一栋有门卫看守的公寓里，家里有5个卧室。而当他站在书房中，四周环绕着支持他、爱他的朋友和美丽健康、幸福快乐的家人时，他坦白说："我以为我会住在比现在更大的公寓里。"

平心而论，他应该庆祝自己的成功。但是，在和其他几位非常优秀的同事对比之后，他觉得自己让人失望。谢天谢地，杰夫作为喜剧演员和作家，没法拿自己和在银行工作的朋友相比较。这让他保留了一点儿对生活的积极心态，也让他过得更开心。更值得庆幸的是，杰夫的妻子也没拿他和银行职员相比，不过，她声称自己知道一些更加风趣的喜剧演员。

我们想要表达的重点是，相对性已经渗透到生活的方方面面，而且其影响力不容小觑。超出预算购买一套音响是一回事，对人生的选择悔不当初、悲痛不已又是另一回事了。快乐这种东西，很多时候反映的并非真实的快乐本身，而是在拿自己和他人对比后才得出的情感。在大多数情况下，这种对比既不道德也不健康。实际上，这种喜欢和他人对比的倾向过于堂而皇之，于是只得给自己下达一条戒令：禁止觊觎邻居所拥有的一切。

在某种程度上，悔恨这个概念本身其实也是一种比较。我们带着悔恨的心情去比较自身的一切——我们的生活、我们的事业、我们的财富、我们的处境，不是和他人比，而是和另一个自己比。和当初如果做了不同选择、可能会变成的那个自己比。同样，这种对比既不健康也没什么用。

不过，我们不用想得这么深入、这么哲学，也不用去烦忧快乐的概念和生活的意义。至少，现在还不是时候。我们只需把那些情感收起来，保存在一个小盒子中。好好地区分这些事物。

就像我们一直以来所做的那样。

5 心理账户的偏见

简·马丁并不痛恨自己的工作,她只是不喜欢工作中有时候必须去做的事。她在一所州立学院负责策划活动,但有时,她觉得自己永远在协调规则与条例,而且还要常常面对和同事互相拒绝的事。她需要通过审批,以获得来自活动基金、普通基金或校友基金的拨款。不管是多小的一笔开支,从招待费、桌布费到交通费,都得一层层地提交预算文书。而且,不仅是学院部门,就连校友团体和学生也对她冷眼旁观,随时准备因为一丁点儿的小失误而打回她的申请。州和联邦的审批规矩也是如此。围绕着财政和规程,总是有数不清的口角,因为每一步都得通过相关负责人的确认。简喜欢投身于活动中,但对于那些文书工作,她感到深恶痛绝。

而简在家里，却是另一番情形。她是一位细节至上主义者。她将一切管理得井井有条，严格按照预算来生活，而她本人也乐在其中！家里每个月在每种事物上具体花费了多少，她都了如指掌。娱乐开销200美元，生活用品开销600美元。每个月，她都会存下一笔钱，用作家居维修、缴税以及医疗护理的费用，即便她根本不存在这方面的开支。实际上，她将每笔钱都分门别类地装入单独的信封，贴上标签，所以，如果她和丈夫想出去吃顿晚餐，他们得先看看"外出吃饭"的信封中还剩多少钱，衡量一下是否够支付。她也不会提前太久给家人做度假安排。每年年底，如果家居维修、缴税或健康开支信封里的资金还有剩余的话，她就会把它们汇总到一起，用于来年夏天的旅行计划。通过这个办法，她每年都能存下足够的钱去度假，但不幸的是——2011年，她的女儿在踢球时受了伤，需要做膝盖修复手术，于是，她所有的度假资金瞬间荡然无存。

简不喜欢10月，因为那个月有7位家人、朋友要过生日，这导致她总要耗尽"礼物"信封里的存款。往年，每当表弟卢过生日的时候，她要么干脆什么都不送，要么从"娱乐"信封里借一点儿钱去买礼物，不过今年，她花了好几个小时给他烤了个蛋糕。表弟收到蛋糕的时候欣喜若狂，简却累到筋疲力尽。

这是怎么回事？

简给我们展示了一个"心理账户"的极端例子。所谓"心理账户"，是我们看待金钱的另一种方式，但其实，它也和事物的实际价值没多大关系。心理账户可以成为有用的工具，但在大多数情况下，它只会导致不明智的决策，特别是当我们根本没有意识到自己在用它的时候。

还记得金钱的可替代性吗？也就是说，钱可以和自己互换。一张1美元的钞票和其他任何一张1美元的钞票的价值都一模一样。理论上，这是毫无疑问的。然而，在实际生活中，我们并没有将同等价值分配给每一美元。我们对每一美元的看待角度，建立在它会被花在哪种开销的基础之上——或者，换句话说，建立在我们如何对其定义的基础之上。这种倾向使我们把不同的钱放在不同的开销名目下（在简的事例中，就是放在不同的信封里），而这明显不是处理金钱的明智之举。但是，鉴于判定机会成本和实际价值都非常困难，所以这种策略实际上也能帮助我们合理预算。在消费方式上，它使我们更快地做出选择。这本身是好的，但参与心理账户这个游戏，让我们违背了金钱的可替代性原则。我们无视它带来的后果——虽然它让事情变得简单多了，但在这个过程中，我们又犯下了一系列新的财务错误。

心理账户这一概念由理查德·塞勒率先提出。它的基本原理是，个人生活中各种财务行为的运作，其实和组织机构以及企业单位的经营运转差不多。如果我们供职于某家大型机构，比如简所在的州立学院，我们就会知道，每一年，每个部门都会有一笔预算，这一年所有的支出都应按需进行。如果某个部门过早地将资金挥霍一空，情况就会变得非常糟糕。但如果到了年底，还有结余的话，那么这个部门里的每个人都可以得到一台新的笔记本电脑或是去度个假，到时候他们就可以吃着高级的寿司大餐，而不是残羹冷炙般的百吉饼和甜甜圈。

这种预算方式在我们个人的财务中又是如何体现的呢？在私人生活中，我们也会将自己的资金分门别类。购置服装、娱乐消遣、房租和账单、投资和个人爱好，我们通常会给这些账目设置预算。虽然我们并不会严格遵照预算来执行，但还是会做必要的设置。正如企业的经营一般，如果我们在某类账目上花光了所有的钱，那就真的太糟了，因为我们没法把空缺给补上（即使能补上，也还是会感觉很糟）。另一方面，如果某个账目下的资金还有所结余，花掉它也是一件很简单的事。或许我们不像简那么极端，把每笔钱放在不同的信封里并贴上标签，但不可否认的事实是，我们的确都在使用心理账户这一概念，即便我们并没有意识到。

这里有一个例子：假设我们花100美元，买了张票去看当下最热门的百老汇新戏。这场音乐剧汇集了叛逆毒舌的提线木偶、时髦的超级英雄、开国元勋以及校园狂欢。终于到了上演的那天，我们来到剧院门口，结果打开钱包一看，让人害怕的事情发生了——自己竟然把票给弄丢了。幸运的是，钱包里还有一张100美元的钞票。我们会再买一张票吗？在被问到这一问题时，大多数人的答案都是否定的。毕竟，他们花钱买了票，结果票丢了，已经很糟糕了。现在，假设我们重新买了票去看戏，那么这个戏剧之夜让我们花了多少钱呢？大多数人都会回答200美元——第一张票加上第二张票的钱。

再来想象另一种情况。事情还是发生在戏剧上演的那天，假设我们没有提前买票，只是很关注这场戏。我们来到了剧院门口，打开钱包一看，本来里面有两张崭新的100美元的，现在只剩下一张了。噢，天哪！我们少了100美元！幸运的是，我们还剩下另一张100美元。噢，太棒了！那么，我们会去看戏吗？还是直接回家？在这种情形下，铁定有大部分人都会选择买票去看戏。毕竟，丢了100美元和去不去看戏有什么关系呢？于是，我们买了票去看戏，那么这样一个戏剧之夜花了我们多少钱呢？在这种情况下，大多数人都会回答100美元。

在这两种情境中，人们给出了完全不同的应对方式，单从经济学角度来看，其本质是完全一样的。这两种情境都有要去看戏的计划，都丢了一张价值100美元的纸（戏票和钞票）。但如果从人类惯有的角度来看，就是另一番情形了。在第一个事件中，我们弄丢的那张纸叫戏票；而在第二个事件中，是100美元的钞票。为什么同样是纸，我们的感觉却大不相同呢？这种现象为什么会让我们在第一个情境中看了戏，却在第二个情境中打道回府？而且一开始，我们又是怎么发现这么划算的百老汇戏票的？（100美元？这个理论世界的物价也太实惠了。）

让我们退回到公司及其预算的问题上。如果我们的确存在一笔预算，用于购买戏票，然后我们花完了这笔预算（用它买了一张票），也没法填补这份额度空缺。因此，我们不会再掏钱买一张新的戏票。但如果是钱包里丢了100美元（这100美元只是广义的一笔钱，而并非要花在某样特定事物上），我们就感觉不到其实自己已经花掉了某种预算类别。因此，我们就觉得这笔钱和任何一种类别的预算都不存在必然联系，也就不需要缩减任何一种类别的预算。这也意味着，我们用于去剧院看戏的资金还在，因为丢掉的那100美元是来自一般开支账户。所以，丢钱这件事并不能阻止我们去听爱国主义毒舌木偶们唱歌。

这种心理账户逻辑看起来很合理。那么，到底是哪里出错了呢？

账户欺诈

从纯理性的角度来看，我们的支出决策不应该受到虚拟预算账户的影响，不论这些账户是怎样的形式，又处于什么样的定位和时机。但事实是，它确实影响到了我们。

一直以来，我们都在运用这种心理账户。想象我们是如何把钱放在不同的账户的：

1. 我们将一部分钱存在利率不高的活期账户中，同时还刷着利率高昂的信用卡。

2. 当杰夫去一些好玩的城市做演讲或表演的时候，他会带着自己的家人一起，比如最近，他们去了趟巴塞罗那。在这种情况下，不管他那趟演出赚了多少钱，也不管旅行中花了多少，他发现自己总是超支的。入不敷出并不难，毕竟，他是在一边赚钱，一边花钱。日渐增长的收入账户掩盖了不断减少的度假开支账户，于是所有的消费原则都被抛在了脑后。在杰夫看来，吃饭也好，买喜欢的东西也好，所花的钱并不应当算在旅行、教育或住房的预算内，而是取自他的演讲费——每次都是。如果他们只是在进行家庭旅行，说不定他会有更好的财务意识，或者至少，他会问一些带有消极攻击性的问题，像是："你确定还想再来一杯起泡酒？"（但无论如何，这个问题的答案总是："是的。请再来一杯。"）

3. 拉斯维加斯这座城市就是关于心理账户最好的一个例子。城市旅游局的人深谙此道。他们甚至还设计了一条营销标语，提醒我们明确划分自己的钱："在维加斯发生的一切就让它留在维加斯。"他们鼓励人们遵从内心最原始的冲动，对此，我们当然是欣喜若狂地接受了。我们去了维加斯，将所有的钱都放在名为维加斯的心理账户中。如果我们在桌游上赢了钱，那就是意外之财。如果输了，也不是什么大不了的事，在把钱放到维加斯心理账户里的时候，我们就已经将其视为花出去的钱了。然而事实是，不管我们将钱放到哪个心理账户中，它依旧是我们的钱，只是我们感觉不同罢了。无论在维加斯发生了什么，赢也好，输也罢，那些钱都会跟着我们回到家中。它不会留在维加斯。正如发布在Instagram上的那些栩栩如生的照片一样，所以要记得把手机留在房间里哟。

盖里·贝尔斯基和托马斯·季洛维奇喜欢讲述一个男人花5美元玩轮盘的寓言故事。一开始的时候，他的运气简直好到不可思议，一把没输过。但在赢到差不多3亿美元的时候，他马失前蹄，输光了所有赢来的钱。当他回到旅馆的时候，妻子问他怎么了，他回答道，"我输了5美元"。如果这种事发生在我们身上，我们肯定觉得自己输掉的远不止5美元，但也不会觉得自己输了3亿美元那么多。5美元是我们切身感觉到的"自己的钱"的全部——也是那天晚上的初始资金。那个晚上，从最开始到后来的3亿，我们会把其中的每一美元都划入"奖金"账户下。于是，这么一来，即使我们在奖金中失去了3亿美元，但感觉自己的钱也只是少了5美元而已。当然，我们也不能一五一十地和另一半交代这一切，不过又是另一码事了，不是本书的讨论范围。

倘若我们意识到，所有的消费、储蓄、赌博的钱、喝酒的钱其实都同样来自"我们的钱"这个水池时，这些情境也就没有任何意义了。将这些钱如何分门别类并不重要，因为实际上，它们都是我们自己的钱。但是，正如之前所说，我们确实给钱——划分了心理类别，而这种分类也决定了我们对每一笔钱的看法。花掉一笔钱，花在什么地方，我们会做何感想？到了月底，会结余多少，我们又会做何感想？

心理账户：一个非常特殊的问题

心理账户不同于本书中讨论的其他大多数问题，不是仅仅依靠一句"运用心理账户是不对的"就能说得清，它更错综复杂。心理账户和其他财务问题一样，并非合理处理财务的方式。但考虑到我们的现实生活和认知局限，它也可能成为一项有用的策略。特别是倘若能明智地运用心理账户，情况更是如此。当然，我们往往没有明智地利用它,这也是这一章接下来要讲的内容。现在,让我们来谈谈为什么心理账户是独一无二的。

假设有三种类型的人群:(1)完全的理性主义者——经济人;(2)存在认知局限的不完全理性主义者——如果时间和精力允许,他或她可以做出最佳决策;(3)存在认知局限并抱有情绪的不完全理性主义者——也就是通常意义上的人。

对于完全的理性主义者来说,最恰当的类别例子是人工智能!从这个角度说,心理账户的存在根本就是个错误。在一个完全理性的世界里,我们应该平等地看待每个账户里的钱。毕竟,这只是钱而已。钱就是钱。它完全可以互换。在完全理性的世界里,我们拥有无限的财务计算能力,所以明确划分每一笔钱是一件错误的事,因为它违背了可替代的原则,也否认了金钱的主要优点。

而对于有认知局限的人来说,由于我们大脑存储和处理信息的能力存在限制,因此心理账户反而能起到一定的帮助作用。在现实世界中,要弄清每笔金融交易的机会成本,并做到多方面权衡是非常困难的事。心理账户为我们提供了一个有效的启发(或捷径),让我们知晓应该如何决策。每当我们在购买咖啡这类东西时,我们不可能当即就想道:"噢,这些钱够买一套内衣,或是在iTunes(苹果公司的一款免费的数码媒体播放应用程序)上付费下载一部电影,或是购买一加仑的天然气,又或是任何现在或将来可能会买的其他东西。"相反,我们可以利用心理账户,将买咖啡的钱归入"食物"账户。这样一来,我们只需考虑这个账户的机会成本即可。虽然这使得我们的想法更受局限,但也更易于管理。"噢,买这杯咖啡的钱是今天午餐费的一半,或者够我周五下午多喝一杯咖啡。"这样就简化了计算。从这个角度来看,虽然心理账户仍然不合理,但至少它是明智的,尤其是在考虑到我们的计算局限性时。

当出于简化的目的,对金钱进行明确划分时,我们就不必在每次消费的时候都考虑所有事物的机会成本了。那样太累了。我们只需考虑一个较少的预算,咖啡、晚餐或娱乐,以及其中涉及的机会成本。这种方法并不是完美的,但它的确很有用。实际上,一旦认识到心理账户虽然不够理性但的确有效时,我们就可以考虑如何以更积极的方式去利用它做更多事。

接着,我们再来看一下第三类人群,那些抱有各种情绪的人,他们承受着压力、烦恼和截止日期,还有很多其他事要做!换句话说,就是我们自己,真实存在着的人类,要算出每笔交易的综合机会成本几乎是不可能的,即便是在较小的范围内,这么做也是一件让人厌烦的事。如果每当我们想要买一些特定的商品——咖啡、天然气、应用程序或这本书时,都得权衡决策的利与弊,那么这将会成为我们的痛苦之源。这就像要求减肥的人记下他所摄入的所有卡路里一样,只会让他感到沮丧,越发暴饮暴食,然后根本就不去计算什么卡路里了,与此类似,创建复杂的预算类别也会让人想要完全停止去考虑预算。这不是我们想要的解决办法。

实际上,当人们表示自己很难控制开支时,我们会建议他们为所有东西做出预算,但同时也会告诉他们,那可能会非常麻烦,于是他们就放弃了。所以，我们建议他们好好想想自己决定在"自由决定的事物"（没有这些东西，他们也能好好地活下去，比如特制烘焙咖啡、时髦的鞋子，或是够喝一晚上的酒）这一大类上所要花的钱。每周，把这部分钱拿出来，存在一张预付借记卡上。于是现在，每周一，在这一类别下就有了新的预算额度，可供自由支配。卡上的余额将显示这笔钱的使用情况，以及该类别中所存在的机会成本，并且，这部分决策的机会成本也会更明显、更直观。人们可以随时查看可自由支配的余额。虽然这仍旧是一件需要耗费精力的事，但至少不像给咖啡、啤酒、优步和这本书的电子版设置单独账户那么麻烦。当我们感觉到现实生活中存在着复杂和压力的时候，这不失为一种有效利用心理账户的方式。

更多解决方案

心理账户是我们处理财务问题时存在的独特缺陷：总的来说，我们不应该涉足心理账户，但因为它能够简化我们的生活，所以我们还是乐此不疲。这也就意味着，我们应该认识到这么做带来的弊端。承认这一点显示了我们在考虑和接纳钱的支出本质时，是如何重新规划消费方式的。

在本书的最后部分，我们将会提供更多的小技巧，比如接受自身不完美的财务思维，并将其为我所用。但现在，还是让我们继续探讨关于金钱的各种非理性思维。我们会把其余的解决方案放在不同的章节中，或者，如你所说，不同的心理账户中。

第二部分　价值误判

划分之外

我们对金钱的不同划分，与我们如何看待它以及如何花掉它息息相关。但对于将金钱分门别类，我们并不是一直都有明确的办法。与公司不同，我们的生活里并没有大量各式各样的办公用品和薪水。我们如何获得一笔钱，我们如何花掉这笔钱，它会让我们获得何种体验，在这些考量中，我们将资金放入不同的心理账户。我们是通过工作获得这笔钱的吗？还是在街角买了张彩票中奖而来的？或是继承的遗产？挪用他人的钱财？还是作为网络游戏玩家的职业收入？

举个例子，假如我们得到了一张亚马逊或者iTunes的礼品卡，我们可能会拿这张卡去买一些平常不会拿自己的薪水去买的东西。为什么呢？因为礼品卡是被划分在礼物账户下的，而我们辛苦工作赚来的薪水则是一个更受保护的、更琐碎的账户。不同的账户，消费准则也不同（再一次说明，其实这些钱都是我们自己的，是可互换的）。

谈及我们对资金的分类，有一个古怪的发现：一个人如果对自己获得金钱的方式心存愧疚，就往往会把这笔钱的一部分捐给慈善机构。（我们的下一本书讲的就是这些内容，不过在这里，我们只是稍微提一下，你永远也没法忘记唐娜·莎曼唱的那首《她努力工作赚钱》。）说得更明白点：我们如何花一笔钱建立在我们对这笔钱的感觉之上。是的——影响我们对金钱划分的另一个隐藏因素，就是它让我们产生的感觉。当我们获得一笔钱的时候，我们会因为

061

它得来得不光彩而感觉很糟吗？或者，会因为它是一份礼物而觉得这是一笔可以任意支配的资金吗？或者，会因为努力工作（特别努力，宝贝）而觉得这笔钱是自己应得的，感觉超级棒吗？

人们可能会把薪水之类的资金花在一些"负责任的"事情上，比如支付账单，因为他们觉得这是一笔"认真的钱"。另一方面，让人们感觉有趣的钱，比如在赌场赢到的3亿美元，就会被花在一些有趣的事上，比如赌博。

乔纳森·勒瓦夫和皮特·麦格雷发现，如果我们获得了一笔让人感觉不太干净的钱，就会试图"清洗"它。举个例子，假如我们从某个至亲那里继承了一笔遗产，这笔钱感觉没什么问题，于是我们就会打算花掉它。但是，如果我们是从某个不喜欢的源头那儿获得了这笔钱（在乔纳森和皮特的实验中，他们用了飞利浦·莫里斯的烟草公司来作为这个反面例子），那么这笔钱就会让人感觉不太好。所以，为了洗掉钱本身带来的负面感觉，我们首先会拿出其中一部分，去做一些积极正面的事，比如购买教科书，或者捐给慈善机构，而不是用在自己身上，给自己买个冰激凌什么的。一旦这笔钱有一部分被用来做了好事，那么我们也就不会再觉得这笔钱有什么问题了，面对剩下的部分，我们感觉非常愉悦，于是会将它花在一些更加放纵的事情上，比如拿去度假、买珠宝，或者买冰激凌。

乔纳森和皮特将这种现象称为"情感账户"。在情感上，对金钱进行净化有多种方式。对于那些污染严重的金钱，一开始，我们可以将它花在一些严肃的事情上，比如偿还债务，或拿去做善事，比如给孤儿买一份冰激凌。当做完这些我们认为的好事之后，这笔钱牵涉的糟糕感就被清除了，于是对于剩下来的部分，我们花起来不再缩手缩脚。这种情感上的金钱净化方式当然不能说是合理的，但至少它让我们感觉良好。

于是，在各种情境下，我们处理金钱的方式就变得一目了然：它并不合乎情理，只是感觉不错罢了。（在生活中，我们可能也是这样处理大部分事情的，但这本书既不打算高谈阔论哲学，也不打算洋洋洒洒地书写疗法。）

如果玫瑰被赋予另一个名字，它还是会很贵

在某些不幸的方面，我们的所作所为正如联合会计部门一般，就好像我们是出于个人目的，所以用了一些账户小伎俩去糊弄整个系统。我们就好像某些专业的公司，比如安然。还记得安然吗？它是臭名昭著的能源公司，2000年左右合伙欺诈的典型例子，安然通过使用不正当的会计方案让自己的内部员工非法获利。安然的高管创建了离岸账户来隐藏支出，又通过欺诈手段获得非法收入，比如假装交易、虚构产品，其所有账户运营都"受制于"一家他们自己投资成立的审计公司。他们是诈骗者。因为太善于此，所以他们自己都开始相信那些不正当的会计方式。

2008年金融危机，大部分起源在于账目组合——在金融业，有些从业者以钱生钱，而他们所做的，仅仅是把钱来回转移、扣除和卖出。于是，在时机成熟的时候，在有利可图的时候，在能

够从中获益的时候，他们就会将账户间的资金混合重组，从金融链的顶端全身而退。

类似的账目小伎俩，我们也会在自己身上实施。我们用信用卡支付各种消费，一转身就将其遗忘。我们借用了原本打算存下来的钱。如果一笔金额较大的账单不在当月的预算中，我们也就不会去过多考虑它。我们把钱在存款、支票和应急资金之间转来转去，这样，我们就可以用它做一些"特别"的事。而在大多数情况下，我们的账目小伎俩并不会导致全球的经济崩溃。大多数时候，它只会把我们个人未来的财务状况搞得一团糟。在大多数时候都是这样的。

也许我们没有安然公司和涉及20世纪诈骗事件的那些员工那么十恶不赦，但我们的心理账户也很阴暗。我们很容易被情绪、自私、冲动牵着鼻子走，我们缺乏计划，想得不够长远，又喜欢自我麻痹，再加上外部压力、自我辩白、困惑以及贪婪，这些都会让我们走向歧途。这可能会让我们想起财务领域的十宗罪。虽然不是什么致命的罪，但肯定不好。

正如现实世界中的安然人员一样，我们的心理账户部门只受限于懒惰的审计员，他们不愿过多思考，享受花钱的快感，又承担着固有的利益冲突。我们就是自己的审计员。我们是守卫自身财务鸡舍的狐狸。

假设，现在是晚餐时间，我们饥肠辘辘。昨天晚上，我们叫了外卖，今晚打算自己动手做饭，但我们还没有出门买菜。预算告诉我们，不该出去吃饭，特别是不该去街上新开的那家时尚餐厅。当然，我们的朋友今晚还是打算出去吃，虽然我们应该自己在家解决的,这样就能把省下来的钱放入退休金账户,这样等到80岁的时候,就可以获得一大笔利息。然后每天,我们都可以随心所欲地出去吃饭。但我们忘了问一问自己:"简·马丁或摩西会怎么做?"于是,我们打电话给保姆,一小时后,我们坐在餐桌旁,手里拿着一杯漂亮的鸡尾酒。

我们承诺会吃得朴素点儿、健康点儿。但看看这菜单!我们想着应该点鸡肉,但是看那龙虾!包裹着红酒与黄油酱汁的龙虾,将它鲜美多汁的爪子挠上了我们垂涎的喉咙。"市场价格"看起来很划算,而且我们听闻缅因州今年的龙虾收成很好。所以,我们点了龙虾,还用厚厚的吐司切片蘸干净了每滴浓郁的酱汁。我们还以为自己只会点一杯饮用水,但是面对美味的红酒,我们还是说了:"当然选它!"我们真的应该跳过甜点环节,但是,噢——那可是三倍奶油的舒芙蕾。

账单越滚越大,我们的消费金额已经远远超过6美元,或是自己在家做一份意面和一杯橙汁的成本。我们违背了自己定下的饮食规矩和财务会计原则,却根本没人提醒我们。

对于饮食和消费,我们并不会感到罪恶。毕竟,我们需要吃东西,结束了漫长的一周,我们总得犒劳一下自己,不是吗?而且,在喝了太多的酒之后,我们已经丧失了对枯燥事物(比如储蓄存款或支付账单)的认知能力。

心理账户,如同公司账户一般,即便它不合理,但只要明智地加以利用,依旧可以起到一定的作用。预算分类可以帮我们规划财务事项,控制支出。但是,也正如公司账户一样,它不是万能的，因为它始终存在着很多灰色地带。这就好像有些公司，会利用"创意账户"来发掘漏洞一样，我们的开支逻辑也会随机应变。对于金钱，如果我们不使用任何分类，就会陷入管理不善的局面，但即便我们用了分类，之后也会对支出类别再做调整。我们在改变规则的同时，还编造着能够说服自己的故事。

马克·吐温讲述了一个创造性地操控规则的例子。那时候，他每天只准自己抽一支雪茄，于是他买的雪茄越来越大，直到有一天，他买的每一支雪茄都大到可以"被用作手杖"。社会学家将这种创意账户称为"可塑型心理账户"。当我们含糊不清地对各项支出进行分类时，当我们创造性地将各项支出划入不同的心理账户时，我们就是在玩弄可塑型心理账户。某种意义上，这有助于我们欺骗账户所有者（也就是自己）。如果我们的心理账户不再具有可塑性，我们就要严格受制于各项收入和支出准则。但是，它是可塑的，因而我们可以操控自己的心理账户，来证明各项支出均有理可循，这样，即便存在过度消费的奢侈行为，也不会让我们感觉糟糕。

换句话说，即便我们知道不允许那么做预算，我们还是会找到一种办法，让自己能吃上大餐。也许，我们将吃饭的花费从"食物"账户转移到了"娱乐"账户下。也许，我们觉得，自己没有义务给孩子存钱上大学。从本质上来说，我们的所作所为就如同自成体系的安然公司，试图在财务计划上涂涂改改，以满足当下的需求。我们不会因此而入狱，但我们的确违背了自己的准则。我们摧毁了食物和娱乐之间的高墙，于是整个地狱，整个美味的，涂了三倍奶油的地狱，变得触手可及。

我们不仅会更改不同类别的运用，还会更改各个类别的定义准则。当我们有一个不太好的习惯的时候，比如买彩票或者吸烟，我们往往会设置武断的准则，好让我们有借口买那些东西。"只有在头奖金额超过1亿美元的时候，我才会买乐透。"显然，这种准则很愚蠢，因为不管头奖是多少，彩票始终不是上乘的购买决策。这种话就好像是在说："我只在局部多云的日子里抽烟。"但这种准则会让我们感觉稍微好一点儿，即便我们知道自己所计划的并非良策。

当然，只要能让事情说得通，我们必定会捏造这些自己编出来的准则——办公室多出来一笔钱，可以拿去买彩票；我们在排一条长长的结账队伍或者我们格外喜欢做白日梦，或者在度过了非常艰辛的一天后，我们都会觉得应该犒劳下自己。因为我们自己就是制定准则的人，而且往往也是唯一知道那些准则存在的人，所以想要有所更改、完善，甚至毫无争议地用全新的准则去推翻它，就变成了一件再简单不过的事。（"至少头奖金额超过1亿美元才买乐透的准则适用于所有穿着棕色宽松长裤的彩票购买者。"）于是，不管我们内在的党派之间有何种积怨，也不管这种行为有多么欠妥，我们内在的立法机构一定会予以通过。

坏钱驱逐好钱

假设，我们得到了一笔意外之财，比如买彩票小中了一笔，或是拿到了巴塞罗那的演出费。类似这样的情况，不管发生多少次，我们总能不假思索地让放纵的、清白的、来自奖金账户的良好感觉渗透到日渐缩减的各类账户中。我们大肆挥霍，同时告诉自己，没关系，花出去的钱都可以用意外之财来弥补，即便那些账户的消费早在好久之前便已完成。举个例子，在巴塞罗那，杰夫就有好几次额外消费（往往是购买气泡酒，但也并不全是），并为它们找到了冠冕堂皇的理由，他将那些开支当成从演出费中抽出的微不足道的一小部分。于是，把每次单笔支出都当成庆祝自己演出的一个特别开销，就变成了一件容易的事。而实际上，这些放纵行为不断累积，已逐渐达到了一个非常庞大的量，但他从来没有考虑过这点。至少，在一个月后支付信用卡账单前（关于信用卡，后文会讲到更多内容），他没有想到这一点。

可塑型心理账户还会使我们根据自己目前的需求和可能的愿望，开始长期存钱的行为。这样，当发生突发事件时，我们便能将这部分钱用于医疗保健。它使我们随心所欲地制定全新的预算类别，更糟糕的是，一旦有了新的项目，就很容易在它身上花钱。谁又知道会不会有个项目叫"欢度在周三幸存下来"，然后每周都来一次呢？

有时，当我们以某种办法省下一笔钱的时候，我们就会给自己买一件毫不相干的、平常也不会购买的奢侈品来奖励自己，尽管存钱这种事并不是在一个心理账户省下一点儿，就能去花另一个心理账户里的钱。当这种情况发生的时候，虽然也不会总这样，但还挺常见的，我们就是在以坏的行为去回报好的行为，而坏的行为也会暗中破坏好的行为。每周额外省下100美元是一个好的开始，但为了奖励自己存下了钱，我们花了50美元去做一件平常根本不会做的事，比如出去吃一顿，或是给自己买个礼物，这对我们的整体财务状况并没有任何帮助。

还有另一种熟知的创造性账户的方式，就是整合。当面对两种不同的开支时，我们会将较少的那份和较多的那份归到同一类别下，以使这种行为合理化，这就是整合。这样一来，我们就能自我欺骗，假装自己所要负担的只有一笔较大的开销，相比一笔大开销和一笔小开销，这么做的心理负担就会小一点儿。

假如，我们把买CD机的200美元加到买车的25 000美元里，前者就只是被当成后者的一部分。或者，我们花50万美元买了一套房子，花600美元买了套露台家具，这样，我们就能坐在漂亮的新后院里了。我们将这两笔钱统一归纳为房屋支出，而不是分开的房屋支出和家具支出。通过这种方式整合消费，我们不会觉得有两个账户（我们为房子和家具都付了账，却只是一笔支出）。或者，在辛苦购物了一整天后，我们去吃了一顿昂贵的晚餐……接着是甜点……然后又在当地酒吧喝了一杯。我们把所有这些放纵的行为都归到同一个心理账户下，并含糊地将其定为"身不由己的度假日"。

我们还会通过错误分类的办法来欺骗自己的账户。例如，简不想花钱给自己的表弟卢买礼物，于是退而求其次，她花了几个小时给对方做了个蛋糕。这个蛋糕所花费的时间和精力都是有价值的：4小时，她原本可以拿来去做些别的事，比如好好地休息一下，或是看望自己的家人，甚至拿去赚钱都可以。从经济学角度来说，她花费的时间会比给卢买个相框所需的15美元更有价值吗？很有可能（当然，给家人制作私人礼物，还包含了情感价值）。严格来说，钱是简的关注焦点——为了省下15美元，花4小时费心费力地工作，这不是一个好的选择，但她还是这么做了，因为她对每笔钱分类不佳。

我们的个人心理账户准则既不明确详尽，也不会被严格遵照执行。它们经常被以一种模糊而粗糙的想法存在于我们的脑海里，如果我们需要或者想找到其中的漏洞，也不是什么难事。正如前文中提到的那样，在面对各种选择时，我们中的大多数人都会倾向于最简单的办法：我们会选出最为直接、最具诱惑的那一项，然后毫不在意地使用分类诡辩来证明其合理性，即使所做的选择意味着我们在自我欺骗。

人类为了避免思考而愿意花费的努力是没有限制的。

我们并不是坏人。我们中大多数人的贪婪、愚蠢，或者天性中的其他恶劣品质，都并非有意而为。我们并不会公然或肆意地违背自己的心理账户准则，但我们确实会利用准则的可塑性，让那些准则外的财务决策变得合理合情。这就好像在减肥时耍的花招一样，我们利用自己的创造性，几乎轻而易举地就让我们所做的一切都说得通。要知道，在这周的早些时候，我们午饭只吃了一份沙拉，所以现在吃个冰激凌甜筒应该不过分吧。不是吗？而且，冰激凌车是应该予以支持的本地生意，对不对？而且，这可是一年一度的夏天啊，是吧？所以我们要善待自己！

时机就是一切

你没法延长时间，难道不是吗？虽然我们一直在不断尝试，但始终未能成功。实际上，也许我们在心理账户上要诈时最常见的方式，就源自对时间的思考和曲解。具体来说，就是付款买一样东西与用这样东西之间的时间差。

我们在对财务决策进行分类时，最有趣的特征之一，与我们付款所属的心理账户息息相关，也与我们对它的感觉脱不了干系，这往往与我们买下它和使用它之间的时间差有关，而并非这样东西的实际价值。例如，埃尔达·沙菲尔和迪克·泰勒潜心研究红酒（一种明智而美味的选择），然后发现，提前购买红酒，往往被认为是一种"投资"。几个月，甚至几年后，当一瓶红酒被打开，被倒出来，被品尝，被喝光，被赞赏，这一消费过程给人的感觉往往是完全免费的。这个晚上，这瓶上好的红酒没让人花一分钱。于是，这瓶酒就成了很久之前明智投资的成果。然而，如果我们是在当天买的红酒，或者，但愿不会如此，我们如果扔掉或打碎了这瓶酒，那么这笔钱在感觉上就更像是来自当日预算的消费。在这种情况下，我们也就不会因为这是明智的投资而扬扬自得——因为付款和消费几乎是在同一时间进行的，于是也就无法把这两者归入不同的类别。每种不同的喝酒情况（提前购买，之后饮用；即买即饮；提前购买，之后打碎）虽然都是在一瓶酒上花了钱，但基于付款的时机，以及付款和消费之间存在的时间差，对于以上几种成本，我们也会有不同的见解。

我们是一群自欺欺人的小麻烦精。至少，我们一喝酒就会惹事。

时机不仅在消费的时候很重要，时机本身的制造也尤为关键。雇员会喜欢哪种薪水发放方式：是每月加薪1 000美元，还是到了年底一起发12 000美元的奖金？合理的选择是更倾向于每月1 000美元，因为如果是这样，我们就可以把它存起来，或是用来投资、支付债务以及每月开支。

但是，如果我们问人们，对于一次性发放的12 000美元，其使用方法会和每月额外给的1 000美元有什么不同时，大多数人都会选择将12 000美元花在某件特别的事物上，来让自己更快乐。这是因为，一次性发放的这笔钱，与每个月惯有的收入与开支并没有太大关系，前者不受后者的影响。于是，我们就将这笔钱放在了常规账户体系之外。而另一方面，如果是每月收到一笔钱，我们就会把它归到工资中——大多数人会用它来支付日常开销。奖金没有这种每月一次的时间限制，所以它可以被用来购置一些我们想要但又觉得罪恶的东西（在这一章中，建议可能是红酒和冰激凌，但我们不要妄下定论）。

美国国税局还给出了更多证据，以表明我们对奖金所带来的乐趣有多么热衷——美国国税局可不是一个能与"特别"或"有趣"这类词挂上钩的机构。美国人喜欢退税，因为在4月15日这天获得一笔钱就好像获得了一笔奖金。其实，我们可以设定自己的预扣税，这样在年底之前，我们就既不会纳税过多也不会纳税不足，而且，在4月时也不会存在任何欠款。但实际情况与此相反，我们中的许多人，会选择每月支付超额税款（一整年都故意低估自己），这样，在4月，我们就能获得一笔钱，也就是退税。这是一笔来自政府的年度奖金。很特别。这可是最有创造性的花钱方式！

免费的代价

我们这些居住在城市里的、家里有车的人都知道，在城里开车是一件多么费钱的事。我们需要支付更高额的保险。交通路况让开车变得尤为艰难，保养成本也因此更高。我们得为停车时长付费、为停车空间付费，还有一点儿都不公平的停车罚单，也要我们掏钱。最重要的是，城市居民不像郊区居民那么常用车。从理性的角度来看，如果想偶尔来趟周末冒险之旅，或是去郊区的超市购物，那么城市居民就更应该乘坐出租车，或者租一辆车了。因为这些费用加起来也没有拥有一辆车的成本高。尽管如此，当城市居民开车去购物，去某个地方过周末，或是去拜访自己住在郊区的朋友时，也并不会觉得那趟旅程花了钱。相反，他们觉得自己省下了其他人必须要负担的打车和租车的钱，而他们得到的，是一趟基本免费的旅程。这其实是因为，他们早在自己日常的、持续的开销中付完了这趟旅程所需的钱，而不是在旅行时直接付款。

同样，在使用度假分时别墅时，我们会支付一大笔首付款，好让我们随时都能使用别墅。免费使用！好吧，没错，我们可以随意使用这套别墅一周，不用再掏一分钱。但我们确实付了款，往往是一年一次大额支出。但因为付款和使用的时间不同，所以我们感觉自己免费住在了别墅里。

支付账款

　　心理账户对我们的财务决策有着重大的影响。它会引导和误导我们的注意力以及我们对于是否消费的思考。但请记住：它并不总是负面的。考虑到我们的认知局限，有些时候心理账户反而能使我们想出有效的捷径，同时保持一定的财务秩序感。但是，在这么做的时候，我们往往喜欢制定一些松散的账户准则，这会对我们评估价值的能力产生一些不好的影响。特别是当我们基于时间、支付方式或注意力来将消费的喜悦和付款的痛苦区分看待时，更是如此。

　　咦？你觉得花钱买东西并没有给你带来痛苦？好吧，拿出你的钱包，打开来看一眼……

6 付款之痛

杰夫结婚了,抱歉了朋友们,而且恰巧,对于我们如何看待自己的财务状况,他的蜜月经历能够起到很好的教育作用。下面是有关他的爱情和财务的浪漫故事。

安妮和我发现了一个地方,我们对此觊觎已久——安提瓜加勒比海岛上的一处度假胜地。我们从朋友那里得知了这个神奇的地方,听起来,这是一个用来庆祝婚礼、放松自己的绝佳选择。那些照片看上去都很美,而且,在被婚礼筹备这件大事的各项细节淹没之余，我们知道，躺在一个平静而醉人的海滩上这种画面，光是想想就让人没法招架。

我们决定提前支付一个囊括了所有服务费用的套餐。为此，我们还争论了一番：全包会比单点、现场付款更贵，但我们到时候可能吃喝无度。在此之前，我们已经节食好几个月，只是为了能在婚礼上看起来状态更好一点儿。最后，我们还是选择了这个方案。它很吸引人，部分原因是它实行起来很简单。只要我们预定并支付，就可以从看似无尽的待办事项中划去一条。谁能想到策划一场婚礼会这么艰难？我还以为，只是租租晚礼服、拆拆礼物这样的事。并非如此。订花、座位表，这些事情你都得一一安排，当然，还有写婚礼誓词。总之，这是项艰苦的工作。

> 在我们看来，婚礼策划应该是在第一次约会时就必须要进行的活动：如果一对情侣通过了这项考验，他们就可以去看电影了。否则，就不用去了。我们敢说，如果将着手策划婚礼视作标准求婚过程中的一个项目，那么世界上会少很多不合适的夫妇。婚姻可没那么容易！
>
> **注意**：我们的所有想法并不都是好的。

但不管怎样，我们的婚礼还是很成功的。我们感受到很多爱意，看到很多笑容，还有一个本＆杰瑞的冰激凌结婚蛋糕，对此我强烈推荐。

几天后，我们坐喷气式飞机去了安提瓜，在沉睡了十几个小时后,我们开始真正进入度假模式。没错,我们吃到撑,喝到爆,尽情放肆。有太多的事情要做。比如,享受美食;比如,豪饮酒水。丰盛的早餐,血腥玛丽,海鲜午餐,椰子鸡尾酒,小睡,某种朗姆酒饮料,晚餐,美酒。还有,甜点。我们有很多甜点。我是说,他们每天晚上都会把吃不完的甜点盘子撤走。我们能做什么?在家的时候,我们不会如此放纵,但你知道,我们坚信,在通关的时候,所有增加的卡路里都不会被放行。

我们也参与了一些运动——游泳、网球、帆船和潜水,甚至,我们还去了几趟短途旅行,虽然我们中途就放弃了(至于这究竟是因为我们对安提瓜的历史没那么感兴趣,还是因为没有足够的朗姆酒,就全凭你们自行猜想了)。虽然觉得自己有点放任过度,但同时,我们又坚信应该善待自己。唯一让我们感到内疚的,是偶尔剩下半瓶红酒放着没喝的时候。这并不是说我们只喝了半瓶酒,其实,这半瓶酒往往是那个晚上我们喝的第二瓶或者第三瓶了。

事实证明,这趟提前支付、包含一切服务费用的假期,让我们意想不到的快乐之一,就是它在所有地方,给所有的东西都贴上了价格标签,食物、饮料和沙滩上的毛巾,无一例外,沙滩躺椅上也是,甚至在乘船出行和去岛上观光的时候也是如此。起初,我们觉得这样很俗气,但是后来,我们开始乐在其中,就好像所有的价格标签都是在提醒我们,现在享受的这些食物和乐趣统统免费,这让我们觉得自己省下了一大笔钱。

这是对现实生活的逃避。我们逃离婚礼策划、逃离婚礼、逃离婚姻家庭。我们长胖了，也晒黑了，我们喝得醉醺醺的。

接着，在假期进行到一半的时候，开始下雨了，阴雨连绵不断，下了整整三天。

一般来说，这是没办法的事。你想躺在沙滩上度你的蜜月，是吧？不过，有时候，生活给你柠檬，你就得接受，然后拿它去做柠檬朗姆酒。

于是，我们去了度假区的酒吧。我们尝遍了那里的每种饮料。有些很合口味，很喜欢；有些没喝完。这种快乐让我们同其他正在蜜月中、来酒吧"避难"的夫妇成了朋友。他们和善友好，其中有些至今还跟我们保持着联系，有时我们会去拜访他们，虽然时间的流逝和当时的朗姆酒让我们对那段阴雨时光的记忆变得模糊不清。

有一对来自伦敦的夫妇，让我们称他们为史密斯夫妇，刚来度假就赶上了连续下雨的日子。他们婉拒了加入"尝试每种饮料"的挑战。相反，只要是他们自己点的调酒，都会喝得一滴都不剩，哪怕他们的表情看起来不是那么享受（诊断：朗姆酒不够）。

雨天结束后，我们有时候会在沙滩上或者餐厅里碰见史密斯夫妇——仅限晚餐时间段。他们经常不吃早饭，然后吃一顿非常丰盛的晚餐。他们喝得也不多，尽管他们讲了很多愉快的英伦酒吧之夜的玩笑。他们在沙滩上的时候几乎不喝酒，只有吃晚餐的时候，才会喝上几杯葡萄酒。而且，他们之间似乎发生了很多口角。我们并不喜欢评判别人——虽然我们的确这么做了。后来才知道，他们选择的是单点方案，所以对于要不要在某件事情上花钱，会有不同的意见。从某种程度上来说，这是可以理解的：不管是酒水费，还是活动费，都不便宜，而争论要做什么，在什么方面花钱，让他们的新婚生活多了一些火药味。

我们和史密斯夫妇在同一天退房。当我们乘坐机场班车时，看到他们正在和度假区的工作人员核对一份19页的账单。作为我们共度时光的谢幕，那可真是悲伤的一天，特别是他们因为错过了班车，差点儿没赶上航班。

不过，说不定错过航班还更幸运点儿。毕竟，这是被困在安提瓜！我们被命运之神困在了迈阿密。那是一个可爱的小城镇，但在短暂而意外的停留期间，我们并没有发现什么值得去的地方。我们在转机的时候，先是碰上了设备故障，然后因为热带风暴的临近，我们又在当地滞留了好几天。航空公司提出，出钱让我们去住旅馆，我们欣然接受了。当然，我们也可以自己再贴点儿钱换到一家更好的旅馆，但我们都觉得，没必要额外再多付200美元。结果，我们下榻的旅馆既昏暗又肮脏，地理位置也不怎么样，但我们想，不如就试着接受这种小小的惊喜好了。我们俩都没来过迈阿密，所以为什么不试着在这儿待36小时呢？

我们立刻上床去睡觉，没有派对，到了早上，还得跟一群人挤到当地一家很受欢迎的餐馆一起吃早餐，两个人分享一个大大的煎蛋卷。毕竟，我还不太饿，吃不完自己的那份，花了15美元，却只咬了这么几口，感觉很浪费。之后很惬意。我们去了沙滩，但没有租船，也没有划水，没有借阳伞。我们就那么坐着，放松自己，怡然自得。在远处的地平线上，能看到巨大的风暴。

午餐又是两个人分着吃的，然后，我们计划着之后的晚餐，并决定去看演出。

我们去了一家很棒的餐厅，那里能看到还没受到风暴波及的绝佳海景。我们吃了不少面包，跳过了开胃菜和沙拉，每人点了份主菜。没有喝红酒。虽然每人喝了几杯鸡尾酒，但没吃甜点。之前摄入的糖分已经够用一辈子了。(事实证明，额外的卡路里不会被海关放行的幻想是错的，这真让人悲伤。)吃完后，我觉得还是有点儿饿，但我认为看演出的时候可能会吃到零食。

结果，我们根本没看成演出。有支当地的卡利普索乐队在某个新开的时尚俱乐部演出，但是当我们赶到那里的时候，只剩下35美元的票了。对于一个闻所未闻的乐队来说，这样的价格有点贵，所以我们散步回了旅馆。接着，开始下起雨来。雨很大，是典型的热带风暴大雨。我们跑回自己的房间，砰的一声关上了门，然后蹦上了床。我们翻出几本书，读到困意袭来。就这样，我们度过了美好而简单的一天。

当我们终于回去的时候，我们发现讨厌的长期停车场多收了一天的费用，于是我们又花了一些时间和对方争辩。我们到家已经很晚了，只能直接去睡觉，这样，第二天早上才能准时起床去上班。这是美好旅行的糟糕结尾。但，这不就是典型的人生故事吗？

在那个星期的晚些时候，有朋友想听我们讲述旅行中发生的一切，对此，我们乐意至极。于是，我们去了家不错的餐厅，一起吃了顿晚餐。与朋友相见是件开心的事，而且在听他们评论我们被晒得有多黑的时候(这是生活中简单的事)，感觉还挺棒。然后，侍者给我们拿来了账单，尽管我尽了最大的努力，但最后还是忍不住指出，我们（也许是为了发泄）根本没喝朋友点的那些香槟或上好红酒。围绕着哪些东西该由谁付钱，我们与朋友之间出现了一些争论，结果，每个人都看了一遍账单，然后支付了自己的那部分。

我询问侍者，是否接受用贝壳和晒黑的皮肤付账。她没有笑。于是，我将自己的信用卡递给了她。

一个美好的外出之夜，一个并不美好的结局。但，这不也是典型的人生故事吗？

美满的结局

一段经历的结尾尤为重要。想象一下，宗教仪式结束时的祷告，饭后的甜点，或是夏令营尾声的告别之歌。在高潮时收尾很重要，因为之后，我们对这段经历的回顾、记忆以及对整段经历价值的评判，种种想法的产生与成形，都将立足于有一个怎样的收尾。

唐纳德·雷德梅尔、乔尔·卡茨以及丹尼尔·卡尼曼做过一项研究，关于结肠镜检查（可以说是终极的"最后的最后"）的收尾工作会让病人对整个过程的记忆产生怎样的影响。其中，部分病人采取了一贯以来的做法，按照传统流程结束检查，而另一部分病人延长了5分钟才收尾。增加的这部分时长虽然消耗了时间，但让病人的痛感有所缓解。于是，检查过程较长但是不怎么痛的那些病人，事后回想起整段经历，就会觉得结肠镜检查并不是多么让人不快的事，即便在整个过程中，他们都备受折磨，还比别人多经历了5分钟。

当然，度假跟结肠镜检查完全是两回事——但是，度假的结尾也很重要。我们往往会在低谷时草草结束假期，带着我们厌恶的事情一起：支付旅馆的账单，乘坐班车，去往机场，或是搭乘出租，拎着行李，将衣服送洗，设定闹钟，重回工作。这些收尾的活动，会影响我们对整个假期的看法，甚至会给假期蒙上一层消极的色彩。

如果能有一个比较快乐的结尾，那么我们对假期的记忆，即便是下了三天雨的假期，也会好很多。那么，如何才能做到快乐收尾呢？我们可以在开始处理那些令人不快的事务之前，就"假装"旅行已经结束了，比如，在结账的前一天晚上，庆祝一下这趟旅行的落幕。这样，我们在精神上就会把打包行李，去机场，以及这趟旅行的经历都放到"日常生活"这个盒子里，它们不再属于"假期的终结"这个盒子。然后我们将这趟旅行封印在一个盒子里，让它远离尘世的烦扰。

还有另一种可以延长旅行的办法。当我们回到家中，重新步入日常生活的正轨之后，我们可以再花些时间去讲述有关这趟旅行的记忆和经历，看看拍的照片，写点儿笔记，于是，在我们的脑海里，这趟旅程将一直光鲜如昨日。因此，花时间细细品味过去的假期，让那段经历融入我们的日常生活，也能带

> 给我们一个较缓和的结尾。
>
> 最终,如果我们在假期结束的时候,回想起那段经历,并觉得它比结肠镜检查要好,那么,我们便能进一步改善自己的假期。

这是怎么回事?

杰夫的蜜月经历给我们展示了很多有关付款之痛的表现。付款之痛,正如字面意思所显示的那样,指的是我们在给某些事物付款时所经历的某种心理之痛。这一概念由特雷森·普雷勒克和乔治·勒文施泰因在他们的论文《红与黑:储蓄与债务的心理账户》中率先提出。

我们熟知各种生理上和心理上的痛苦:被蜜蜂蜇了一下的痛,被针刺了一下的痛,长期慢性疼痛,以及一颗破碎的心所承受的痛。而付款之痛,是我们在考虑掏钱时所感受到的情绪。这种痛苦并非源于消费本身,而是来自我们对消费的思考。我们想得越多,这种痛苦也就越明显。如果我们碰巧一边想着付款,一边消费了某样事物,那么付款之痛就会给整段经历蒙上一层黯淡的色彩,让它变得一点都不快乐。

"付款之痛"这个概念建立在由消费引起的不快与悲伤之上,不过最近,神经影像和核磁共振成像研究显示,这种痛实际上还会刺激大脑中的某些区域,让人产生生理上的痛苦。越高昂的价格，对那些大脑机能的刺激强度也就越高，但也不是只有高价才会引起痛苦，任何一种价格都会，甚至在我们放弃某样东西的时候，也能感受到某种痛苦。

不痛，不痛

在遭遇任何一种痛苦的时候，我们的第一反应都是摆脱它。我们想要减轻痛苦，抵制痛苦。当痛苦来临的时候，我们退缩、躲避，尽全力免受它的袭击。对于付款之痛，我们也是一样。问题是，为了逃离付款之痛而采取的办法，从长远来看，往往会给我们带来更多的麻烦。这是为什么？因为我们在从痛苦的付款逃到无痛的付款时，忽视了其他更重要的因素。这种避免痛苦的方式并不能帮我们从实质上解决金钱方面的麻烦。它只能帮我们避开当下的痛苦，但之后，它向我们索取的，是更高的代价。

避免痛苦是一种强大的动力，也是一个狡猾的敌人：它蒙蔽了我们的双眼，让我们看不到事物的价值。于是，我们做出了错误的选择，因为在购买的过程中，我们的焦点被锁定在了正在感受的痛苦身上，而看不到产品本身的价值。

痛苦伤害了我们，但它也很重要。痛苦让我们知道，某些事情是错误的。腿部骨折的痛告诉我们，该去找人帮忙。灼伤的痛告诉我们，不能去触碰火焰。被七年级的梅根·F.的拒绝之痛告诉我们，要小心所有叫梅根的女孩，对不起，那个叫梅根·H.的女孩子。

一个孩童摸了火炉，感受到了痛，之后他会理解这种痛是由何而起的，于是他就不会再去碰火炉。同理，我们也应该去了解，是什么让我们觉得痛，然后再去避免这种根源。但我们是这样做的吗？我们是不再做痛苦的事，还是继续做痛苦的事，让自己对痛苦麻木，最后对其免疫呢？宋飞，你怎么看？

我们可以列举很多事，来证明其实人类没那么聪明。头盔是我非常喜欢的例子。我们必须发明头盔，这是一个不争的事实。但为什么要这么做？因为我们会去参加很多活动，而那些活动可能会让我们的脑袋受伤。让我们来看看这个情况。我们所做的，不是避免那些活动，而是做出塑料小帽子，好让我们继续这种脑袋随时可能被撞裂的生活方式。唯一一样比头盔更蠢的东西，就是头盔法，它不是去阻止那些可能会让脑袋受伤的事，反而去保护没什么用的大脑。

——杰瑞·宋飞，《我最后一次告诉你》

付款之痛本应该让我们停止痛苦的消费决策。但事与愿违，它并没有终结痛苦，我们反而在信用卡等金融"服务"的帮助下，想出了各种办法来减少痛苦。使用信用卡、电子钱包和自动付款，就像戴上了没什么用的"财务头盔"。我们宛如庸医一般，只去治疗症状（痛苦），而非根除隐藏其中的病源（付款）。

这是影响我们对财务决策的评估方式的重大错误之一。

付款之痛源于两个独特的因素。第一个，是钱离开钱包与消费已购买的东西，这两件事之间的时间差。第二个，是我们对付款本身的关注。公式是：付款之痛＝时间＋关注。

我们到底应该怎样才能让自己的生活免于遭受付款之痛？而这种逃避又会对我们的金钱观产生怎样的影响？其实，只要去做和引起痛苦相对立的事就行。我们可以延长付款和消费这两者之间的时间差，降低对付款的关注。针对时间和关注。

拿杰夫的经历来说，他和他可爱的、耐心的、善良的、高攀的妻子（宝贝，你在读这段吗？），提前支付了蜜月之旅的费用。在签下那张大额支票的时候，毫无疑问，他们肯定会有所心痛。但到了安提瓜之后，付款以及它所附带的痛苦都在后视镜中离他们远去。之后的每次体验、每份快乐、每杯饮料，感觉都是免费的。在添酒或是乘帆船出海的时候，他们不需要考虑钱，也不需要考虑那些东西到底值不值那个价格。他们已经做出了自己的财务决策。他们可以由着自己的兴致、愿望、冲动为所欲为——而他们也的确是这么做的。实际上，看到自己不必为那些高昂的单点价格埋单，他们感觉更爽了：在那一刻，感觉就像不用花一分钱就能得到所有东西一样。

而另一个例子，史密斯夫妇，他们在度假期间就一直遭受付款之痛。每当想要去做些什么（喝酒，吃饭，游泳，潜水）的时候，他们都得为此埋单，于是也就感受到了随之而来的付款之痛，而这一痛苦同时也让他们体验到的快乐减少了。虽然他们不需要每时每分都去计算自己的账单，但他们的确需要权衡成本和收益，需要支付住宿费、小费，还有其他各种支出。即便是一件微不足道的小东西，也得付款，于是，痛苦也就随之而来。不可否认，

第二部分　价值误判

当他们在加勒比海度假区签单买下一杯热带饮料的时候，他们对这件事的关注相对较少，明显可以算是课本里对于"第一世界问题"（指微不足道的挫折或琐碎的烦心事）定义的一次体验了。史密斯夫妇一直在应付付款带来的痛苦，这一点也体现在他们之间剑拔弩张的气氛和争吵中。"直到死亡将我们分开"，似乎来得快了点儿。

当杰夫和自己的新婚妻子被困在迈阿密的时候，他们还处在蜜月中——从某种程度上来说，那里仍旧是一个有着不同情调的场所。对于他们俩来说，那是一个不太熟悉的地方，他们还在旅行，得乘坐飞机、住酒店、去海滩，拥有一个计划好的假期该有的一切。所以，在消费的时候，他们愿意更随心所欲一点儿，试一试他们拿不准的东西。他们所下榻的旅馆已经有航空公司帮忙付了钱，这让他们觉得自己多得了一部分奖金，可以拿去花（心理账户）。但这次的情况，又不同于给所有东西预付费的那次了。他们得掏出钱包，支付现金，或是刷信用卡。他们努力付款，对于离开自己银行账户的每一笔钱，他们都会予以关注。在迈阿密的时候，他们有所受限，没法完全由着自己的性子来。他们没去看不确定是否能值回票价的演出，也没有点太多的酒来喝。他们比在安提瓜的时候收敛和节俭了许多。对于佛罗里达海岸线的经济来说，这是一个坏消息，而对于杰夫的腰围来说，这可是一个好消息。

回到家的时候，他们变得更加斤斤计较：他们感受到强烈的付款之痛。他们回到日常生活中，各种消费不再源于蜜月这一心理账户。在餐厅和朋友吃饭的时候,想到自己为婚礼和蜜月已经花费了上千美元,现在还要为其他人点的酒埋单,付款之痛让他们情绪暴躁。于是,为了让痛苦有所缓解,他们使用了信用卡。正如我们所见,刷一下那张塑料卡片所带来的伤害,远远低于直接支付现金。

热情如火

一旦剥离了付款之痛,我们在花钱的时候就会更加自由,也更享受对事物本身的消费过程。当付款之痛变得更加强烈的时候,我们的自控力就会有所上升,消费随之下滑。所以,我们应该总是加强或减轻付款之痛吗?当然不是。不同情况,应不同对待。

某些经历,比如度蜜月,只会发生一次——或两次,或者(如果你是个政治家的话)最多三次,这是非常特殊的场合。在这种情况下,我们会据理力争,认为减轻这段经历的付款之痛,来享受一生只有一次的体验,是一件好事。但在日常生活中,当我们日复一日地做着某些事情的时候,也许应该增加某些消费类别的付款之痛。比如在超市排队结账买午饭的时候,抓起一本没什么营养的杂志;健身之后买一杯高价的冰沙——这些都是值得我们再度思忖的事物,因为不管它存在与否,都不会破坏我们珍贵的人生时刻。

关键是我们可以加强或减轻在任何时候感受到的、来自任何交易的付款之痛。但我们应该谨慎为之,这个拿捏的度基于我们想享受或限制多少消费,而不是没有缘由地让痛苦加强或减缓。

时间嘀嘀嗒嗒,溜进了我的钱包

如果付款和消费同时发生的话,我们的乐趣就会大打折扣。而当这两种行为分开进行的时候,我们就不会将自己的注意力过于放在付款这一事实上。我们几乎会忘掉自己给它花了钱,这样一来,我们就更能沉浸在使用它的快乐中。这就好像,在我们每次付钱买东西的时候,罪恶感都会给我们一击,但它对我们的影响是短暂的,只生效于我们付钱的那个时候——或是考虑付钱的时候。

一般来说,付钱买一样产品或服务的时机主要有三种不同的类型:在享受前付款,就像杰夫处理蜜月开支的方式一样;在消费的过程中付款,就像史密斯夫妇那样;或是之后再付款,就像回家后用信用卡给晚餐埋单那样。

约瑟·席尔瓦和丹之前做过一个实验,我们可以看看这个例子中的时间因素。

约瑟和丹找来一些大学生,给他们10美元,让他们在实验室里的电脑前静坐45分钟。学生们可以坐在那里什么都不干,然后带着10美元离开，也可以选择花低价购买娱乐消遣活动打发时间。有三种不同类别的信息可供学生在线上浏览：漫画，这是最受欢迎的类别；新闻和学术论文，第二受欢迎；以及第三种，也是最不受欢迎的类别，关于后现代文学的文化研究论文。学生们只需支付一定的费用，就可以查看自己想要的任何信息。在此期间，电脑会对他们的浏览历史予以记录，每幅漫画收费3美分，每篇新闻或学术论文收费0.5美分。至于后现代文学的那些文章，他们可以想看多少就看多少，而且还不收任何费用。

一个并不简单的误解

你是后现代文学的爱好者吗？你了解后现代文学吗？还是只是想让别人以为你了解后现代文学？

那么，你应该看看这个超棒的网站，它叫作"后现代主义制造机"（www.elsewhere.org/journal/pomo/）。它会引用一些内容，再丢进一些名字，像"福柯"、"费里尼"和"德里达"，以随机生成一篇所谓的"后现代"论文。网站的这种做法让我们觉得自己能读懂每一句话，但是接着，当我们读下去时才意识到，其实自己什么都不懂。这正是很多人对后现代文学的感受。

我们考虑过用这个网站来写这本书。谁知道呢？也许我们就是这么做的。

除了不同的娱乐活动分类外，不同的小组也采用了不同的付款方式。在后付费小组里，参与者被告知，他们的活动消费金额将会在结束的时候从付给他们的10美元里扣除，就像月底的账单一样。在预付费小组里，情况就跟礼品券差不多：所有的参与者都会拿到10美元，这些钱放在电子账户中，他们可以将钱用于阅读线上资料。这个小组的人被告知，在实验结束的时候，账户里还剩多少钱，他们就能得到多少金额的现金。第3个小组的付款方式是微支付：这些参与者在每次打开一篇文章的时候，都会被收取一笔费用。每当这些人单击某个链接时，就会弹出一个对话框："你确定要花0.5美分购买这篇文章吗？"或"你确定要花3美分阅读这幅漫画吗？"单击"是"，他们立刻就会被收取一笔费用，余额会一直显示在电脑屏幕的上方。（杰夫一直很好奇，丹是从哪儿找到这么多愿意来参加这些实验的学生的，他还想知道，自己能不能也和他们签合同做"实验"，好让那些学生去帮他给房子刷油漆或是照看自己的小孩。）

重要的是，使用不同付款方式的参加者阅读内容所需支付的金额是一样的。而且，不管是哪个小组，都不存在特别高的消费（当然，每样东西的单价都很便宜）。然而，参与者在消费时对付款的想法，可就各有千秋了。

在一开始就把10美元放到参与者的娱乐账户里的情况下（换句话说，就是预付费），这些参与者的平均消费是18美分。在研究结束时付费，就像普通的账单那样（之后付费），这部分参与者的平均消费降到了12美分。这一情况告诉我们，将钱放在某个只能用于特定活动的账户里，会让我们的参与者消费更多。在这个例子中，高出了50%。而最让人印象深刻的，是微支付情况下的消费状况，这一小组的参与者，在每次消费之前，都得先考虑下是否要付款（过程中付费）。在这种情况下，这部分人的平均消费只有4美分。总体看来，这些参与者一般只浏览了一幅漫画和两篇学术论文，然后将大部分的时间花在阅读文化研究上——那些文章虽然读起来很痛苦，但它们不要钱。将这些结果综合起来，我们可以得出结论，如果将付款方式从后付费改为预付费，我们的选择也会跟着改变。而且，至关重要的是，当付款变得格外显著的时候，我们也会明显地改变自己的消费模式。简单来说，因为付款之痛的存在，我们更愿意预付费，后付费次之，最不愿意的就是在消费一样商品的同时为它埋单。付款的时机的确很重要。它甚至能让我们去读后现代文学。

我们不是要抨击后现代文学，毫无疑问，在某些地方，对某些人来说，它的确很有价值，但需要强调的是，这个研究中的那些参与者本身都不喜欢阅读后现代文学。事实上，他们表示，自己宁愿去听指甲刮黑板的声音，也不愿意阅读我们提供的后现代文学。这就说明，免费的活动（后现代文学）所产生的付款之痛是最低的，但其消费之痛却是最高的。比起阅读后现代文学，人们当然更乐意阅读漫画。但是，为了避免阅读漫画所带来的付款之痛，参与者们宁愿选择阅读后现代文学。这些处于现收现付情况下的参与者明明可以消费12美分，而不是4美分，也明明可以更好地度过45分钟的实验时间，却因付款之痛的力量过于强大，而没有那么做。

与此类似,想象一下我们在度过一个现收现付的蜜月。落日下的沙滩上,侍者端上一瓶上好的香槟,但各种各样的收费堆在一起让我们感到烦躁,我们不想询问那瓶香槟的价格,而是决定继续喝饮用水。是的,我们避开了来自价格高昂的香槟的付款之痛,但同时也失去了在一生一次的蜜月旅行中的夕阳下喝香槟的快乐。

或许我们现在才发现,在花钱的时候,要平衡付款之痛和消费之乐,是一件很困难的事。正如后现代主义制造机告诉我们的福柯的一句话:"生活并不简单,朋友。"

提前付款

杰夫提前支付了蜜月之旅所需的费用,他产生了更多的消费,也更享受这一过程,而如果他是在旅行过程中为每一笔消费埋单,或是累积到最后一起结算的话,体验将远远不及现在。或许,这种提前付款的方式让他多掏了些钱,但与此同时,他的幸福感也增加了。这种模式引起了某些商业领域的注意。预付费成为一种流行趋势。一些时尚餐厅,比如洛杉矶的 Trois Mec,芝加哥的 Alinea,以及纽约的 Atera,现在都鼓励客人在网上提前付费订餐。

不过话说回来,预付费并不是最近才兴起的一种趋势,它其实早就存在于我们周围了。我们提前购买好百老汇戏票、机票以及火人节的门票,之后才会使用它们。见鬼,这本书也是,你先掏钱买下它,然后才开始阅读,而不是先阅读(说不定那样的话,你会想给我们寄一张感谢卡,外带一笔丰厚的小费)。

如果我们在消费一样东西前就为它埋单,那么在实际消费过程中基本就不会让人感到痛苦。到时候,就不存在付款之痛,也不必担心之后需要为它埋单。这是一种没有痛苦的交易(除非是购买某样会引起生理痛苦的东西,像是攀岩、拳击课程,或是施虐——但这是一本家庭用书,所以不讲这些)。

亚马逊网站将运费成本转为年度会员预付费,这需要用户支付99美元。但同时,他可以享受一整年的免运费服务。当然,这并不是真的免运费,毕竟,我们付了99美元,但在这一年里,每当我们考虑是否要在网上购物时,运费将不再给我们带来额外的付款之痛。它让人感觉自己赚了,特别是,亚马逊还把价格旁边"会员两天内免费送货上门"这一行字以醒目的色彩显示。于是,我们觉得自己得多买点,因为我们正享受着特别划算的待遇!而且,我们从亚马逊上买的次数越多,线上购物狂欢显得就越便宜,"越免费"。多么划算!

假设我们要去非洲旅行一周,并需要缴纳2 000美元。对于这趟冒险之旅,有两种付费方式。我们可以提前4个月支付所有费用,或是选择在旅行结束时以现金结算。若要问哪种付款方式从经济上来说更好,那当然是第二种,因为那个时候我们已经享受完了所有服务。或者至少,我们能把这笔钱存起来获取4个月的利息。但我们从这趟旅行中享受到的乐趣呢?这两种付款方式,哪种会让我们更乐在其中,特别是,哪种会让我们在旅行的最后几天更快乐?如果我们的想法与大多数人类似,那么答案肯定是第一种：提前支付费用。为什么？因为如果是在最后一天结算，那么最后那几天的旅程，都会充斥着"它值不值这个价"和"我有多喜欢这个"的想法。这些想法一直盘踞在我们的脑海里，使我们对整段经历中乐趣的体验大幅减少。

和礼品券与赌场筹码一样，预付费也是一段经历的固有组成部分。当我们把钱放在星巴克、亚马逊或Babies "R" Us的礼品券中，就等于将这笔钱划分到了某种消费类别下。也就是说，一旦花20美元买了一张星巴克的卡，这笔钱就被分配给了拿铁或司康饼，也就不能再用来购买可乐或中餐了。而且，在将钱分配给那个类别的时候，我们就会觉得自己已经完成了支付。于是，之后用这些钱的时候，我们就不会有任何罪恶感，因为这种方式让我们觉得不是在花自己的钱。也许在直接付款的时候，我们只舍得买一份小杯的咖啡，但如果用礼品券支付的话，我们就会挥霍无度地点上一份超大杯大豆奶茶拿铁和意大利香脆饼。毕竟，这不用我们付钱，不是吗？在使用礼品券的时候，我们感受不到付款之痛，因为它带来的感觉不同于使用现金支付。

很明显，我们都喜欢消费，但又不喜欢付款。不过，正如德拉赞和乔治发现的那样，付款的时机非常重要，对于已经埋单的东西，我们会在消费时获得更好的体验。

过程中付款

如果我们在使用一样东西的时候为这样东西付了钱，那么这会对付款之痛以及我们的价值观产生怎样的影响？

假如我们给自己买了一辆跑车，作为退休/中年危机的礼物，为此，我们贷了款，每个月都得还一笔钱。意料之中，车开起来感觉很棒，这让我们忘了随时可能会因为车祸而丧命，也忘了贫穷生活中所要面临的各种选择。然而，我们发现自己能开车的时间越来越少，而且渐渐地，驾驶也不如最初那般让人激动不已了。每个月的还款提醒着我们，这部车多么昂贵，当初买下它又是多么鲁莽的一个决定，我们越来越没法替它开脱。于是，我们一次性还清了贷款。一下子付掉那么大一笔钱，当然很痛苦，但我们不用再遭受每个月偿还贷款时的痛苦和随之而来的罪恶感了，甚至让我们又找回了开着敞篷车四处兜风的快感。每个月，我们都不用再为还款而感到焦虑，我们开始享受这辆车，即便开的次数仍然不那么多。

为正在使用的东西付钱这件事，不仅能让我们更深刻地意识到付款之痛，也削减了使用过程中的幸福感。如果一家餐厅的老板发现，平均每位客人花25美元吃一餐，其实只吃了25口，结果会怎样？那就等于，1美元一口。于是有一天，这位老板决定开展一次5折的优惠活动：每口只需50美分。然后，他又决定给出更多优惠，说道："你们吃了几口，我就收你们相应多少钱！没吃的，不需要你们埋单。"当食物端上来之后，侍者就站在一边，每当我们吃一口菜，他们就在笔记本上留一个小记号。在我们吃完后，侍者会把账单收走，只收取我们吃过的那部分的费用，每口50美分。这明显是一种非常经济的用餐方式。但会有多少乐趣呢？似乎一点儿都不有趣，不是吗？丹曾经把比萨饼带去课堂给学生吃，每口收取25美分的费用。结果怎样？学生们都尽全力咬出了最大的一口。他们认为，这样做，就能避免付款所带来的痛苦。当然，这样吃起来很难受，喉咙被塞得满满的，面目狰狞，所以，这也不是多占便宜的事，当然更不能算是一种享受。概括地来说，按吃了几口收费并不是好的付款方式，因为它让用餐体验变得极为糟糕。也就是说，如果将它用于减肥，倒不失为一个理想的办法，因为进食中的不适感会超越享受感。况且，计算自己吃了几口也比计算摄入多少卡路里简单多了。

商界有个案例，主角是一家叫AOL（美国在线）的小公司，从它某次将付款和消费分开的例子中，我们可以看出，让这两者同时进行是一件让人多么痛苦的事。都到21世纪了，如果你还不知道什么是AOL，就搜索一下吧。

1996年的时候，AOL的总裁鲍勃·皮特曼宣称，要取消之前的两种收费方式［一种是使用服务20小时内（包括20小时）收取费用19.95美元，之后每增加一小时收取2.95美元，另一种是使用服务10小时内（包括10小时）收取费用9.95美元，之后每增加一小时收取2.95美元］，并统一改成收取19.95美元，不限时使用。随后，AOL的工作人员花费数小时忙于各项工作的准备，以应对由于价格变化而吸引的乐意使用其服务器的用户。他们分别查看了之前两种服务的数据，看看其中有多少人的上网时长接近10小时和20小时，他们估计，这项新的收费方式会刺激某些用户更频繁地使用互联网。但同时，大多数人还是会继续使用之前的服务，除非他们原本就比较接近时长极限。在计算这些数据的时候，他们坚信，在之前的收费方式下，如果一个客户的上网时长只有 7 小时，那么，他之后可能还是会保持差不多的上网时长。考虑到这些假设，他们增加了几个百分点的可用服务器。现在，他们无疑已经准备好迎接不限时收费的曙光了，是不是？

大错特错。实际情况是，一夜之间，人们连接网络时长的总数相对之前，整整翻了一倍。当然，AOL 对此完全没有任何准备。它只得从其他在线供应商那里寻求帮助，那些供应商倒是乐意配合（而且，对于能趁机敲诈 AOL 一笔，他们还挺高兴的）。皮特曼为自己开脱："作为世界上最大的网络供应商，并没有历史先例可供我们参考。不会想到它们会翻倍……这就像电视台的收视率突然增加了一倍一样。"

但是，AOL 的那些数据狂人真的没有预料到这一点吗？如果公司团队查看过付款的相关的内容，考虑到付款之痛，他们就应该意识到，当消费和付款同时进行的时候，当用户在自己的屏幕上方看到一个时钟在计算剩余时长的时候（这正是原有的收费方式采取的办法），他就很难不去思考剩余时间的问题，也会一直想着，如果超时，会被收取多少费用。这样一来，他们上网的乐趣就降低了。所以，当计时器不再显示服务内容剩余时长（10 小时或 20 小时）时，付款之痛也就随之消失了。于是，人们可能会用更长时间使用和享受这项服务，比之前长得多。

与消费过程同时进行的付款之痛不一定都是坏事。它能让我们更清楚地意识到自己的支出。能源就是一个有趣的例子。在给车加油时，我们看着气泵上的金额不断增加。在意识到自己正在花钱后，我们感受到了付款的痛苦，也许就会考虑换一辆更省油的车，或另找人合伙用车。但在家的时候，电度表通常在屋外或者被隐藏了起来。我们很少会去关注它。而且，我们也看不到每天或每周的使用量，电力公司只会按月，甚至更长的周期来出账单。这部分的费用往往会直接从我们的支票账户中扣除。因此，我们不可能知道某个具体时刻自己花了多少钱，也就意识不到自己在支出，感受不到它所带来的痛苦。不过，也许有办法能帮我们解决家用能源的使用和超额使用问题？（剧透：我们会在第三部分更详细地讨论这一问题。）

未来付款

啊，未来。为了理解未来付款（在用过某样东西后才为它支付费用）会对付款之痛产生怎样的影响，我们需要明白一个道理，那就是，我们对以后的钱看得没有当下的钱重要。如果有100美元，我们是想要现在就拿到，还是一天后、一周后、一个月后甚至一年后再拿到？我们中的大多数人都会选择现在就拿到这笔钱。未来的钱在价值上会被打折扣。（无数研究显示，我们会以各种不合理的方式轻视未来的钱，而这种行为又会带来各种各样的后果。）我们相信在未来付款时所受的痛苦没有现在支付那么严重。而且，这个以后越遥远，对现在的伤害就越小。在某些情况下，它甚至会让当下的我们觉得那样东西几乎是免费的。直到巨大的、未知的、乐观的未来到来之前，我们都不需要为此埋单，而且那个时候，说不定我们买彩票中了奖，可能一跃成为一位明星或是太阳能飞行器的发明家。

信用到期的信用

信用卡的主要心理力量，是将我们消费的时间和付款的时间区分开，这正是信用卡的邪恶天赋之一。因为它让我们可以将付款时间往后推（我们付款的最终期限到底是什么时候），这使得我们的财务视野变得不那么清晰，也让我们的机会成本更加模糊，当下的付款之痛因此有所减轻。

想象这种情况：当我们在餐厅使用信用卡支付费用时，真的觉得那个时候在付钱吗？并非如此。我们只是签下自己的名字；而付款，是在将来某个时间点才会真正发生的事。同样地，当我们稍后看到账单的时候，真的觉得自己在付钱吗？也不是。那个时候，我们会觉得已经结清了餐厅的消费。信用卡公司不仅利用时间差产生的错觉来减轻付款之痛，而且它还这么做了两次——一次是让我们觉得以后才要付钱，一次是让我们觉得已经付过钱了。通过这种办法，信用卡让我们更享受生活，也更肆无忌惮地消费。

信用卡放大了我们的欲望，减轻付款之痛，并因此改变我们对价值的认知与理解。当付款变得更加简单又不是那么明显，当付款和消费之间存在时间差的时候，信用卡最大限度地降低了我们在购物时所感受到的付款之痛。它创造了让我们更愿意花钱的超脱感。正如伊丽莎白·邓恩和麦克·诺顿所指出的那样，这种超脱感不仅事关我们当下的感受，它还改变了我们对这段支付经历的记忆方式，让"记住自己花了多少钱变得更加困难"。（他们还强调，研究显示，有30%的学生低估了自己的信用卡账单，而工商管理硕士在使用信用卡时，对产品的购买力也会翻倍。）比如，我们去商店买袜子、睡衣和难看的毛衣时，如果使用信用卡付款，那么回到家后，我们对具体消费金额的印象可能就没有直接用现金支付那么清楚。信用卡就像科幻电影里的记忆橡皮擦，但它真实地存在于我们的钱包里。

研究还显示，人们在使用信用卡的时候，不仅更愿意付钱，而且往往乐意买更贵的东西，给更高的小费，很有可能低估甚至忘记自己花出去的钱，更快地做出消费决策。此外，光是展示信用卡的相关工具，像标签或者刷卡机（将信用卡及它的"好处"轻松地灌输进我们的意识之中）就会产生这些受信用卡影响的行为。这可是千真万确的：1986年的一项研究就发现，哪怕只是在桌上有信用卡公司的标识，都能刺激人们的消费行为。

换句话说，相比其他支付方式，信用卡，甚至只是信用卡的暗示，都会让我们的消费变得更多、更迅速、更肆无忌惮，也更容易遗忘。在某些方面，它就像一剂药，模糊了我们合理处理信息和采取行动的能力。虽然我们不喝酒、不吸毒，也不依赖信用卡（至少现在还没有），但它们的影响都是根深蒂固且令人担忧的。

信用卡也使我们对消费的价值产生了不同的看法。与现金支付相反，它诱使我们积极思考消费的好处，而当使用现金支付的时候，我们更容易想到消费所带来的负面影响，会想到和现金分开这一令人沮丧的事实。当手持信用卡的时候，我们会想象眼前的甜点尝起来会多么美味，某样东西如果放在壁炉上，会多么和谐。而当使用现金的时候，我们的关注点更倾向于甜点会使我们变胖，以及为什么我们没有壁炉。

同样的产品，同样的价格，由于不同的付款方式，付款时的难易程度，以及付款会带来的痛苦程度，都让我们对它们的看法产生了巨大分歧。

为了花钱，她努力工作

信用卡的力量不仅表现在当下的时间差上（分隔享受和付款之间的时间），而且，它还分散了我们对付款这件事的注意力。越不去注意它，我们遭受的痛苦就越少，也就越不能合理地评估事物的价值。

轻轻松松地刷卡，比掏出钱包、看看自己还剩多少钱、拿出一些钞票、数一数、再等对方找钱这一系列动作要简单得多。在使用现金时，我们会考虑、注意、接触、抓取、移动、分类并清点正在花的钱。在这个过程中，我们会产生一种失落感。而如果使用信用卡的话，失落感就不会那么真切，不会那么发自肺腑。

信用卡将一个月内的所有消费合并成一张简单的账单，这让付款变得更简便、更轻松。信用卡公司就像聚合器，它将我们的所有消费汇集在一起，吃饭的费用、买衣服的费用、娱乐的费用等，形成一个总数。我们已累积到一个金额，因此，再拿这张卡去刷笔别的消费似乎也不是什么让人难以下手的事，因为不管刷不刷，我们欠信用卡公司的总额都没有多大不同。

正如我们在前文学到的，当一笔钱（比如，用来吃晚餐的200美元）被放进一笔更大的消费金额中（比如，每月5 000美元的信用卡账单），那么被放进账单里的这200美元，与它自身被单独审视时相比，就显得没那么多了，也不是那么重要了，给我们带来的痛苦也减少了。因此，当我们使用信用卡支付时，很容易低估一笔200美元的额外开销。这是一种普遍存在的偏见，特别是在使用信用卡的时候——比如在获得40万美元贷款的时候，花几千美元来装修地板，或是已经花25 000美元买了一辆新车的时候，再花200美元买一部车用CD机就成了一件无须多加思索的事。

信用卡并不是唯一一种兼具减轻痛苦和混乱价值效应的金融工具。投资顾问也会通过各种收费方式从投资者那里赚钱。举个例子，他们通常会收取（假设是）1%的证券投资组合（"资产管理"，他们喜欢这么称呼它）提成。也就是说，他们会从我们赚的钱中抽取自己应得的那部分。我们永远不会去关注那1%，也不会觉得失落，因为我们从来没有意识到它的存在，因此也就感受不到付款的痛苦。但如果我们是以一种不同的方式付费给投资顾问的呢？假如，每个月，我们都得付给对方大约800美元，或是每年年底，都得开一张价值1万美元的支票给对方呢（从我们的百万美元投资组合里，万一呢）？这会不会影响我们对他们服务的态度？会不会让我们想要寻求更多帮助、建议或时间？如果我们意识到管理资金的成本，那么我们会不会考虑其他选择呢？

或者，对于那些没有大额投资组合的读者，你们可以想一下，史密斯夫妇在度假结束那天面对的19页账单中的所有项目，或是自己的手机账单中，不同的服务费和下载费，同网费混在了一起。或者有线套餐，每个月，我们都在手机、网络和电视上订阅了《巴布工程师》，因为"我们蹒跚学步的小家伙能摆弄遥控器吗"？是的，他可以。

使用受限

我们再来讲一讲礼品券这个东西。它们是一种被称为"使用范围有限的支付方式"，只能被用在某些特定的事物上。这样的支付方式还包括赌场筹码和飞行常客里程。这让支付过程毫无痛苦可言。通过心理账户的分类，它们不再与我们惯有的价值分析有任何关系，而且，因为消除了决策过程中的大部分痛苦负担，将它花出去也就变得更加容易。假设我们得到了只能在百思买消费的礼品券，或是只能在拉斯维加斯哈利士酒店流通的筹码，又或是只能在美国境内兑换的里程数，我们就不会去考虑百思买、哈利士酒店或航空公司所提供的是不是最优价格的产品。相反，我们只会不假思索地将这笔钱花出去，因为这是这种付款方式所属的类别，而当这么做的时候，我们也就不大可能谨慎地评估自己的消费决策。

既然说到赌场这个话题，那么也可以顺带一提，在让人掏钱这件事上，赌场可是专家（金融业紧随其后）。从筹码到免费的酒水、藏起来不让人看到的钟表、24小时供应的食物和娱乐活动，它们深谙如何最大程度地压榨每位游客。还记得本书一开始提到的我们的朋友乔治·琼斯吗，他坐在21点的牌桌上，挣扎于自身的财务问题。这就是赌场的魔力。

当然，还有很多方式让付款时的努力程度影响我们的消费估值。支付的难易度并不应该改变我们的价值观，但它确实能够做到。

你现在能感受到我的存在了吗？

你知道亚马逊保护的第一项专利便是它的"一键式"技术吗？它让我们在购物时（不管多大额，也不管是否需要）都只要点一下鼠标，就能轻松实现购买。如此不痛不痒。而这一技术对于亚马逊的成功来说，可谓至关重要。正如我们所见，线上支付已经变得非常简单。当我们在脸书上消磨时间的时候，砰！一个新的沙发正在路上。我们甚至没有意识到自己在花钱。

商家通过越来越复杂的方式引诱我们避开付款之痛，而缺乏支出意识，可能是最可怕的事了。近年来，越来越多的技术进步让付款变得简单，以至于我们几乎没有意识到自己在花钱。EZ-Pass系统会自动向我们征收通行费，甚至不到月底，我们都不知道自己这个月的确切数字（如果不去费心检查的话）。账单自动支付也是如此，每个月的车贷、房贷以及其他各种贷款，甚至都不用我们去点一下，就自动完成了还款手续。添加智慧卡，使用手机、电子钱包、PayPal、Apple Pay、Venmo支付，对于这些，我们可能也只是快速地扫一眼。当然，这些"进步"让付款变得更加简单了。没有冲突。不痛不痒。不假思索。如果我们根本不知道某些事情正在发生，又怎么会感受到呢？我们又怎么能理解由此带来的一系列后果呢？至少，在城市传说中，当恶棍盗走了我们的肾，还会给我们浇一桶冰水让我们醒过来，好知道发生了什么糟糕的事，但自动更新付款可不这样。

显著性指的是我们在意识到某种事物（在这个例子里，就是付款）时的成熟概念。而意识（让付款变得显著）是唯一能够让我们感受到痛苦的方式，因此，反应、判断和评估就成为我们所做选择的潜在成本和好处。只有感到了痛，我们才不会去触碰炉子。

现金付款这种方式固有一定的显著性。我们能真切地看到钱、感受到钱，我们得数出一定的量递给对方，还得数一数找回的零钱。支票没有现金显著，但我们还是得写下金额，再把它交出去。正如我们之前所讨论的，信用卡的显著性更低，从生理感受和消费金额上来说，亦是如此，只消轻轻地刷一下，再按一两个键即可。在这种方式下，我们往往不会注意到具体的消费金额，除非要计算小费。至于各种各样的电子支付，其显著性就更低了。

不能感受到的东西无法对我们造成伤害。要记住，我们喜欢简单的事物，喜欢不会给我们带来痛苦的事物。不管什么时候，我们都会选择轻松无痛，而不是费尽心思去思考。

在吃完一顿昂贵的晚餐后，付款之痛会让我们产生罪恶感，但同时，它也能阻止我们（某种程度）的冲动消费。今后，当电子钱包成为主要的支付方式时，也许付款过程中所有的冲突都将消失。于是，我们更容易被外界诱惑。就好像一整天都躺在沙滩上，免费的饮料、小吃和甜点触手可及。结果呢？从长远看来，这并不利于我们的健康或存款率。

我们希望，财务的未来不是仅仅减少付款所带来的痛苦，而是能提供机会，让我们的选择更加慎重。实体货币的存在，让我们处于一个选择不多的境地。我们得花费时间和精力将钞票从钱包里拿出来，还要数一数对方的找零。而一旦换成电子货币，面对诱惑，我们选择的付款方式让自己看不到付款所带来的痛苦。如果有银行创造出更加痛苦也更加慎重的付款方式，我们会选择那些能让自己在付款时更感到苦恼的方式吗？我们会选择那些当下不好过但是之后好过的方式吗？如今的我们应该选择适度痛苦，以提醒自己正在花钱，提醒自己钱不是从树上长出来的，也不是大风刮来的。但问题是：我们会这么做吗？

面对痛苦不再沉默

如果生活总是像杰夫的蜜月一样，会怎样？如果生活中的一切都感觉不要钱，又会怎样？我们会吃得更多吗？会更享受当下的生活吗？如果某样东西让人觉得是免费的，那么也就不存在所谓付款的痛苦了，这不是很好吗？但从长远来看，这样对我们真的好吗？

免费是一种另类的定价，没错，它的确是一种价格。如果一样东西是免费的，我们往往就会忽略对其成本效益的分析。也就是说，我们在免费和收费的东西里，选择了免费的那个，但这不一定总是最好的选择。

假设我们准备去吃午餐，遇到了一批流动餐车。我们看了一眼自己的节食计划，于是被一家小酒馆式的商家给吸引了，它提供全麦面包三明治，富含大量新鲜的蔬菜，用了低脂酱料。完美！但随后，我们又看到另一家店铺，正在庆祝用户答谢日，它供应免费的油炸奶酪三明治。对于这种食物，我们向来没有多大兴趣，也不是特别喜欢美式奶酪，但我们已经准备好被答谢了。那么，我们是会花钱买一份理想的午餐呢？还是免费领一份不那么好的午餐呢？我们中的大多数人都会选择免费的那个。

同样的诱惑存在于生活中的各个方面，小到食物，大到财务。想象一下，如果我们要在两种信用卡间做出选择：其中一种，年利率是12%，没有年费，另一种，年利率较低，为8%，但每年需要缴纳100美元的费用。大多数人都会高估年费，从而选择年利率为12%但不收年费的那张卡。然而从长远来看，他们拿到的是一张让自己付出更多代价的信用卡，因为他们总是不可避免地错过还款，难以维持收支平衡。或者，假设我们要在两种线上报纸订阅服务之间做出选择：一种每个月收费2美元，另一种每个月收费 1.5 美元。于是，在选择的时候，我们可能会想：一种着重于国外报道，另一种更偏向政治时事，会以自己对哪种更感兴趣来决定。毕竟，和我们花在阅读报纸上的时间相比，50 美分也不是多大的一笔钱。因此，我们会比较每种报纸的信息价值。但如果成本略有不同呢：如果第一种报纸的费用是 50 美分，而第二种免费呢？我们还会在两者之间谨慎权衡、考虑我们的时间价值和阅读内容的价值吗？还会轻松地选择免费、没有痛苦的那个吗？其实两者之间的区别还是 50 美分，阅读报纸也依旧是一项重要的、消磨时间的活动，但当免费成为一种选项时，我们中的大多数人都会停止思考，走向那个选项。这一切都是因为我们想要避免付款之痛。

免费的另一个影响是，一旦某样东西在开始的时候是免费的，那么之后想要我们再为它掏钱就很难了。让我们面对现实：当付款的痛苦不存在时，我们往往会兴奋过度，而且我们会习惯这个价格。假设，我们的手机上安装了一个应用，用于识别歌曲。我们喜欢发现新的音乐，于是我们收听大学广播电台，听电影原声配乐，等等。当我们在某个商店或是在车里听到喜欢的音乐时，我们就会点开这个应用，让它帮忙识别歌曲：瞧！现在我们知道这是哪首歌了！然后，有一次，当我们想要再次使用这个奇妙的应用时，突然弹出一条信息，提醒我们从现在开始，如果想要继续使用，就必须支付一笔 99 美分的费用，这个时候，我们会做何反应呢？我们会怎么办？我们会拿出将近 1 美元的钱来继续使用喜欢的东西吗？还会找一下有没有类似但免费的替代品，即便这个替代品不如原来的好用？1美元显然不是一笔很高的费用，特别是对于一个能丰富我们生活的东西来说。在日常生活中，和我们用来买咖啡、乘坐交通工具或做美容的钱相比，它并不算什么。然而，不管怎样，从免费变为1美元，还是会让我们犹豫，到底要不要在一个之前免费的东西上花钱。我们每天毫不犹豫地就会花4美元买一杯拿铁，但给之前免费的应用花1美元？不可能！

有个实验，所有人都可以试一试：在一个人来人往的十字路口端着一托盘杯子，再放一个写着"免费品尝"的标签。看看有多少人会拿走并喝你所提供的东西，不管它到底是什么。他们甚至不会问，你是谁，你端的是什么，为什么。这听起来有点儿邪恶，但很有趣。

信用卡轮盘赌

让我们再来回顾一下杰夫夫妇蜜月之后和他们的朋友一起吃的那顿晚餐。一项有效的研究表明，在得知账单会被分摊的情况下，人们往往会产生更多的消费行为，与他们毫无防备的同伴一起这么做，就像那次点了昂贵红酒的格雷格一样。而这种平摊账单所导致的消费过度倾向也证明了，最好的付款方式是让每个人为自己吃撑的东西埋单，并且在用餐前就宣布执行这一策略。但这是最有趣的方式吗？是最不痛苦的方式吗？远非如此。

考虑到付款所带来的痛苦，有一个与朋友分摊账单的推荐办法，就是信用卡轮盘赌。当侍者在餐后拿来账单的时候，每个人把自己的信用卡拿出来放在桌上。侍者选了谁的卡，谁就得给整顿晚餐埋单。还有一个类似的、不那么依赖运气的方式——朋友间轮流支付费用。所有人轮流支付每次聚餐的费用。如果我们有一些稳定的朋友，他们又定期和我们一起吃饭，这无疑是效果最好的办法了，虽然也有可能在轮到自己付款的那次，我们会试图"不小心"错过那顿饭。这种临阵脱逃的策略确实让我们减少了支出，但也会让我们的朋友所剩无几。

为什么我们会这么喜欢信用卡轮盘赌？如果考虑到在座每个人的实用性，即这种体验对在座的每个人来说多有用，他们能从中享受到多少乐趣，那么我们很容易能看出为什么要让一个人支付整个账单。因为如果每个人都要支付自己消费的那部分，那么每个人就都要承受某种程度的付款之痛。反过来说，如果只有一个人支付了整个账单，那么对这个人来说，他所体验到的付款之痛的确很高，但并不会超过让所有人均摊时，所有人体验到的痛苦之和。事实上，让一个人支付整个账单，也不会比只支付自己的那部分所带来的痛苦高多少。支付的痛苦程度与我们支付的金额并不是线性增长关系，如图 6–1 所示。吃完饭埋单时，我们感到很痛苦。但如果我们是在为自己和另外 3 位朋友一起埋单，也并不会感到 4 倍的痛苦。实际上，我们所感受到的痛苦要比 4 倍这一数值少得多。而信用卡轮盘赌这个方式，最好的地方就在于，每个不用付钱的人都"毫无痛苦"地吃了一顿饭。

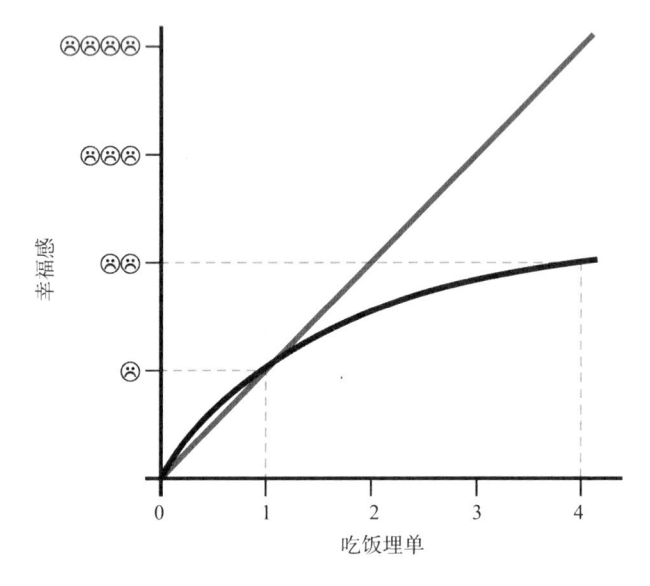

图 6-1 晚餐埋单之痛递减的敏感度

所以,当4个人各自为自己的晚餐埋单时,我们可以说,累积的痛苦是4张愁眉苦脸的面孔。而当只有一个人付款时,就只有一张愁眉苦脸的面孔和三张高兴的面孔。我们也应该注意到,轮流付账会带来一种强烈的集体愉悦感,因为当我们在支付整个账单的时候,朋友们会感到很快乐,而由于请大家吃了些特别的东西,自己也会觉得很快乐。如图6-2所示。

这是"为团队做出牺牲"的一个经典范例,这里的团队就是我们的朋友,牺牲就是埋单。

不过,这种方式是否经济高效呢?也许不是,因为每顿饭的金额不尽相同,我们也不会总是跟同一群人吃饭。又或许,我们很喜欢一些朋友,我们不是很喜欢另一些朋友……但即便因为长期推行这种方法，会使我们多掏了些钱，我们所承受的付款之痛可能反而更少，并更享受外出用餐。而且，我们还会有更多免费用餐的机会。

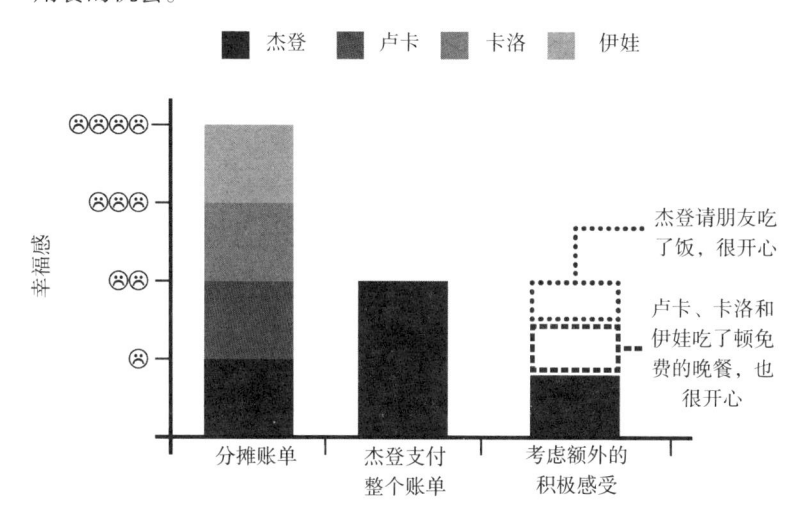

图 6-2 从长远来看，让一个人埋单减少了大家的痛苦

轮流支付晚餐账单的想法表明，付款之痛本身并不是一件坏事。它只是一件普通的事罢了。了解它的力量可以给我们的财务生活与社会生活带来一些积极的影响。

我们都有痛苦。我们都会找出各种各样的办法来减轻这些痛苦。有的人选择喝酒或吸毒，有的人会去看《新泽西贵妇的真实生活》，有的人去结婚度蜜月，来庆祝这辈子将会有另一个人帮自己分担（也许是抱怨）各种痛苦。只要我们意识到自己在做回避痛苦的选择，我们就能够高瞻远瞩，减少它对我们生活的影响。

7 对锚定效应的依赖

早在1987年,亚利桑那大学的两位教授,格雷戈里·诺斯拉夫特和玛格丽特·尼尔就决定做些有趣的研究。他们从图森邀请来几位格外受人尊敬和信赖的房地产经纪人,让他们评估一处对外开放的房产。这些人是图森房地产行业的专家,比其他人更了解市场动向和当地房价。他们可以进入房屋内部仔细查看,此外,诺斯拉夫特和尼尔还提供了一些从多重上市系统(MLS)中查到的参照售价与信息,以及其他描述性内容。

每位经纪人拿到手的房屋具体信息都是一样的，除了一项：价格。第一组经纪人被告知，房屋的挂牌价是 119 900 美元。第二组得到的价格信息是 129 900 美元。第三组得知的价格是 139 900 美元。第四组被告知的价格是 149 900 美元（如果你家也在某个大城市的中心区，请不要在读到这些数字的时候泣不成声，毕竟这都是很久以前的数据了）。而且挂牌价是这些经纪人在查看房屋时获得的第一条信息。

待这些来自图森的房地产专家查看结束后，诺斯拉夫特和尼尔让他们对这套房子的价值进行评估。也就是说，评估一下若将这套房子放到图森的房地产市场上，能值多少钱。

于是，之前被告知挂牌价是 119 900 美元的那些经纪人，给出的答案是 111 454 美元。得知挂牌价是 129 900 美元的那些人，认为这套房的预估售价应该在 123 209 美元。被告知挂牌价是 139 900 美元的那些人，答案则是 124 653 美元。得知挂牌价是 149 900 美元的那些人，认定这套房子应该值 127 318 美元。

挂牌价	专家预估价
119 900 美元	111 454 美元
129 900 美元	123 209 美元
139 900 美元	124 653 美元
149 900 美元	127 318 美元

也就是说，挂牌价（这些经纪人第一眼看到的价格）越高，得到的估价就越高。挂牌价高了 30 000 美元，经纪人给出的估价也跟着增长了将近 16 000 美元。

先别急着质疑这些专业人士的能力，诺斯拉夫特和尼尔还用同样的办法测试了外行人。他们发现，挂牌价对非专业人士的影响，要比对专业房地产经纪人的影响大得多：这一次，挂牌价30 000美元的差距，导致了31 000美元的预估价落差。是的，专业人士的确受到了初见价格的影响，但至少，影响程度只有非专业人士的一半左右。

不过，挂牌价确实不该以任何方式影响任何人对一套房子的价值评估。房地产的价值应该由当时的市场状况来决定，如近期销售行情，房屋的品质（查看结果和MLS所提供的信息），占地面积大小，周边学校以及附近其他房源的竞价。对于那些比任何人都要熟知市场动态和房屋价格的专业人士来说，更是如此，但实际情况却事与愿违。挂牌价明显地影响了他们对房屋的价值评估。

最有趣的部分来了。绝大多数房地产经纪人（81%）表示，他们在估价的时候，根本没有考虑挂牌价。而在外行人中，也有63%的人如此声称。换句话说，挂牌价影响了每个人对这份财产的评估，但他们中的大多数人并没有意识到这一点。

这是怎么回事？

谁才是最值得我们信赖的顾问？在心生疑惑、犹豫不定的时候，我们应该找谁寻求意见？是父母、牧师、老师，还是政治家？

事实证明，我们最信任的人，永远是我们自己。这可能并不是什么好事。不管你有没有意识到，尽管我们并不像其他人那么经验丰富又头脑聪明，也根本没有自己以为的那么经验丰富又头脑聪明，但我们在评估某样事物的价值时，总是习惯性地依靠自己的判断。当这种盲目自信影响到我们对事物的第一印象时，它就变得尤为显著，也格外危险，而在这个时候，我们也就更容易落入锚定效应。

当我们被一些与决策无关的东西影响，而给出自己的结论时，锚定效应便由此而生。我们在这时候让毫不相干的信息破坏了自己的决策过程。如果我们觉得，数值不会经常影响我们的决策，那么锚定效应可能还不至于让人过分担忧。但紧随其后也最危险的部分在于，从我们看到那些数值开始，这个最初的、毫不相干的起点，可能就会成为日后决策的基础。

图森的房地产经纪人所经历的，正是锚定效应。他们看到了一个数字，他们考虑到这个数字，他们被这个数字影响。他们相信自己。

当一些经纪人被告知，房子的挂牌价是 149 900 美元时，这一数值就在他们的脑袋里生根发芽，并与房子的成本挂上了钩。从那个时候开始，接下来，他们对这套房子的成本估算，会以这一数值为参考。无论他们是否意识到，这个数值已经成为他们信任的个人数据。

照理说，仅仅看到或听到 149 900 美元这一数值，应该不会对房屋的价值评估产生多大影响。它仅仅是一个数字而已。但事实却并非如此！在没有其他明确信息的情况下，由于缺少一个可核实的准确价格（即便存在大量其他信息），那些房地产经纪人还是更改了自己的估价，因为从得知这个数字起，他们便受到了它的影响。它就像一块磁铁，一个黑洞，或是一个锚，吸引着他们。

起　锚

如果我们每天替别人遛一小时的狗，会怎么收费？买一罐苏打水，需要多少钱？对于这些问题，我们很快就能给出答案，或者至少有一个范围。假设我们最多愿意花一美元去买一罐苏打水，那么一美元就是我们的保留价格。通常来说，在遇到像苏打水这类东西时，不同的人的保留价格都差不多。为什么呢？是因为我们对于苏打水有着相同程度的喜爱吗？我们的可支配收入都处于同一基本水平吗？我们都考虑到了同样的替代选项吗？在决定自己愿意给一罐苏打水付多少钱时，我们要经过哪些流程才能得出一个差不多的答案？

按照供求规律，我们在设定自己的保留价格时，应该只考虑这样东西对我们的价值，以及其他消费选择的价格。然而实际上，我们往往会将它的售价也一并考虑在内。一罐苏打水，它在杂货店里卖多少钱？在酒店是什么价格？在机场呢？售价是一个处于供需框架外的考虑因素，但和其他锚一样，它也会影响到我们愿意为之支付的价格。这就形成了一种循环关系：我们愿意花一美元去买一罐苏打水，因为它通常就卖这么多钱。这就是锚定效应。世界告诉我们，一罐苏打水的价格是一美元，于是，我们就支付这个价钱买了一罐苏打水。而我们一旦以一美元的价格购买了一罐苏打水,那么从此以后,这个决策就会一直跟着我们,并影响我们对苏打水的价值评估。我们与这种产品的价格"结了婚",无论好坏与否,直至死亡(或摇晃苏打水)将我们分开。

锚定效应最初由阿莫斯·特沃斯基和丹尼尔·卡内曼在1974年关于联合国的实验中得以证实。他们找来一组大学生,让他们转动一个轮盘,因为这个轮盘被做了手脚,所以它只会落在10或65这两个数字上。接着,阿莫斯和丹尼尔问了这些学生两个问题:

1. 非洲国家在联合国所占席位百分比是否高于或低于10%或65%(取决于当时轮盘落在哪个数字上)?
2. 非洲国家在联合国所占席位百分比是多少?

在第一题中,一部分学生被问及非洲国家在联合国所占席位百分比是否高于或低于10%,这部分人在回答第二题时,给出的答案的平均值是25%。另一些学生,第一题时面对的比较数字是65%,于是在第二题中,他们给出的平均数值为45%。换句话说,第一题中轮盘转到的数字,对毫不相关的第二题的答案产生了巨大的影响。他们接触到的第一个数字,让他们觉得非洲国家在联合国所占席位的百分比至少应该是和10或65相差无几的数字。不管他们转到哪个数字,那个数字都会影响他们对理应无关的第二题的答案的评估。这就是锚定效应在起作用。

为了满足那些喜欢追根问底的人，这里也可以顺带提一下，在20世纪70年代，联合国中有23%的国家来自非洲。

这些事例足以说明，当我们不知道某样东西的价值（一套房子值多少钱，拿多少台CD机才能换一个汽车遮阳篷，联合国中非洲国家的数量有多少）时，我们就特别容易受到各种暗示，这些暗示可能是某个随机的数字，可能是他人有意为之，也可能是我们脑子里的愚蠢在作祟。

正如我们在付款之痛和相对性中所看到的那样，当我们迷失在充满未知和不确定性的海洋中时，我们总想抓住漂浮在周围的东西——不管那是什么。锚定价格为我们提供了这样一个简单而熟悉的起始点。

在图森的案例中，挂牌价造就了价格感知的基础，在联合国的案例中，轮盘转到的数字也是如此。挂牌价越高，我们感知到的价值就越高，尽管对我们来说，实际价值应该建立在自己愿意付多少钱的基础上。而我们愿意付多少钱，又应该基于机会成本，而不是要价。

图森的案例给人以重要的启示，因为那些房地产经纪人是在地产方面最博学，经验最丰富的人，人们指望着他们能给出真实准确的评估价值。他们是最晚迷失在未知海洋里的那批人。如果说有人能只从价值出发，来评估房屋的价值，那也只有他们了。但他们没能做到。我们可以说，这证明了房地产行业是虚假缥缈的。作为房主，我们可能会同意这种说法，但更重要的一点是，如果这些专业人士会遇到这种情况，那么任何人都可能遇到。而事实也的确如此。

一直以来，我们都被各种锚左右，但我们并没有意识到这一点。要知道，81%的经纪人和63%的外行都坚称自己没受到锚定价格的影响。但实际上，数据显示他们受到的影响还挺大的，只是本人并不知道这种作用正在发生。

锚定说的是相信自己，因为锚一旦进入我们的意识之中，得到接纳和认可，我们就本能地相信，它是相关的，是知情的，是有理可循的。毕竟，我们不会误导自己，是吗？我们也不会犯错，因为我们很聪明。我们当然也不愿意向自己或是其他任何人承认我们错了。你随便找一个认识的人问问：承认自己错了是件简单的事吗？不。它是世界上最困难的事之一。

在这种情况下，我们不愿意承认自己错了，这并非出自傲慢，而是源于懒惰（这也不是说傲慢就不是一般行为的重要驱动因素，只是在这种特定的情况下，它不是）。我们不想让选择过程变得艰难。如果可以避免，我们也不想挑战自己，于是，我们总是做出简单而熟悉的决定，而这个决定往往会受到大脑中锚定基础的影响。

从众与从我

让我们来思考一下从众与从我。从众心理说的是，我们会随大流、基于旁人的行为来断定一件事的好坏。如果其他人喜欢一样东西，或投以欣赏的目光，或恳求一睹，或他人做了什么、买了什么，我们也会很心仪。如果其他人对某种东西痴迷，我们也会为之倾倒。从本质上来说，从众心理也是Yelp（美国最大点评网站）这类网站背后的心理学基础。这也是我们会对那些外面排着长队的餐馆和俱乐部趋之若鹜的原因。那些宽敞的室内场所难道真的容不下等候的年轻人？不，店主就想要人们等在外面，那是一种时尚且极具吸引力的放牧信号，指引着那些想要把钱花在手工调制伏特加和人声鼎沸的场所的人。

从我是锚定效应中次之也更危险的部分。从我与从众一样，也是一个基本概念，但从众说的是基于他人的选择做出自己的选择，而从我则是基于自己过去类似的选择做出当下的选择。因为我们曾经高度重视某样东西，所以我们会觉得它具备较高价值。我们以"通常"或"总是"的成本来评估事物的价值，因为我们相信自己的所作所为。我们记得，自己一次又一次地做出了具体的价值决策，所以我们不必再花费时间和精力来反复评估那些决策正确与否，我们坚信它没错。毕竟，我们是非常出色的决策者，所以，如果之前做出了这样的决策，那它就是最好的，也是最合理的。这不是显而易见的吗？如果我们曾经花4美元买了一杯拿铁，或是花50美元换了油，那么今后很大可能我们还是会这么做，因为我们之前已经做过这个决定了，我们记在心里，我们偏爱自己的决定。即便它可能会让我们付出比实际所需更多的钱。尽管可能有的地方会提供免费咖啡，有的地方换油只要25美元，我们还是会固守自己之前的决策。

锚定效应就是这样，从某个单一的决策开始，由从我心态演变成一个更严重的问题，让人陷入"自我欺骗—谬误—错误评估"这样一种永久循环。我们以一定的价格购买一样东西，因为这就是它的建议售价——一个锚点。于是，这个购买价格就成为一个证据，它证明我们所做的决策是对的。从那个时候开始，它也就成为我们日后购买类似物品时的基础出发点。

还有一个与锚定效应以及从我心理差不多的价值操控暗示，就是确认偏差。当我们从自己的偏见和期望出发，来解读新信息时，确认偏差由此而生。当我们基于以往的经验来做新的决策时，确认偏差也会存在。如果我们之前曾经做过特定的财务决策，我们便倾向于相信，它可能是最好的选择。我们寻找数据以支撑这一观点，于是，更会笃信自己的决策，会感到更加满意。这样一来，我们就强化了之前的决策，不管是现在还是将来，我们都会效仿这一决策。

我们只需看看自己是如何获得关于这个世界的信息的，便能认识到确认偏差的力量。我们都会按照自己的意愿来选择新闻媒体，接纳信息，这样一来，我们就能拒绝那些与现有理念相违背的信息。对于那些与自己先入为主的观念一致的新闻，我们会予以关注并强化。虽然从个人角度来说，这是一种比较愉快的体验，但不管是对于作为公民的我们来说，还是对于国家来说，这都是不利的。

对我们来说，相信自己以前的决策，的确存在一定的道理：我们不希望自己的生活充斥着自我怀疑的压力，而且之前所做的某些决策实际上也都是有理可循，值得借鉴的。与此同时，依赖

123

于之前的决策给过去的自己、给那个做出第一个价值决策的自己增添了不小压力，不管是对于有意识的选择，像是花4美元买一杯咖啡，还是对于潜意识的选择，像是考虑花149 900美元买一套房子。人们常说，我们只有一次给别人留下第一印象的机会。或许，我们的财务决策也一样。

锚定效应不仅会影响房地产价格，还会影响诸多财务决策，譬如薪酬磋商（第一份聘书给出的薪水会对结果产生巨大的影响）、股票价格、评审奖，以及当我们看到"买一打，享受买一赠一"的标签时所产生的购买两件相同产品的倾向。

关于锚定效应，还有数不清的例子。我们会分享100多个例子吗？你期望能看到多少？啊，我们只是在开玩笑。

- 让我们再说回买车这件事。很少有人会以MSRP（厂商建议零售价）购入汽车，那为什么还要把那个价格明显地展示出来呢？只有一个原因：锚定效应。
- 假设我们正闲逛于某家购物中心之内，我们经过一家鞋店。在橱窗里，一双闪闪发光的舞鞋在向我们招手。其实真正吸引我们眼球的，是写着2 500美元的价格标签。花2 500美元买一双鞋？我们想了一会儿，还是觉得难以置信。于是，我们走了进去，当回过神儿的时候，发现自己正拿着一双售价500美元的高跟鞋，我们真的非常非常非常喜欢这双鞋——但我们也清楚，自己真的真的真的不应该买下它。但是在2 500美元的舞鞋领地上，500美元的高跟鞋简直太超值了。

- 比起鞋，更喜欢食物？那么想象一下，自己正坐在一家精致的餐厅里，浏览着一份精心设计的菜单。我们率先看到的会是什么？豪华的龙虾，搭配着松露，以及喂养草食长大，还有人帮忙按摩的神户牛肉，售价125美元。这不是我们想要的，我们也不会点这个，但它成为一个锚点，影响了我们对菜单上其他菜品的价值评估，与之相比，我们会觉得其他一切都是买得起的。①

- 美国公司的高管薪酬激增，部分原因就在于锚定效应。一旦年薪100万美元、200万美元或350万美元的CEO进入市场，就会带动人们对行政领导的期望与评估。至少，在其他高管看来，的确如此。人们把这种支付方式称为锚定"标杆管理"，因为它听起来要比"因为人们总有一天会恍然大悟，所以欺骗他们也没问题"好很多。

- 还记得相对性那一章中所讨论的萨尔瓦多·阿萨尔和他的黑珍珠吗？那些黑珍珠被放在钻石和其他珠宝旁，因而看起来很有价值。这种安排也是一个锚点，它将黑珍珠的感知价格和我们对钻石以及珍稀珠宝的感知价格联系在了一起，感谢德比尔斯家族的努力，这让它达到了一个很高的水平。

这些例子和其他无数的例子都向我们展示了一个事实：锚定效应可以通过各种方式改变我们的价值观。

---

① 像餐厅顾问格雷格·拉普这样的人会说，菜单上价格最高的菜品，其实是通过诱使人们去点第二高的菜品来实现自己的价值的。这就是在使用锚定效应和相对性的诱饵进行定价。

零度锚点

锚定效应也可以让价格维持在一个较低的水平。但不能仅仅因为它让我们省了钱,就觉得自己是在正确地评估事物的价值。

回想一下我们之前讨论过的免费应用程序。这些应用通常会有几种价格定位,一旦确定了价格,人们就不会去考虑用同样的钱能买到的其他应用了。取而代之,他们只会关注应用的价格与初始锚点之间的对比。

举个例子,假如有一个新的应用,一年下来,我们平均每周会用到两次,一次 15 分钟,它的售价为 13.5 美元。这个价格是高了还是低了?与需要花费同等金额的其他消费方式相比,这种体验所带来的愉悦感和实用性的绝对值到底是多少,这一点,人们很难想象得出来。于是,我们会将这个应用的价格和其他应用的价格相比较,在这个过程中,我们认定这个新的应用根本不值它的售价。等一下!但它能给我们带来整整 27 小时的愉悦体验。这和看 18 部电影所需的时长一样,而这 18 部电影,如果都从 iTunes 上下载的话,需要 70 美元,更不用说去电影院看了,那得花更多的钱。它也等同于看 54 期半小时的电视节目,每期花费 99 美分的话,加在一起就是 53.46 美元。如果我们以这种眼光去看,就会觉得花 13.5 美元来享受 27 小时的愉悦体验似乎挺划算。问题是,我们根本不会这么想,也没有类似的念头。相反,我们只会拿这个应用的价格同其他应用的价格相比,而这个价格的锚点曾经是零。结果,我们最终的消费决策并没有使自身的乐趣最大化，而且很可能也并不经济。

无知便是福

我们对一样东西了解得越少，就越容易依赖锚点。再回想一下房地产的例子，来自图森的房地产经纪人和外行普通人都被告知了锚定价格，之后，诺斯拉夫特和尼尔让他们给房子估价。房地产专家大概比外行更了解房屋的价值，于是与不太了解的那些人相比，他们受到锚定价格的影响也就比较小。我们可以大胆假设，如果还有另一组人，他们对挂牌价、比较信息都不知道，对一切相关信息也知之甚少的话，他们受到的锚定影响就会更大。

当我们对价值有一些大致的想法，而不是毫无头绪的时候，锚定效应所带来的影响就会稍微小一点儿。这一发现很重要，值得我们铭记在心。如果我们的脑海里有一个既定价值和价格区间，外界就很难用锚定效应来影响我们对价值的评估。

威廉·庞德斯通有一个故事，说的是在安迪·沃霍尔去世后，售卖这位大师位于长岛蒙托克的房产的事。考虑到艺术领域看似随心所欲的价格，我们又如何能够确定那样一位杰出艺术名人曾经（偶尔）居住过的房产到底该值多少钱呢？在这里，价值的标杆是什么？是他曾经存在的痕迹吗？是他的艺术光环吗？还是他的"每个人都能当上15分钟名人"的预言？那套房子以5 000万美元的荒谬价格挂了牌。最后，又被削减到4 000万美元。如果这1 000万美元的差距是可有可无的，那为什么一开始要挂那么高的价呢？锚定效应。5 000万美元不过是一个锚点，很快，就有人出价2 750万美元。这差不多是原售价的一半，但我得再次提醒你们，要价是：5 000万美元。如果该房产一开始以900万美元的价格（这也很高，而且更接近当地的房地产市价）挂牌，它是不可能涨到近乎3倍的价格的。高昂的要价无形中提升了房产的感知价值。这或许是这位名牌番茄汤罐头的伟大画家留给后人的、对消费文化的恰如其分的评论。

当我们遇到一种难以准确定位的产品或服务时，比如沃霍尔偶尔逗留的房子，锚定效应的影响是巨大的。如果遇见的是之前从未接触过的新产品，这种影响就更严重了。想象一下，对于全新的产品或服务，没有相应的市场，没有可以用来对比的东西，没有衡量标杆，也没有来龙去脉。那简直就是来自外太空的物品……

在史蒂夫·乔布斯首次推出iPad的时候，没人见过这玩意儿。他将"999美元"这个数字打在屏幕上，告诉大家，所有的专家都说，这东西就该卖999美元。他做了一会儿演讲，价格始终在那里没有撤下。然后，他最终透露了iPad的售价：499美元！哇！真厉害！多么超值！难以置信！孩子们喜极而泣！整个电子界为之沸腾！

丹曾经做过一个实验，他询问人们，需要付多少钱他们才愿意让人把他们的脸涂成蓝色？如果让他们闻3双鞋呢？或者杀死一只老鼠呢？在街角唱15分钟的歌呢？擦3双鞋呢？送50份报纸呢？遛一小时的狗呢？丹选了类似闻鞋子和杀老鼠这类的事情，因为这些事情不存在对应的市场，所以人们没法依赖熟悉的方法来确定合适的价格。而像擦鞋、送报或遛狗这类任务，已经有了比较标准的价格区间——大致的最低收费。当被问及这些活动需要收取多少费用时，人们会基于既存的锚点，给出一个和最低收费相差无几的价格。但前4项活动（给脸涂上颜色、闻鞋子、杀老鼠、唱歌）不存在锚点，因而得到的回答也五花八门。有些人表示给很少的钱就行，而另一些人的要价高达数千美元。

为什么会这样？因为在考虑像是闻鞋子这类事情的时候，我们并不清楚市场价格是多少。所以，只能从自己的喜好出发。就这点来说，千人千面，各不相同，而且往往也很难真的弄清楚。我们得深入思考，想想自己到底喜欢什么，不喜欢什么，想想我们愿意花多少钱，会有多享受，又愿意为此放弃什么（机会成本），以及其他诸多问题。这可能是一个颇具挑战性的过程，但我们必须经过这个过程，才能最终得出一个合适的价格。而对于不同的人来说，这个最终价格也各不相同。

当一样东西，比如烤箱，存在市场价格的时候，我们就不会过多地考虑自身的偏好。因为不需要。我们接纳了市场价格，并以此为基础。虽然我们可能也会想到机会成本，想到自己的预算，但出发点是市场价格，而不是自身的种种因素，而且，我们最终得出的价格，也不会和这个基础出发点相差甚远。

换个方式想一下，假设用具体的金额来形容一次美妙而愉快的睡眠体验，会是怎样。基于能否轻松入睡，以及睡眠质量，我们每个人会给出不同的答案。这种体验的价值应该怎么算？很难说。但是，如果问题是，享受一支巧克力棒或一杯奶昔所需的花费呢？我们可能立刻就能给出它的价格——并不是因为我们仔细计算了自己想要从这一经历中获得的乐趣，而是从市场价格出发，得出了一个差不多的数字而已。同样的道理，如果让一个人踩自己的脚30秒，我们会收多少钱，这也是一个很难界定的问题。但如果现实中存在踩脚的市场，也许我们就会很容易弄清楚这种事情的收费标准。这并不是说我们能计算出这种体验带来的愉悦值，而是因为我们可以通过不同的策略（锚定）去得出一个答案。它不一定是正确的——但至少是个答案。撇开其他不谈，我们希望这个事例能启发你们当中的某些人成为令人刺激的踩脚界和闻鞋界的企业家。

任意连贯性

或许你已经注意到了，锚定效应可能源自我们看到的第一个价格，比如MSRP（厂商建议零售价），也可能源自之前曾经支付过的价格，比如买一罐苏打水所花的钱。MSRP是一个外部锚点的例子——也就是说，汽车制造商给我们植入了一个概念，让我们觉得自己想买的那辆车值35 000美元。苏打水的价格则是一个内部锚点的例子，源自我们过去购买可口可乐、健怡可乐或加了柠檬的全新双重低卡不含咖啡因的樱桃可乐的经验。这两种锚点对我们做决策所产生的影响基本相差无几。但实际上，锚点究竟从何而来并没有那么重要。一旦我们考虑以某种价格购买一样东西，锚定效应便已就位。而这个价格可以是完全随机且任意的一个数字。

德拉赞·普雷勒克、乔治·勒文斯坦和丹曾经做过一系列锚定实验，我特别喜欢它们。其中有一个实验，他们找来了一些麻省理工学院的大学生，询问对方在某些特定的产品上愿意花费多少钱，这些产品包括鼠标、无线键盘、一些特色巧克力和广受好评的红酒。在问以上问题之前，他们先让学生写下了自己社保卡账号的最后两位数字，组成一个随机的数字，并问他们是否愿意以这个价格来购买那些产品。例如，假设社保卡账号的最后两位是5和4，那么我们就得回答是否愿意花54美元来购买键盘或红酒，等等。接着，他们询问学生，对于每样产品，能接受的最高价格是多少。

有趣的是，从学生们的回答看来，他们愿意支付的金额和社保卡账号的最后两位数字之间存在着一定的关系。社保卡账号的最后两位数字越大，他们愿意支付的金额就越高。反之亦然。尽管社保卡账号的数字其实和产品的实际价值毫无关系，但它还是影响了学生们对产品的价值评估。

当然，当德拉赞、乔治和丹询问学生，是否觉得社保卡账号的最后两位数字影响了自己的估值和报价时，他们都表示没有。

这就是锚定效应在起作用。更重要的是，尽管它完全随机，但还是确确实实地影响了价格。即便是最任意的数字，一旦在我们的脑海中被定义为价格，那么不管是现在还是将来，它也会影响其他相关产品的价格。从逻辑上来讲，不应该这样，但它确实发生了。我们在很久之前就脱离了逻辑。

有一点很重要，也值得强调再三：锚定价格可以是任意一个数字，只要我们将这个数字和某个决策联系在一起，那么不管它是多么随机出现的，都会产生锚定效应。这个决策产生的力量也会影响我们今后的决定。锚定效应所显示的，是早期关于定价的决策的重要性，它在我们的脑海里建立了一个价格，对于今后自身对于价值的估算，就会产生一定的影响。

故事到这里还没完！锚定效应的长期影响源自一种被称为"任意连贯性"的过程。这一概念的基本理念是，实验的参与者愿意为某样产品支付多少钱，很大程度上受到了随机锚点的影响，而一旦他们确定了某类产品的价格，这个价格日后就会成为相同类别下不同产品的锚点。在上述实验中，学生们被要求给出同一类别下其他两种产品的价格——两瓶红酒和两个电脑配件（一个无线键盘和一只鼠标）。第一种产品（第一瓶红酒或第一个键盘）的价格会影响同一类别下第二种产品的价格吗？结果在意料之中，是的，第一个决策的确影响第二个决策。首先看到的是普通红酒的人，愿意花更多的钱去买第二瓶更好的红酒。而首先看到的是上好红酒的人，则希望第二瓶能少花点儿钱。电脑配件那边的情况也一样。

这就意味着，一旦从某一类别下的第一个决策出发，我们就不会再考虑原始锚点。相反，我们会基于第一个决策来做第二个决策。举个例子，假如我们的社保卡账号的最后两位是7和5，这个随机数字使得我们愿意花60美元去买一瓶酒，那么接下来，如果存在第二瓶酒，我们愿意支付的金额就会以第一瓶酒的60美元价格作为参考，而不是数字7和5。我们从锚定效应转到了相对性的问题上。当然，锚定仍然是一个影响因素，因为它让我们得出了60美元这样的结论,而不是40美元或其他数字,比如,假如我们觉得第二瓶酒只值第一瓶的一半,那它就是30美元(60美元的一半),而不是20美元(40美元的一半)。

大多数人在生活中都经历过相对评价。我们比较电视、汽车和房产。任意连贯性告诉我们,其实可以存在两套准则。首先,我们可以完全按照自己的意愿给某一产品类别确定底线价格,而一旦我们在这一类别中做出了自己的决定,之后就会以此为基准,做出各种决策,也就是说,我们会对这一类别下的各种事物进行互相比较。这看起来很明智,其实不然,因为这是从毫不相关的锚点出发的,这意味着我们所确定的价格并没有如实地反映事物的真正价值。

德拉赞、乔治和丹还发现,随机的出发点,以及紧随锚点其后的估价模式,会制造一种秩序幻觉。再一次,当我们不清楚一样东西值多少钱,或对于生活中的一切都拿不准的时候,我们就会依赖于自己力所能及的事。应用程序、iPad、无沫的豆奶拿铁、闻鞋子——这些都不是,或至少之前不是存在既定价格的商品。而一旦有了建议售价,我们就会说服自己那是合理的,于是,那些价格便驻扎在我们的思想中,成为锚点,影响之后我们对于同类商品的价值评估。

在很多方面,初始锚点都是我们在财务生活中最重要的价格标志。它划定了现实的底线——而且长久以来,我们也觉得这是真实合理的。大多数魔术师、营销人员以及政治家都希望能拥有如同社保卡账号锚点那般简单有力的技巧。而对于其他人来说,所有的这些数字、相关性以及价格都说明了一点:谁都能喝上一杯红酒，要么好酒，要么是相对次一点的酒。

提升锚点

少年时代的我们，总觉得自己战无不胜，宛如超级英雄一般。而渐渐长大后，我们才意识到，其实自身存在着诸多局限。我们也会犯错。我们不是超级英雄，充其量只是穿着红色紧身衣的普通人。我们认识到自己在身体上的局限，也意识到以前的种种糟糕决策是多么愚蠢。而且，我们只能洞悉（虽然有时候是让人蒙羞的洞悉，但依旧存在）有意识的那些决策。对于那些无意识做出的决策，我们甚至毫不起疑，我们不会去注意那些决策，或者已经将它们抛诸脑后，也说不定，我们早就将率性而为作为人生的永恒准则。

我们真的不知道，自己，究竟该如何衡量每样具体事物的价值。现在，应该清楚了。我们总是那么轻易、下意识地被建议售价左右，被锚点左右，这就增加了价值评估的难度。因为太难了，所以我们寻求帮助，而且不管我们过去所做的决策是多么明智或愚蠢，最后往往总会求助于自己。我们站在巨人的肩膀上……即便此处的巨人是自己曾经犯下的巨大错误。

大多数投资材料都会有一个免责声明："过去的表现不代表今后的结果。"考虑到锚定效应对我们估价能力的影响程度，以及它对过去决策的依赖程度，所以，对于人生，我们也应该予以相似的免责声明："过去的决策不代表今后的结果。"

或者，以另一种说法来阐述：不要相信你所想的一切。

8　损失厌恶和禀赋效应

汤姆和瑞秋·布拉德利是我们虚构出来的一对生活在美国中型城市的夫妇。他们有3个孩子、两辆汽车和一只狗，他们靠着幽默风趣、情景喜剧和含糖饮料度日。瑞秋是一名自由撰稿人，汤姆是WidgeCo公司的高级客户经理，WidgeCo是美国知名的优质产品生产商、经销商和销售商。汤姆的工作性质需要他经常向客户解释：生产单位（widget）这个词，只不过是经济学家用来指代一般商品的专业术语而已。他每天得跟各种客户说大约5遍："你看，对你的生意来说，生产单位至关重要。它与你的企业相容共处，而且可能是促进企业发展的唯一动力。如果你还不能理解它们所做的事，没关系，你只需现在下更多的订单就行了！"他已经在WidgeCo待了15年。

（顺带一提，瑞秋这个名字源于杰夫高中时代对新英格兰爱国者四分卫选手的狂热，而汤姆则来自他中年时喜欢的选手。）

汤姆和瑞秋的双胞胎儿子——罗伯特和罗伯塔就要去上大学了，所以布拉德利一家决定，换一处小一点的房子。他们不想离开原来的地区，因为他们的第3个孩子——艾米莉刚上高中，还结交到了不少好朋友（以及一些关系不那么密切的亦敌亦友）。不管怎么说，他们不需要4间卧室，他们可以用节余的钱做别的事。

汤姆和瑞秋开始准备卖房的一系列流程，想着全部交由自己来做能省下一笔佣金。他们挂出了130万美元的售价（如今美国中等城市的房地产市场，与1987年亚利桑那图森的市场已不能同日而语）。结果，不仅没什么人问津，反而还给自己平添了不少麻烦。潜在的买家在实地看房的时候，总会注意到各种各样的细微瑕疵。比如，剥落的油漆、生锈的热水器、"怪异的"开关设计。汤姆和瑞秋讲述了孩子们在厨房和客厅里发生的所有伟大的事，又是在哪儿和狗扭打成一团，他们强调了房子的所有装修细节，以及他们是如何通过布局设置来最大限度地利用空间的。但那些买家看上去都无动于衷。没人觉得这房子有多好，也没人觉得这是一桩划算的买卖。

没办法，布拉德利夫妇最终还是去求助了房地产经纪人。经纪人希瑟·巴顿恩普夫人建议他们将房子的挂牌价改成110万美元。这遭到了布拉德利夫妇的反对。因为他们清楚地记得，3年前，自己的朋友曾以140万美元的价格卖掉了那条街上一栋差不多的房子。而且那个时候，还有几位买家主动给他们的房子出价，其中一位给出的价格是130万美元，另一位是150万美元。那都是3年前的事了，现在就算不能卖更贵，但至少不能比当时低，更何况还有通货膨胀呢。

"但那时候是房地产的繁荣时期。"希瑟说道。

"都已经过了3年了，价格肯定上涨了……"瑞秋争辩道，"而且我们的房子也比他们的好多了。"

"在你们看来可能的确如此，但你们知道，如果有人买下了你的房子，他得有多少工作需要做吗？现在，已经没人想要开放式的设计了。买家得做些实际的改动工作。"

"什么?！"汤姆很惊讶，"你知道我们在这些装修上耗费了多少时间、精力和金钱吗？它明明棒极了。"

"当然，这对你们来说是这样，不过——那是什么？"

"自行车停放架。"

"为什么放在厨房的桌子上？"

"这样每次吃饭的时候都会让人感到兴奋。"

希瑟翻了个白眼："好吧，你们想怎样就怎样吧，但我的建议是，如果你们想卖掉这套房子，就按我说的，挂110万美元的价格，如果有人能出一个比较接近的价格，就该谢天谢地了。"

14年前，布拉德利夫妇以40万美元的价格买下了现在的这套房子，所以不管房子最后卖多少钱，他们总能大赚一笔。但他们还是好奇，希瑟和那些潜在的买家到底是有多不明智，竟然看不到这套房子的独特之处。

他们商讨了好几个晚上，终于还是采纳了巴顿恩普给出的建议，将房子的挂牌价改成了 115 万美元。很快，一位买家联系上了他们，表示愿意出价 109 万美元。希瑟欣喜若狂，她建议立刻答应这桩买卖。但布拉德利夫妇表示，还想再等等看。一周后，希瑟向他们施压道："现实点儿吧。在最好的情况下，你们等来的也就是涨 15 000 美元或 20 000 美元。这么做真的不值得。赶紧出手，然后搬家。"

最终，房子以 108.5 万美元的价格成交。希瑟·巴顿恩普所在的房地产公司和合伙人从这笔交易中获得了 65 000 美元的佣金。

与此同时，他们还在给自己找一个新的住处。他们看了不少房子，但没一处令人满意。那些房子的改装都很古怪，又毫无意义，而且屋里到处都是孩子们的照片。谈到价格的时候，汤姆和瑞秋总觉得有些卖家疯了，对方的要价总是远远高于房屋本身可能的价值。"难道他们以为现在还是 3 年前市场大热的时候吗？""疯了。""时代变了，你的要价也该跟着变通。"

最终，他们看中了一套不错的房子。它的挂牌价是 65 万美元；他们出了 63.5 万美元的价格。卖家没有立刻同意，而是和当初的他们一样，选择了继续等待更高的出价。经纪人告诉他们："最好快一点儿决定，因为新的买家已经出现了。"但他们没有听信对方的话。最终，他们以 64 万美元的价格买下了它。他们高兴极了。

这是怎么回事？

布拉德利夫妇的房产买卖经历虽然是虚构的，但是却建立在不少真实故事的基础上。而且更重要的是，它显示了我们是如何高估自己所拥有的东西的。

在一个理想且合理的市场中，对于同一个物品，买卖双方的估价应该是一致的。这一价值是基于其实用性和机会成本而得出的。然而，在大多数的现实交易中，与买家相比，物品的所有者总是觉得自己的东西更有价值。布拉德利夫妇就觉得自己的房子要比过去更值钱，这只是因为他们住了一段时间，因为他们做了许多"奇妙的"改装——让房子更有主人的风格。对于任何一样东西，如果我们在它身上有所投资，那么我们对它的拥有感就会有所增加，而这种拥有感又使得我们会以和实际价值完全无关的方式去评估它。拥有一样东西，不管所有权如何，都会使我们高估这样东西。为什么？原因就在于一种被称作"禀赋效应"的东西。

我们会高估自己的东西，仅仅是因为我们拥有它而已——这一理念率先由哈佛大学心理学家艾伦·兰格提出，之后理查德·泰勒又对其进行了补充与延伸。禀赋效应的基本自负点在于，一样东西的当下所有者会高估它的价值，也因此，他就想要以一个比未来的所有者愿意支付的更高的价格卖出它。说到底，一样东西的潜在买家并不是它当下的所有者，因此也就不会受到"爱你所拥有"这一禀赋效应的影响。在通常情况下，在禀赋效应的实验中，我们会发现，销售价格往往是购买价格的两倍。

　　布拉德利夫妇想卖出的价格（他们就是这样评估的）要比买家愿意支付的价格高。而当角色互换，轮到布拉德利夫妇从卖方变成买方的时候，价格错配也跟着颠倒了过来：作为买家，他们在看房时，对那些房子的估值要比屋主眼中的低。

　　从表面上看，这也是理所当然的。将销售价格最大化、将购入价格最小化，完全都是合理的。基本的经济策略教会我们，要试着低买高卖。也许有人会认为，这种现象不过是"要价高出价低"的简单例子吧？并不尽然。这不是谈判技巧。严谨的实验结果显示，财产的所有者发自内心地觉得，自己的东西就值一个比较高的价格；而潜在的买家也发自内心地觉得，那些东西就值一个比较低的价格。正如我们之前所说，当拥有某些东西的时候，我们不仅开始相信它有更高的价值，还会觉得其他人也能自然而然地看到这部分额外价值，并愿意为之付钱。

　　造成这种高估效应的一个原因是，对于自己所拥有的东西，所有权会让我们更关注它的积极方面。

　　当布拉德利夫妇准备卖掉房子的时候，他们在那里留下了很多美好的回忆——艾米莉第一次学会走路的地方，双胞胎为了争论谁更受欢迎而大打出手的地方，可以滑下楼的楼梯，喜出望外的派对，以及或结结巴巴或大喊大叫念错自己孩子名字的时光。他们无意识地将这些经历加到了这栋房子给他们所带来的快乐中，也加在了房子本身的价值上。不同于潜在的买家，在他们的眼里，看不到那些老旧的锅炉、摇摇晃晃的楼梯，也看不到危险的自行车架。他们只关注积极的一面，关注曾经在此的美好时光。

对于那部分额外价值，布拉德利夫妇的理由非常主观，他们困在了自己的视野中。因此，他们会期待完全不了解那些经历的陌生人，能够以同样的方式来看待他们的房子。他们的情感和回忆，无意识地变成他们对房子的评估方式的一部分。显而易见，对于没有那些回忆的人来说，布拉德利夫妇的做法和房子的实际价值毫无关系。但其实，当我们在评估自己的所有物的时候，就会看不清一个事实，那就是，我们对那些物品的情感加成是自己的东西，而且也只属于自己。

我们如何拥有它？

拥有感能够并且确实以多种形式出现。我们获得拥有感的方式之一，便是对其投入精力。

精力给我们以拥有感，让我们觉得自己创造了某些东西。不管是什么东西，只要我们在它身上花费了精力，便能进一步感受到自己参与创造它的爱。这部分不需要很大，甚至不一定真实，只要我们坚信，自己与创造过程有关，我们对它的爱便会有所增长，于是，我们也就更愿意为它付钱。对于一样东西——房子、车子、被子、开放空间规划、关于金钱的书，投入的工作越多，我们就会越重视它，也就越觉得自己切实拥有了它。

不仅如此，事实还证明，某样东西的创造过程越艰难，我们的参与感也就越强，对这样东西的爱也就越多。

麦克·诺顿、丹尼尔·莫孔以及丹将这种现象称为宜家效应——这一名称源于丸子餐厅/喧嚣工厂/儿童乐园兼家具卖场。想象一件宜家家具的制作过程：我们必须得开车去又大又便利的宜家卖场，将车停在停车场，注意别人家的小孩，抓起一只巨大的购物袋，跟着指示箭头，查看非常先进的厨房设备，将配偶的注意力从先进的厨房设备中拉回来，取笑我们弄不懂的名字，然后挑选我们要买的东西，将它们拖到停车场，再放进车里。接着，我们开车回家，把东西拿下来，将所有东西提上楼，再花几小时时间诅咒那些特别美观但是根本没用的说明书，并且坚信，一定是有人给了我们错误的工具。因为，啊，找到了，在我的腿下面，而且，噢！这个不太装得上，亲爱的，你能把锤子拿来吗？好了，现在对了！几分钟内就能完成！我只是把这部分撕掉，没什么关系——反正它在后面。最终，瞧！我们有了一个床头柜和一盏灯，还有些多出来的东西，我们可以很快让它们从家里消失。

这一系列工作，难道不会让我们感受到强烈的参与感、自豪感和成就感吗？这是我们的事，我们做出了它！我们肯定不会把它抛在一边，尽管它本身不值什么钱。这就是宜家效应。

想想布拉德利夫妇为自己的房子所做的所有工作。开放式的平面规划、照片、自行车架枝形吊灯，以及所有让他们觉得与众不同的创意。在他们看来，随着这些小小的改变和改进，房子的价值也有所增加。对他们来说，之前为了使房子变得独一无二而付出的努力，让它完美地迎合自己的喜好。他们热爱自己的房子，而对于其他人无法像他们那样爱上它，他们感到难以置信。

我们可以毫不费力、随心所欲地"拥有"一些东西。齐夫·卡蒙和丹曾经做过一个实验，在那个实验中，杜克大学的一些学生通过彩票赢得了篮球票，因此之后他们在出售那些票的时候，定价要比没票的学生愿意支付的价格高得多。尽管那些篮球票的背后是同一时间的同一场比赛，带给观众的是同样的体验，实际价值也完全没什么不同。彩票中奖者只是因为自己拥有那些篮球票，就毫无理由地比其他任何人都觉得那些票有着更高的价值。齐夫和丹还在康奈尔大学做了类似的实验，他们给一些学生发放了免费的马克杯，然后发现，这些人对杯子的价值评估是没有杯子的那些人的两倍。这不仅是因为学生们需要在下午两点之前来杯咖啡，更重要的是因为，随机收到马克杯的那些人很快就觉得自己拥有了杯子。于是，他们也就高估了杯子本身的价值。

有形的物品往往会受到禀赋效应的影响：人们会因为自己拥有某些东西而更加看重它（也许正如我们在本书的第6章中所提到的，这就是为什么AOL公司在很久以前，在给人寄邀请函想让对方使用自己的服务的时候，会附带CD的原因）。我们不知道，为什么马克杯会成为社会科学家所钟爱的实验道具（我们觉得红色塑料啤酒杯更适合大学生），不过，来自俄亥俄州和伊利诺伊州的研究人员也用了马克杯来验证直接接触的重要性。他们发现，如果一个人将咖啡杯拿在手里超过30秒，那么相比那些拿着杯子不到10秒，或根本没碰到杯子的人，前者会愿意花更多的钱来购买杯子。想一想：30秒已经足够建立一种较高的拥有感，也足以扭曲我们对一样东西的价值评估。这令人印象深刻！也许百货公司的店员会要求顾客试穿衣服的时间至少达到 30 秒；汽车经销商会让我们试驾一小段时间；孩童每接触到一个玩具，都会大声宣称："我的！"

想想那些免费或价格低廉的月度服务试用。一家杂志发行商前 3 个月只收取一美元的订阅费，服务供应商可免费提供新手机使用一年，有线电视公司第一年的电视—网络—手机捆绑套餐，每个月只需 99 美元。可到了后来，这些费用都会增加：订阅杂志一个月需要 20 美元，手机每个月的无线服务须支付 30 美元，每个月额外支付 70 美元才能在电视上看各种节目（其实这些节目我们都能在手机上看到，也能在杂志上读到）。

这些服务"随时都可以取消"，但通常我们不会那么做。为什么？因为即便我们不可能"拥有"有线电视这类东西，试用服务还是给我们带来了一种拥有感。在拥有和使用这些服务和产品后，我们自然就会觉得它更有价值，而这种感觉仅仅源于我们在使用它时所享受到的好处。所以之后，当这些产品和服务的价格上涨的时候，我们还是会继续用下去，因为现在我们已经拥有它了，我们会（可能会斤斤计较地）支付更多的钱来留下它。

营销人员都知道，一旦我们拥有了某样东西，比如有线电视服务套餐、一些家具、AOL 磁盘，我们的观点也会有所改变。我们会觉得，自身所拥有的这些产品和服务，要比从来没拥有过的那些价值更高。提供试用机会的公司，其商业模式和毒贩无差：第一次免费。于是，我们就上钩了，渴求更多。并不是说有线电视像毒品，我们指的是，其实我们可以待在家里，在网上收看大

第二部分 价值误判

部分节目（而且还能同时选择让自己上瘾的东西：啤酒、红酒、香烟或是一品脱的胖猴奶昔）。

还有一种被称为虚拟所有权的经历，我们不需要完全买下一样产品，也能获得拥有感，也能满意地品尝、触摸或感觉到它。虚拟拥有权不同于试用服务，因为在这种情况下，我们从未真正地拥有过这个产品。

假设，我们在eBay（易贝网）上看中了一款米奇手表，并出了价。那时候，拍卖快要结束了，而我们是出价最高的人。但此时，我们还不是这块手表的所有者，因为拍卖还未结束。尽管如此，我们还是觉得自己赢了，觉得自己已经是它的所有者了。我们开始想象拥有和使用这个产品——如果最后关头有人横插一脚，出了一个更高的价格，我们就会感到十分沮丧。这就是虚拟所有权。我们从未拥有过它，但我们觉得自己拥有了，而且在这一过程中，我们对那块米奇手表的估价也跟着增加了。

丹曾经和一位房地产经纪人聊过，这位经纪人参与过一栋价值数千万美元的豪宅买卖。有一轮出价过程协商了6个多月。刚开始的时候，出价人已经确定了自己愿意花在这栋宅子上的金额。但随着时间的推移和协商的拖延，他们发现，自己愿意出的价钱越来越高。宅子本身没有任何变化，也没有任何新的信息，只是过去了一段时间。那究竟发生了什么改变？在那段时间里，出价人已将自己看作房产的所有者，他们开始想象，自己会如何使用这套宅子，会如何在这里生活，等等。他们只是在想象中拥有了这套房产（这时候最终售价还没敲定），但是虚拟所有权的现象使他们不愿意放弃真正拥有它的可能。随着这一过程的持续，他们的虚拟所有权也跟着增加了，于是，他们对房产的估值也就变得越来越高。

从某种意义上来说，成功的广告撰稿人是魔术师：他们使我们觉得自己已经拥有了他们在宣传的那些产品。我们觉得自己开上了那辆车，和家人去度了假，或是和那些卖啤酒的女孩合了影。这不是真正的所有权，而是虚拟所有权。这种联系（与产品精神接触30秒）带来了拥有感，正如我们所知晓的，这种拥有感会让我们更愿意花钱买下那些产品。说不准哪天，这些广告商就能使用某种技术将我们的照片放入那些广告里。那时的我们，躺在沙滩上，和无所事事的20多岁的年轻人聚在一起喝酒。我们只是希望，将来也会出现虚拟减肥或虚拟欣赏"将军肚"的产品。

你是这样失去它的

禀赋效应和损失厌恶息息相关。由丹尼尔·卡尼曼和阿莫斯·特沃斯基率先提出的"损失厌恶"这一理念认为，人们会区别看待得与失的价值。同样程度的损失之痛和喜悦之情，前者给我们带来的感觉更强烈。而且这两者之间的差别大概有两倍那么多。举个例子，丢了10美元的痛苦，大约是赢了10美元的喜悦的两倍。换句话说，如果我们想要使两者的情感冲击一致，那得赢20美元，才能抵消丢了10美元所带来的痛。

损失厌恶和禀赋效应共同存在。我们不愿放弃自己所拥有的那部分，是因为我们高估了它的价值，而这种高估有一部分原因正来自我们不想放弃它这一念头。

因为损失厌恶的存在，我们会将可能的损失看得比潜在的收益更重。从冷血的经济角度看来，这是毫无意义的——我们应该平等地看待得与失，这两者不过是互相对立的金融概念而已。我们应该用预期的实用性来指导决策，我们应该化身为冷血的巨型超级计算机。但是，幸运的是，我们并不是将预期实用性最大化的机器，我们也不是冷血的超级计算机。我们是人类（当然，这可能就是我们最终会被冷血的超级计算机奴役的原因）。

一件物品的所有者，比如拥有房子的布拉德利夫妇，对其可能的损失的重视程度，要比同一件物品的非拥有者对其潜在收益的重视程度高得多。这种由损失厌恶带来的差距常常使我们陷入各种各样的财务错误之中。

当布拉德利夫妇提到房地产市场的上涨和下跌时，我们可以看到，那就是损失厌恶在起作用。他们在评估自己的房子时，将其价格定位在多年前、市场开始衰落前的最高点。他们想到的是当时行情下可以卖出的价格。他们的重点是将现在同过去的那个时间点进行对比，所得出的价格损失。

损失厌恶和禀赋效应给退休储蓄和投资带来的破坏也不容小觑，这两者让我们无法从客观的角度看待这个世界。如果你觉得自己似乎永远不会成为损失厌恶的牺牲品，那么不妨考虑一下，对于下面两个问题，你的第一反应是什么：

1. 我们可以靠现有收入的80%过活吗？

2.我们可以放弃现有收入的20%吗?

这两个问题的答案应该完全一致。不管是从数学角度来看,还是从经济学角度来看,抑或在超级计算机看来,两者都是同样的问题。我们退休之后,能依靠现有收入的80%过活吗?不过,对于问题1,我们显然要比问题2更容易给出肯定的答案。为什么?因为问题2强调了损失的情况——失去20%。我们知道,人们对损失看得更重。于是,在问题2中,我们就会更关注这种损失所带来的痛苦。那么,对于问题1呢?我们很容易给出肯定的回答,因为它完全没有提及损失。

在生命最后关头的医疗保健决策中,我们也会遇见同样的问题,我们会思考究竟什么是值得的——它可能意义重大。医疗专家在帮助家庭决定是否要尝试孤注一掷的治疗措施时发现,对方的答案往往取决于决策的说辞。如果人们的注意点被引导至积极方面(如"有20%的可能得以存活"),而不是消极方面(如"死亡率为80%"),他们就会更愿意采取长远的治疗方案。希望你们的损失厌恶不会面临如此严重的困境。

损失厌恶和禀赋效应也会联合在一起,诱使我们错失免费的退休金,比如相应机构提供的配对基金。如果我们自己缴纳了一定额度的退休金,那么公司也会相应地缴纳一部分钱。举个例子,假设我们在养老金账户里存了1 000美元,那么公司也会存入1 000美元,这样就等于我们免费获得了1 000美元。但如果我们没在账户里存钱,公司也不会存入任何资金,事实上有很多人根本不存,还有一些人没能存够公司能够对应给予的最高金额。在这两种情况下，他们就错失了那些免费的资金。

为什么我们会做出这些放弃免费金钱的愚蠢的事情？原因有三。第一，缴纳退休金让人感觉是一种损失：我们要放弃现在的消费资金。我们的薪水可以用在很多事情上，比如杂货店购物，约会之夜的开销，红酒俱乐部的会费。若是放弃了当下的一部分工资，就会让人感觉好像放弃了那些事一样。第二个原因是，参与证券交易会有亏损的可能性。瞧，损失厌恶（那一刻会感受到更多）。第三，失去公司相对应的缴纳资金并不会让人觉得是亏损，而更像是放弃了一种收益。而且，尽管我们通过冷静的分析，认为"损失"与"未实现的收益"之间基本没什么区别才更合乎逻辑，但我们通常不会那么做，也不会那么思考。不信？继续读下去你就明白了。

丹曾经做过一个实验，实验对象的年收入被设定为6万美元，他们的雇主会相应地缴纳对等的退休金，最高可达其薪水的10%。餐饮、娱乐和教育，这些方面都得花钱。和我们一样，这些人也需要有所权衡，因为在这个实验中，6万美元不足以应付所有的开支项——生活正是如此。只有很少一部分人缴纳了最高额度的退休金，大多数人缴纳的都很少。因此，他们也就没法获得全额的配对基金。

还有一个与此类似但稍有不同的实验，研究人员找来另一组参与者，告诉对方，他们的雇主会在每个月月初将500美元存入其退休账户。参与者想留下其中的多少都可以，只要自己能缴纳对应的金额就行。也就是说，每个月，如果他们也在账户中存入

500美元，就能获得公司缴纳的全额资金。但如果他们只存入100美元，那么雇主月初所存的钱也就只能留下100美元，另外400美元会从他们的账户中划走，退回雇主那里。每个月，没能全额拿到退休金的人总会被提醒：他们因为自己没缴够对应的金额，而错失了公司支付的资金。他们被告知，每个月公司在账户里预存了多少钱，他缴纳了多少钱，公司又收回去多少钱。声明大概是这样的："我们预存进账户500美元，你自己缴纳了100美元，公司收回去400美元。"这使得他们的损失格外一目了然，于是，这也就引发了参与者的损失厌恶心态，这些人很快便将自己缴纳的额度最大化。

一旦我们理解了损失厌恶，许多事情便可以被归类为收益或损失（而损失所带来的刺激更强烈），也许这样，我们就会重新选择像决定存多少钱到退休账户中这样的问题，从某种程度上来说，这也使得我们的所作所为更具长远利益。

说到长远利益，其实损失厌恶也会扰乱我们规避长远风险的能力。在投资规划上，这一问题表现得尤为明显。当我们的投资存在一定风险、上下波动时，我们就很难看到掩藏在当前可能的损失背后的未来收益。从长远来看，股票要比债券的收益高得多。但如果我们只看到短期效益，便会发现很多短期投资都伴随着令人痛苦的损失。

假设一段时间内，股票的价格上涨了55%，又下跌了45%。这非常好。但这样的情况不会只持续几个星期，它会更长久，比如持续数月，甚至一年。

麻烦的是，在上涨和下跌阶段，我们的体验完全不同。在上涨时期，我们只会觉得有点开心，但是到了下跌的时候，我们会格外痛苦。（正如我们之前提到的，如果快乐能够被量化，下跌时期的痛苦是同幅度上涨时期的开心的两倍。）我们将市场的不景气看得很重要，它不同于总体趋势上涨55%所带来的快乐，我们会觉得它下跌了90%，并为此感到闷闷不乐（45%×2）。

因为损失厌恶的存在，所以当我们投资短期股市的时候，我们就会备受折磨。相比之下，如果我们从长远的角度来看的话，承担更多风险反而会让我们感觉更好。实际上，施罗莫·贝纳茨和理查德·泰勒发现，如果员工得知的是长期回报率而不是短期回报率的话，他们会愿意将更多的退休存款投资于股票，因为当我们以长远眼光来看待问题事物的时候，损失厌恶并不会起作用。

黑线代表固定利率，灰线代表波动收益。图8-1所示显示了涉及的金额，而图8-2所示则是对损失和收益的心理反应，考虑到损失厌恶的存在，人们往往会觉得损失所带来的痛苦是收益时

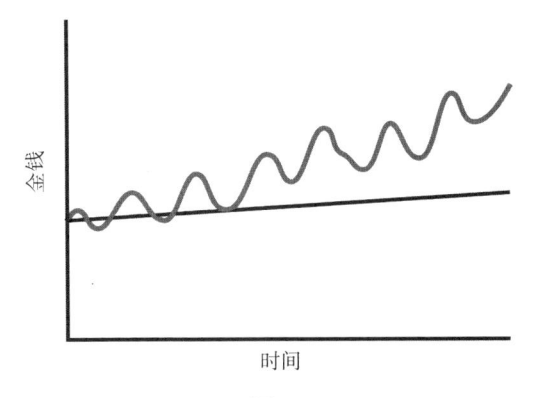

图 8-1

图 8-2

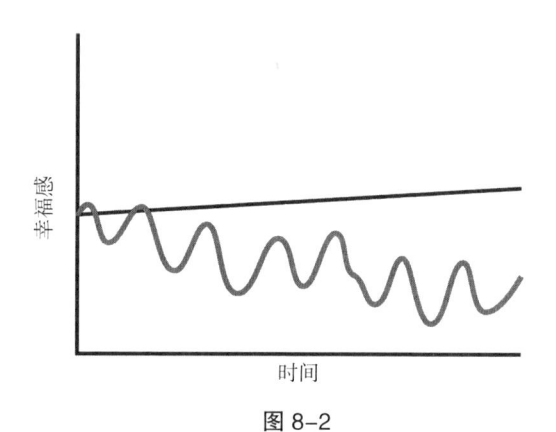

开心的两倍那么多。请注意,虽然在波动收益的情况下,涉及的金额更多(见图 8-1),但作为一种情感体验来说,它更加消极。

损失厌恶会带来一系列投资问题。总的来说,这使我们能够快速卖出赢利的股票——我们不想失去这些收益!而长久持有亏损的股票是因为,我们觉得一旦抛掉,损失也就真实存在了。

人们用来规避短期亏损的一个办法是,避开那些会让人提心吊胆的、有风险的股票,将投资债券作为首选,或是有时将钱放在利率低到接近于零的储蓄账户中。债券不像股票那样跌宕起伏,因此,我们不会受到损失厌恶的折磨,也不会感到格外悲痛。当然,我们也可能以其他方式而变得凄惨,毕竟长期收益增长的可能性也减小了。但那个时候,我们不会感觉到失去的痛苦。我们只会在退休时才想到那一点,悲哀的是,为时已晚,我们没法再改变自己的心意,也没法重做投资决策。

我们，丹和杰夫更喜欢另一种方法，就是完全不去关注我们的投资。如果我们对一段时间内的细微波动格外敏感，那么有一个办法：我们只需做出长期决策，并坚持下去。接着，我们要避免损失厌恶诱使我们轻举妄动。我们（试着）每年看一次自己的投资组合。总之，我们承认，自己并非理性之人，而且我们也很清楚，若是正面和它作战，我们并没有胜算，所以，我们就干脆尽量避免这场战斗。这并非出自孙子兵法，但我们还是很推荐这种办法。

请等一下，还没讲完！

不知你有没有注意到，不少公司会将它的诸多产品或服务费用汇总，然后只向用户收取一笔总金额。比如，我们需要向手机公司缴纳各种费用：信息费、通话费、FFC（外资管制）费用、设备租金、上网费等。但它善解人意地帮我们抚去了一些小损失带来的痛，而我们只需支付一笔较大的费用。这真是太棒了！我们只会感受到一种损失，但同时收获了许多有价值的东西。

手机公司所用的这种方式被称为聚合损失和分散收益，它规避了损失厌恶，只会让我们感受到一种痛苦的损失，同时附带诸多令人愉悦的收益。如果一个产品含有许多特征，那么为了提高买家的兴趣，它会单独突出其每一个特征，然后向用户收取一笔总费用。对于消费者来说，这种营销手段使得产品整体看上去比各个部分加起来的总和更吸引人。

基于各人不同的宗教信仰，你可以想象，上帝与一群天使坐在一起召开会议，探讨创世的故事。"没错，我知道分散收益该怎么做。就拿我来说，实际上，我花了一个礼拜去创造这个世界上的所有东西。哈！光、鱼、动物、树木。这只是一个世界！一件事情！但是，嘿，如果人类想要将这件事想象成为期 6 天的工作，每一天都创造一点点，我也无所谓。我还能把第 7 天空出来，去休息一下，去踢场球。"

将分散收益利用得最好的例子大概要数电视购物了。不管是德国 Sham Wow 抹布、Ginsu 刀具，还是 20 世纪 80 年代最劲爆的十大摇滚唱片，所有这些产品，都只需支付一个低廉的价格。这样就能获得许多物品，它们用途广泛，还附带多种附加功能。"它有一个顶部！一个底部！不是一面，是两面！还等什么呢？现在赶紧下单！"

这也就是杰夫当初在向自己的妻子求婚时，曾考虑过是否要像电视购物节目那样来进行的原因。"如果你现在说你愿意，你不单会挽着我的手走进婚姻的殿堂，你还能得到我的胳膊，我的另一只手，我的另一个胳膊……我的身体，我的头，我的衣柜，一些学生贷款，一位犹太婆婆，以及其他很多很多！现在行动，我们就会有 6 个侄子和侄女，不是一个，不是两个，而是 6 个！这样，你一年到头都能去选购礼物！但你得尽快，因为这么好的事不会一直等着你。我们的促销员已经跪在地上了，所以，快说你愿意吧！"当时，他差不多准备要这么做了，因为他喜欢这个有趣的故事，但同时又担心，这样求婚搞不好会失败，所以最后，他还是选择了风险较低的传统方式:"美丽的女士,你愿意嫁给我吗?"那很有效哟。

你沉没了我的所有权

我们对损失的关注高于对收益的关注,以及对自身所拥有的事物的高估倾向,对于沉没成本也有着巨大的影响。

沉没成本是指一旦我们在某一事物上花了钱,我们就很难放弃这种投资行为。因此,我们很有可能会在同一事物上继续花钱。换句话说,我们不想失去这笔投资,所以我们通常会一厢情愿地往糟糕的投资里面追加更多的钱。假设我们是一家汽车公司的CEO,决定研发一种新车型,这将要耗资1亿美元。我们已经投了9 000万美元进去,但是突然,我们得知,自己的竞争对手也在做同样的事,但他们的车更环保、更高效也更实惠,更重要的是,他们已经快完成了。那么问题来了,我们是放弃现有的计划,省下最后的1 000万,还是继续把1 000万投进去,祈祷有人会购买我们的车?

现在,再来想象另一种差不多的情况,与之前不同的是,这一次,我们还没投入一分钱,而且预期的研发成本只有1 000万美元。正当我们准备去真正开展这个项目时,我们听闻,竞争对手已经设计出一款更优秀的车。我们现在还会投入1 000万美元吗?决策的重点(是否要投资1 000万美元),在这两个事例中是完全相同的。但是,在第一个事例中,很难不去回头看我们已经花费出去的那9 000万美元。于是，在第一种情况下，大多数人都会选择继续投资。而在第二个事例中，他们不会开始真正投入资金。理性的人对于这两种情况，应该会做出同样的决策，但很少有人真的能做到这一点。投资的比喻其实和生活中的许多事物一样：我们不应该考虑自己在一份工作、一种职业、一段关系、一栋房子或一只股票上付出了多少钱，而应该将重点放在它今后可能的价值上。但我们并非如此理性之人，而且这件事做起来也没那么简单。

沉没成本永久地存在于我们人生账本的损失栏中。它属于我们，我们永远没法摆脱它，我们拥有着它。我们所看到的，不仅是具体的金额，还伴随着那些金额的所有选择、努力、希望与梦想。于是，它们就变得更加意义重大。而且，因为我们高估了那些沉没成本，我们也就不愿意放弃它们，这样一来，我们很有可能会让自己在泥坑里越陷越深。

丹曾经通过一个游戏向自己的学生们展示了沉没成本这一概念。在游戏中，参与者们竞拍100美元。规则1：起价是5美元。规则2：每次只能加价5美元。规则3：赢家需要支付自己的出价金额，并获得100美元。最后一个规则是：出价第二高的人也得支付自己的出价金额，但他/她什么也不会得到。随着游戏的进行，出价从50美元涨到55美元，到这时，丹已经稳赚不亏了。（出价55美元的人需要支付55美元，获得100美元，而出价第二高的那位得白白支付50美元。）接着，有个人出了85美元，又有人出了90美元。丹暂停下来提醒他们，现在出价最高的人只能赚

10美元（100美元减去90美元），而出价第二高的人会损失85美元。他问出价85美元的那个人，是否要继续追加到95美元。不出所料地，对方给出了肯定的回答。然后，丹又问了出价90美元的人同样的问题，对方也欣然同意加到100美元。

但游戏到了100美元这儿还没完。接下来，丹又问出价95美元的那个人，是否要加到105美元。跟之前一样，如果他拒绝，他就会损失掉自己的出价金额：95美元。但那个时候，出价已经不止100美元了，如果他同意，就等于默许自己会亏钱。当时是亏5美元（出价105美元减去奖金100美元），但损失才刚刚开始。结果在意料之中，两边的参与者都继续竞价，他们的出价也越来越高，直到终于有人醒悟过来，这种行为是多么疯狂，才停止了加价（停止跟价的这个人又多损失了95美元）。

丹表示："这个游戏让我赚得最多的一次，是在西班牙，我将一张100欧元的钞票卖出了590欧元的价格。为了公平起见，我会在游戏开始前告诉人们，这不是闹着玩的，游戏结束后，我会真的把他们的钱拿走。我觉得这样一来，他们会更加吸取教训，而且更重要的是，我得维护自己的声誉。"

在丹的游戏/实验/骗局中，沉没成本的作用，使得他的学生/实验对象的潜在的95欧元收益（100欧元减去起价5欧元）迅速变成了490欧元的损失。这就和两家公司展开较量，胜者为王一样：有一家公司能占领全部市场，或者至少大部分的市场，而另一家公司则一无所获。每个季度，这两家公司都得确定是否继续投钱去做研发和宣传，或者干脆放弃竞争项目。如果这两家公司永远想着要怎么赢对方,那么到了某个时候,就一定会落得两败皆伤,各自损失不少钱财。不管怎么说,因为人们总是难以无视过去的投资行为,所以想要及时收手也不是一件容易的事。这种市场竞争类型的窍门(也是丹游戏的关键)就在于,要么,干脆从一开始就别参与其中,要么能在意识到情况不对时,当机立断地止损。

我们对沉没成本的无知并不仅仅体现在以上类似事例中。哈尔·阿克斯和凯瑟琳·布鲁默还曾做过一个实验,他们找来一些参与者,告诉对方,假设在他/她花 100 美元报名了一次滑雪之旅(那是 1985 年)之后,又发现另外的各方面都更棒的滑雪之旅,而且只要 50 美元,于是他/她也报了名、交了钱。接着,哈尔和凯瑟琳告诉参与者,这两个旅行的日期冲突了,而且都不能退款。那么,他/她会去哪个呢?是 100 美元的普通之旅,还是只需 50 美元,但体验更棒的旅行?有超过半数的人选择了更贵的那个,即便它的性价比不如便宜的那个高,而且不管选哪个,他/她的总花费其实都是 150 美元。

沉没成本也存在于我们每个人的生活决策中。丹有一位朋友,曾经为了是否要离婚而感到苦恼不已。他的生活也因此备受煎熬。有一次,丹问了他一个简单的问题:"假如你现在没和这个人结婚,但你通晓现在对她的所有了解,在过去的 10 年中,你们只是朋友。那你现在还会向她求婚吗?"这位朋友给出的回答是,绝对不会。接着,丹又问道:"是什么让你做出了这个决定?"朋友之所以感到矛盾,有多少是因为想起了那些过往呢?他高估了自己投入婚姻中的时间和精力，而不是忽略之前的投资，向前看，去想想今后需要的时间和精力。当丹的那位朋友想通了这一点后，他立刻就决定了，还是要离婚。如果有人觉得，这是一个无情的决策之法，我们想补充说明一点，这对夫妇没有孩子，而且有时候，放弃沉没成本，以全新的视角去看待事物时，对每个人都好。

我们想要说的是，在生活中的诸多领域中，过去的投资行为并不意味着我们就该沿着现有的道路继续走下去。实际上，在理性的世界里，之前的投资根本无关紧要（如果之前的投资失败了，那它就是"沉没成本"——无论它成功与否，我们都已经花了那么多钱。那些钱已经离我们而去了），重要的是我们对未来的价值预测。有些时候，只关注未来才是明智之举。

拥有未来

所有权改变了我们对事物的看法。我们将自己的心态调整到了与所有权相对应的水平，它成为我们评判收益和损失的基准。

想要规避所有权所带来的陷阱，有一个办法值得一试：从心理上将自身和我们拥有的那些东西区分看待，以便更精准地衡量它们的价值。我们应该思考的，是自己目前的处境，是接下来会发生的事，而不是我们来自何处。当然，说起来容易做起来难，特别是，我们总会把过多的感情、时间和金钱投入我们的生活和财产中——我们的房子、投资和人际关系。

所有权的存在，使得布拉德利夫妇只能看到他们将要失去的东西，那栋美观的、充满了个人风格的房子，而忽视了他们在不久后将要得到的东西，一笔可以用于购置另一栋房子、几顿不错的晚餐以及给罗伯特和罗伯塔缴纳大学学费的钱——优秀的大学，离家很近，又不至于太近。对于汤姆和瑞秋来说，90分钟的车程正好可以让他们定期去看望孩子，但又没有近到需要每周给孩子洗衣服。他们会想念自己的孩子，但也可以忍受。

9 惩罚不公平

现在时间是上午,詹姆斯·诺兰正在开会。这是一场演示。也许是浪费时间,但不管怎么说,它是工作的一部分。他所供职的生产单位公司(势头正好)让他从外面约请一家咨询公司来查找和确定公司运营中存在的缺陷与不足。6周后,詹姆斯和他的中高层同事们正在查看结果。也就是说,结果正以PPT(演示文稿)的形式展现在他们眼前。

项目顾问负责人——吉娜·威廉斯带着3个巨大的活页夹艰难地走进会议室。她将文件砰的一声扔在了桌上。接着,4名初级顾问，两位助理，一名技术人员和一名安保人员相继拿来了一些声音和图像设备，更多的活页夹，一台投影仪，一大堆纸，一壶咖啡，以及一盘点心。詹姆斯想不通为什么他们不在会议开始前把这些东西准备好，但糖分和咖啡因让他没心思去斤斤计较，于是，他整个人放松地坐在椅子上，打算悠闲地度过这一天。

顾问团队终于把一切都准备妥当了。于是，吉娜打开一份长达74页的PPT，一丝不苟地讲了起来，其内容详尽，从两个月前他们登机的时候开始说起，到所有的会议、文书工作、地理位置，以及其他会议、餐饮和用品。PPT里有很多箭头和首字母缩写。接着是20分钟的休息时间，然后又是几张幻灯片，展示了吉娜的各种证书、家人照片以及通话记录。整场演示持续了5小时。最后一张幻灯片，结论部分，写道："不要问生产单位能为你做什么，而要想想你能为生产单位做些什么？"

与会的每一个人都不由自主地站了起来，热烈的掌声经久不息。糕点的碎屑掉在地上，人们站在门口，等着和吉娜热情地握手，然后跟着顾问团队，走进荧光闪亮的走廊，带着全新的成就感和目标迈向未来。感觉好棒！

那天晚些时候，詹姆斯经过经理办公室，看到CEO开心地给这个项目开出了72.5万美元的支票。一个毫不相干的、仅仅改换意图的报价竟然价值72.5万美元？考虑到对方所做的所有工作，这钱花得太值了。

詹姆斯那天早早下了班，打算花50美元去更换机油。他把车停放在原本空空如也的车行内。正在打牌的修车工抽空抬起头看了他一眼，表示得等几个小时才能好。

看完顾问演示的詹姆斯感到些许兴奋，他决定步行两英里[①]走回家。不幸的是，当他走到一半的时候，天空骤降倾盆大雨，他全身都被淋透了。他慌忙跑到当地的一家便利店躲雨，店主从柜台后面拿出了一排雨伞。詹姆斯正打算上前挑一把，但当他看到店主正将"5美元"的价签摘下来，并换上手写的"10美元"的价签时，他停了下来。

"你在干什么呢？那些伞明明价值5美元。"

"才不是，是10美元。雨天特卖。"

"什么？这算哪门子特卖。根本就是趁火打劫！"

"那你最好去别处逛逛，看能不能买到更好的。"店主指了指外面，视线所及全是雨水。

"荒谬至极！你难道不认识我吗？我经常来这里买东西。"

"那你下次应该买把伞。有时候，只要5美元就能买到。"

詹姆斯翻了个大大的白眼，又低声咒骂一番，他拉起衣领，没有买伞，跑进了外面的雨里，他沿着建筑的檐角，一路走回了家。他到家没多久，刚把湿漉漉的衣服脱下来，雨就停了。于是，在半裸着跑上楼前，他又爆发出一阵咒骂。

车行打电话来，告诉詹姆斯，他的那辆车所需的工作量超出了对方的预期，得到第二天才能修好。在詹姆斯提出异议前，对方就挂断了电话。詹姆斯感到很沮丧，他决定再出门跑会儿步，

[①] 1英里≈1.609千米。——编者注

以消耗焦虑的情绪。而当他跑完步回到家的时候,他才意识到自己被锁在屋外了。啊!他的妻子蕾妮在出差,孩子们在朋友家,保管着他家备用钥匙的邻居去度假了。天气看起来是一副又快要下雨的样子。没办法,詹姆斯只得给锁匠打电话。他问了好几个锁匠,对方都表示,需要 150~250 美元才肯开锁,或干脆换一个新的。詹姆斯希望价格能便宜点儿,但当他意识到其实所有锁匠都是蒙着假面的强盗时,他也就坦然地选了最后那位。20 分钟后,锁匠到了,他摸了会儿门,扭了什么东西,稍微晃了几下,然后又猛地拉了下什么,嘿,门开了。这一系列过程只花了两分钟左右。

他们进到屋内,在厨房喝了点儿水,锁匠说道:"谢谢。您得付我 200 美元。"

"200 美元?不就 1 分钟的事!等于说你的时薪是,"詹姆斯烦躁不安地掰了下指头,"12 000 美元?!"

"那我不清楚,不过您得付我 200 美元。或者我们再走出去,然后我把你锁在外头,你可以试试找别人来帮你开锁。也许只要一分钟就好了。随便你。"

"好吧。"詹姆斯写了张支票拿给他,然后回到客厅里,开始看起奈飞,享受着短暂而难得的独处时光。

当天晚上,蕾妮出差归来,她看上去一副心情大好的样子。事情办得很顺利,而且她第一次用了 Kayak(机票搜索服务),格外划算的价格让她倍感开心。因为詹姆斯的车还在车行里,所以她从机场打了 Uber(优步)回家。蕾妮超爱 Uber,称得上是 Uber

的狂热追随者。她的日程安排总是难以预料，所以使用Uber能帮她省下调度车辆的麻烦，也免得她去搭乘复杂的公共交通。

Uber在蕾妮的心里始终占据着一席之地，但几天之后，发生了一件事。那是个暴雪天气，她要和客户一起出去吃晚餐，但很难打到Uber。平常到市中心只要12美元，那天竟然涨到了40美元！40美元！岂有此理。于是，她叫了辆普通的出租车，并决定停用Uber，以示抗议。接下来的几周，她要么预订老旧的汽车服务，要么搭乘公交或借车。这很痛苦，但她可不愿意被剥削。

这是怎么回事？

公平正是这样影响着我们对价值的看法。5岁以上的大多数人，虽然并未积极参与到政治中，却都能理解公平这一概念。当看到或谈论它的时候，我们会立刻意识到它的存在，但我们并不知道的是，在日常财务决策中，公平也扮演着至关重要的角色。

来自顾问的建议、雨天的雨伞、被锁起来的门，或是骑车回家，这些东西的价值和我们觉得它值多少钱之间毫无关系。然而，我们在决定要不要买一样东西的时候，愿意支付的金额往往在很大程度上取决于它的价格看起来是否公道。

在评估一笔交易时，传统的经济模式只是简单地将价格与价值这两者进行比较。然而，现实生活中，人们往往会将价值同价格以及其他因素相比，比如是否公平。当人们感觉到不公平的时候，他们会重新找到有效且完美的经济解决方案。即便当一笔交易顺利进行时，即便我们会因此获得巨大的价值，这种感觉也还是会影响到我们——就好像多花钱去买一台烘干设备一样。

根据供求基本规律，雨天的雨伞（需求更大）会更贵，暴雪天气里的Uber（需求更大，供应更少）也会更贵，我们应该毫不迟疑地支付这些变高的价格。更换机油或开锁的价值与我们觉得它是否公平毫无关系，只要能快速而高效地解决问题就好。话虽如此，当我们为了一些看起来很轻松或花不了多少时间的事物支付一笔高额费用时，我们还是会焦虑不已，会翻白眼，会气得跺脚，会踢东西，会扬言不玩了。为什么？因为我们是心智不成熟的小孩，我们认为所有价格都应该公平合理。我们会因为觉得价格不公平而拒绝好的价值。我们惩罚不公平，而在这个过程中，往往也惩罚了自己（看看詹姆斯，这位被淋成落汤鸡的生产单位负责人）。

有一个众所周知的实验，显示了我们是如何惩罚不公平的。它被称为"最后通牒博弈"。尽管听起来好像一部悬疑电影，但其中并没有杰森·伯恩。

实验需要两名参与者——一位充当提议者，另一位充当响应者。两人分别坐在不同的房间里。他们互不认识，也永远不会在这里碰面。他们可以随心所欲地采取行动，不必担心对方反击或报复。提议者会拿到一笔钱——假设是10美元。他或她可以决定给响应者多少钱，自己留下剩余的钱。提议者给出的金额可以是任意一个数字——5美元、1美元、3.26美元。如果响应者接受拿到手的金额，那么他们就能得到分配给自己的那笔现金，游戏结束，各回各家。但如果响应者对拿到手的金额存在异议，那双方什么也得不到，所有的钱都会退还给做实验的人，他们将一无所获。

双方都理解游戏的规则，比如用作实验的钱，以及钱是如何被分配的。又或许，他们从未真正理解。

假如我们能后退一步，合理地、有逻辑地、像冷血计算机遇到杰森·伯恩那样去思考一下，就不难得出结论，响应者应该接受从提议者那儿拿到的比零大的任意一笔金额。即便只是一分钱的出场费。这是免费的钱，不管多少，有总比没有好。如果世界超级理性，就算提议者只给响应者一分钱，后者也会欣然接受。游戏结束。

但回到现实，人们在"最后通牒博弈"中，并不能做到如此。响应者往往会拒绝在他们看来不公平的提议。当提议者拿出不到总金额 1/3 的钱时，响应者通常都会拒绝，于是，两个人一无所获地各回各家。实际上，人为了惩罚他人（不认识的人，而且可能今后再也不会碰上的人），而拒绝免费的钱，只是因为对方做出了不公平的提议而已。结果表明，因为公平感的存在，我们会将一美元的价值看得比零还要低。

想象一下：假如我们走在街道上，遇到一些陌生人，要给我们 50 美元，我们会因为他们给自己留了 100 美元而拒绝对方的给予吗？还是会满怀谢意，从此以后，每天都从那条街经过？如果我们正在参加一场马拉松大赛，有人给我们递了一杯水，我们会把它扔到一边吗？只是因为旁边的一张桌子上放满了不属于我们的水杯？不会的，那也太神经质了。那为什么在很多情况下，我们总会将注意力放在杯子中空着的那半部分——不公平的那部分，我们没有得到的那部分呢？

也许，我们的确疯了。研究人员发现，"最后通牒博弈"中的不公平提议（比如从10美元中拿出来1美元给响应者），要比公平提议（比如从10美元中拿出5美元来给响应者），更能激发大脑中不同区域的神经。研究显示，一旦我们的"不公平"区域被激活，我们就更有可能拒绝不公平的提议。换句话说，我们的大脑不喜欢不公平，而这种不喜欢促使我们有所行动，来表达自己的不满。愚蠢而疯狂的大脑，也许我们并不喜欢，但它仍是我们的大脑。

与经济学家博弈

虽然在"最后通牒博弈"中，人们往往会拒绝不公平的提议，但其实，也存在一个例外：经济学家就不会像这样。他们能认识到什么是理性的回应。如果我们和经济学家一起玩"最后通牒博弈"，我们应该可以为所欲为，残酷也好，不公也罢，反正他们都接受过专业训练，能将较低的提议当成理想的合理回应，而且，这正好是一种被动而积极的尝试，以证明他们比其他人更聪明。

詹姆斯拒绝了不公平的雨伞售价，虽然他当时很需要一把伞，也买得起，而且在当时，10美元能提供很好的价值，能让他免受被雨淋湿的痛苦。詹姆斯没有拒绝锁匠的工作，但他也明确地表达了自己的不满和沮丧,他低估了对方的工作效率,他们很快就进入了房间。蕾妮在经历了Uber因坏天气而涨价的情况之后,停用了一段时间Uber,尽管在正常的天气状态下,使用这项服务的价格始终如一。

(如果有人感兴趣的话,我们可以先剧透一点点。就在詹姆斯因为拒绝支付额外的5美元而让自己被雨淋湿的那一天,他在看到自己的老板给长篇大论的PPT演示团队签了72.5万美元的支票时并没有产生疑义。为什么詹姆斯不会觉得这两笔交易互相矛盾呢?有一个原因。暂且按下不表,我们很快就会说及。)

如果给可乐机器配备温度计,然后设定一个程序,让它在天气更热的时候收费更贵,那会怎样?如果某天的气温达到35度,我们会做何感想?这是可口可乐公司的首席执行官道格拉斯·艾维斯特曾经为了增加收入而提出的一个建议。这在当时激起了众怒,百事可乐称可口可乐是机会主义者,艾维斯特也被迫离职。虽然从头到尾,可口可乐公司都没有生产过这样的机器。这种基于供需的定价策略其实是合乎逻辑的,或许甚至可以说,它是合理的,但人们还是觉得这个理念并不公平。它看起来就像企图厚颜无耻地坑骗消费者和小男孩,令人生气。

我们在处理经济事务的过程中,很明显地,隐藏着一种隐形的"哼"。我们总喜欢告诉自己的生意伙伴:"别想着压榨我来给你赚钱!"我们性情乖戾,喜欢评判他人:我们出于恶意或为了报复,总会放弃那些看起来不公平的优秀价值。

在感觉到不公平的时候,我们不会在意价格的抬高是否出于合理的理由。我们推开了市场无形的调控之手。在一项电话调查中（还记得电话吗），有82%的受访者表示，暴雪后抬高铁铲的价格是不公平的（这一情境融合了雨天的雨伞和雪天的Uber），即便标准的供需经济准则使得这样做更高效、更合理，也更正确。

2011年的时候，Netflix在一篇博文中宣布，它很快就要对价格体系进行改革。它准备将当时每个月9.99美元的流媒体和DVD租赁服务分成两种独立的服务，每种服务每个月的费用为7.99美元。也就是说，如果我们之前主要使用一种服务（流媒体或DVD租赁），那么每个月就能少花2美元。但如果两种服务都用得比较多，那么每个月的总花费将会上涨6美元。

大多数的Netflix用户其实只会用到其中一种服务，但你认为，对于这项改革，他们会做何反响？没错，他们痛恨这种变动。不是因为收费体制变糟了（在绝大多数情况下，这样其实更好），而是因为他们觉得不公平。[1]这些热爱着Netflix的忠实用户就像杰西潘尼的那些顾客一样，选择了离Netflix而去。这使得Netflix损失了大约100万的用户，股价也跟着大跌。于是，没过几周，Netflix的高管们就宣布放弃执行新收费政策。因为觉得Netflix的所作所为是从自己身上榨取利益，用户们拒绝了对他们来说价值巨大的服务——只需花费7.99美元就能享受到价值至少9.99美元的东西。用户想要惩治这种不公平的行为，哪怕这么做会伤害自己，也在所不惜。他们宁愿放弃便宜了2美元的优质服务，只

---

[1] 其实，这里还涉及损失厌恶的问题。用户不想放弃DVD租赁这一选项，即便他们根本用不到这项服务。

为了惩罚自己根本不会用到的购买联合服务所需的假想增加的6美元。

蕾妮和Uber的经历源于一个真实的故事（我们这里讨论的所有案例都是如此）。2013年12月，纽约下了一场暴雪，于是，Uber当时的收费涨到了平时的8倍——这个收费已经比普通出租车和用车服务还要高了。各路名人发出了最愤怒的抨击（他们也有时间发怒）。Uber回应说，新的价格只是"动态定价"：以激增的收费吸引更多司机加入进来，满足用车需求——即便这样做并不安全。这种说法并没有平息大众的愤怒。

Uber用户欣赏Uber司机随叫随到的可靠服务，他们也愿意为了这种及时性而支付一定的额外费用。但当真正的市场供求关系大展身手，比如暴雪天，司机供应不足，用车需求增加的时候，车费大幅度上涨，用户却突然不愿意支付额外费用了。如果没有Uber，出租车也会不够用，想用车的人就很难打到车。Uber收取额外的费用，以应对乘客需要打车和司机想要提供用车服务这两者之间的不平衡。我们经常愿意改变自身对公平价格以及公平价值的定义——但也只是改变一点点而已。我们的变通存在着一个临界点。当额外价格突然靠着机会主义大幅上涨时，我们就会觉得不公平。

我们可以通过一个实验，帮你进一步反思这个问题。假设存在另一种用车服务——Rebu，在正常情况下，它的收费是Uber的8倍。在这种情况下，如果遇到暴雪天，用户很有可能会愿意支付一笔较高的费用去使用Rebu。因为这是Rebu的惯常价格。实际上，用户甚至还会觉得这笔交易很划算。只是因为Uber在人们最需要搭乘交通工具的时候，将价格提到了用户觉得不公平的水平。而Rebu的收费一直是Uber的8倍，因此在暴雪天，它看起来也不会让人觉得不公平——尽管在除此之外的其他情况下，它似乎都过于昂贵。

追求公平

为什么公平原则会改变我们的价值观呢？为什么我们会轻视自己觉得不公平的东西呢？为什么蕾妮会抛弃Uber，为什么詹姆斯会连伞都不买就跑进雨中？因为公平这一概念根深蒂固地存在于我们心中。那么，我们究竟是如何去评判一件事物到底公平与否的呢？在很大程度上，它和努力程度有关。

评估一件事物所需的努力程度是我们用来评判它值不值得要价的一个通用捷径。

卖雨伞并不会因为当时外面正下着雨而变难。在暴雪天气驾驶Uber可能需要多花费一番工夫，但也不至于相差8倍那么多。价格上涨似乎并没有对应额外的努力，而且其生产成本一点儿都没有增加，所以我们才会觉得涨价不公平。但当詹姆斯和蕾妮将关注点只放在努力（公平）上时，他们忽略了一个事实：对于他们来说，因为所处情境的变化，服务的价值（不被淋湿地回到家）也跟着增加了，即便服务供应商所需的努力并没有任何不同。

詹姆斯觉得，锁匠的要价不公平，因为对方只用了片刻便打开了门。那如果遇到的是东摸摸、西摸摸,假装花了很长时间努力开锁的锁匠,詹姆斯会不会就觉得比较好了呢?也许吧。曾经有一位锁匠告诉丹,在刚开始干开锁这一行时,他的效率很低,而且在开锁的过程中,他总会把锁弄坏,这使他要花费更多的时间和金钱去装一个新的锁,以完成自己的工作。他不仅要收取开锁费,还要收取给坏锁更换新零件的钱。客户付钱的时候往往都很开心,而且还会给他一笔不菲的小费。但是,当他的开锁技术日渐熟练,效率越来越高,也不会把旧锁弄坏(于是就不需要换新的,也就不需要再向客户收取额外部分的费用)之后,他发现,客户不仅不给小费,而且还会对开锁费讨价还价。

什么?帮我们把门打开需要多少钱?这是个问题。因为很难给这件事定价,因此我们便转而衡量锁匠为了打开门所下的功夫。如果锁匠忙前忙后地做了很多努力,我们就会乐意支付更多的费用。但其实,开锁这件事究竟值多少钱,应该是建立在这件事本身的价值上的。

我们总是如此,不知不觉地将努力和价值混在一起思考,这种不谨慎使我们花了不少冤枉钱。给肉眼可见的辛苦努力支付费用是一件简单的事。但是,给格外擅长自己所做事情的人(他们看起来毫不费力,只是因为其专业技术使他们能更高效地完成工作)付钱,就是一件比较困难的事了。给做事又快又熟练的人付钱更是艰难,因为他们看上去没怎么努力就轻松完成了工作,于是,人们理所当然地觉得,事情不需要花费多少工夫,也就没有多高的价值。

埃米尔和丹曾经做过一项调研,他们想知道人们愿意为恢复数据支付多少钱。结果显示，人们愿意为大量的数据恢复支付更高的金额，但最让这些人敏感的是技术人员的工作时长。当人们发现技术人员只花了几分钟便完成数据恢复时，人们往往不大乐意付钱，但同样的数据量，若恢复工作持续一周以上，人们就会心甘情愿地支付更高的费用。想象一下：人们是不是更愿意给相同结果下效率更低的服务支付更多的钱？从根本上来说，当我们更看重努力过程而不是结果时，我们就会为自己的无知付出代价。虽然这样花冤枉钱实际上是一件不合理的事，但我们仍觉得它更合理，也更让人身心愉悦。

有一个民间故事，说巴勃罗·毕加索曾经在公园里被某位女性纠缠不休，对方坚持让他给自己画张像。毕加索看了对方一会儿，然后，挥笔画了张完美的画像。

"你一下子就抓住了我的精髓。太棒了！我该付你多少钱？"

"5 000美元。"毕加索回答道。

"什么？你怎么要价这么高？不就几秒钟的事？"

"并非如此，女士。这幅画花了我一辈子又几秒。"

在这个故事中，起决定性作用的正是专业技术、知识以及经验，这也是我们平时在价值评估时所忽略的、没能考虑到的东西，我们总是依据完成一件事情所需的工夫和努力来判断它的价值。

还有一个小故事。假设我们的车出了小毛病，比如有噪声，或是窗户不太好开，这时候，技工用一个简单的工具，花了几分钟修好了，然后转头来向我们要80美元。在这种情况下，大多数人都会很生气。那么假设，修理过程花了3小时，收费120美元。

这样会看起来更合理吗？又或者，花了4天，收费225美元呢？其实，不管怎么做，都能解决问题，不是吗？而且，第一种情况中所花的时间更少，成本更低。

假设：有位电脑维修技术员，他可以通过更改配置文件来修复公司的重要服务器。公司所支付的费用，不仅是为了简单的更改工作（5秒就完成了），其中还包括知道应该更换哪个文件，以及如何更换所需的费用。又或者，假设我们和一位动作电影中的英雄困在一起，对方要去阻止一场核爆，倒计时越来越接近零，整个世界命悬一线——我们将会失去一切！我们是愿意让英雄东摸摸西摸摸，用笨拙的手指弄坏爆炸装置，还是宁愿付给对方一大笔钱，只求他行动麻利，头脑清晰，明白我们向来只懂得剪断红线？不，等一下！我的意思是，蓝线！（砰——！）

说到底，其实问题在于，我们很难说服自己为知识和所需的技能付费。他人在学习和磨炼这些技能上花了大量时间，又将其服务于我们，让我们愿意为它掏钱，这在我们看来，是一件难以真正理解的事。我们所看到的，只是对方似乎毫不费力地就完成了一项工作，我们却为此付了一大笔钱。

现在，有越来越多的餐厅和艺术家采用了一种叫作"随你付"的模式，这也说明了公平和努力是如何影响我们的价值观的。如果一家餐厅在收费时，让客人想付多少钱就付多少钱，那么客人付的钱就会比餐厅的正常收费少。对于餐厅老板来说，这也许不是什么好事，但换个角度想想，会有更多的人愿意到餐厅用餐，大家都会掏钱吃饭，而且几乎不存在付费特别低的情况。所以，总体说来，

175

餐厅还是赚得更多了。这种支付意愿相对较高的模式，其原因很可能是客人切实看到了餐厅做出的努力，下单的侍者，厨房里的厨师，准备食物，换上桌布，打开红酒，于是就会觉得餐厅应该得到回报。在餐厅吃完霸王餐，大摇大摆地走出去，这件事听起来既不道德，也不公平。这也说明了，公平的作用是双向的。

反过来再想一下，这次不拿餐厅举例，假设你在一家只坐了一半观众，采用"随你付"收费模式的电影院里。电影结束后，工作人员拿出一个箱子，表示大家愿意付多少钱都行。在这种情况下，观众就会觉得，就算自己一个人占了两个位子，对电影院来说似乎也没什么损失。他们没有要求灯光效果更好一点儿，或是表演得更精湛一点儿。电影院看起来并不存在任何额外成本，也没付出额外的努力。因此，电影院没有耗费额外的工夫，于是也就不需要观众支付额外的费用。如果是这样的话，观众往往只会愿意支付很少的一笔钱。

同样，人们之所以对免费下载盗版音乐和电影的行为也没觉得有多不好，就是因为在他们看来，花费在这些音乐和电影制作上的努力都已经是过去式了，下载不会给制作人增加成本，也不会让制作人耗费额外的工夫。（这就是许多反盗版的工作都将注意力聚焦在给原作者和表演者造成的伤害上的原因，因为这样能使损失更加人性化。）

影院/餐厅两者之间截然不同的结果强调了，在谈及公平和努力时，固定成本和边际成本之间的不同。固定成本，比如影院中的座位和灯光，并不会像边际成本那样（比如大厨为我们现烤的鱼和蔬菜，或是笨拙的侍者用托盘端来的破碎酒杯，让人看戏般地为之鼓掌，够了，人类。这太不礼貌了）激发我们互惠互利的心态。

影院/餐厅两者之间的区别也表明了，我们会因为看不到一件事物背后的努力而惩罚自己觉得不公平的价格，我们也会根据明眼可见的努力给那些看起来公平的交易以奖赏。这难道不正是"我们以毫不相关的方式来评判事物的价值"的另一个例子吗？是的，于是，这就将我们导向了透明度的问题。

努力的透明度

詹姆斯的公司眼睛都没眨一下就给吉娜的顾问团队开出了一张72.5万美元的支票，因为在前者看来，后者所做的工作彻底而全面，它不仅评估和解决了公司的需求，而且还做了一场演示，以证明自己为此付出了多少辛苦的努力。

如果当时锁匠没有对詹姆斯冷嘲热讽，而是仔细解释为了开锁需要掌握和准备多少细微而重要的技能的话，也许这两个人就不会不欢而散了。如果可口可乐公司能向消费者说明，天气热的时候保持饮料凉爽需要更高的成本，或是在晴朗和温暖的日子里，总需要有人更加频繁地开车去补充机器内的库存，也许就不会搞得怨声载道了。那样的话，说不定，詹姆斯和可口可乐的消费者会更愿意支付更高的费用，心情也会更好。因为那样一来，锁匠和可口可乐公司的努力会变得更加明显。其实，他们都可以让自己所做的努力更透明、更公开。

假设有两块传统的、装有发条的手表，其中一块的外壳是透明的，我们能清晰地看到在复杂的制表工艺下，齿轮是如何转动的，那么，我们就会因为能看清它的工作难度而乐意支付更多的钱吗？也许不会（我们从没做过这个实验），但很明显，我们在金融交易中常常会下意识地这么做。

当我们看到一件事物的生产成本、看到相关人员为此奔波努力时，我们就会愿意支付更多的费用。我们暗自认为，一件劳动力密集的东西要比不那么密集的东西更有价值。表现出来的努力要比真正客观的努力更能激发我们愿意为之掏钱的心理。

这合理吗？不。这是否会扭曲我们的价值观？是的。这种情况一直发生吗？没错。

咨询公司参观了詹姆斯所在的生产工厂，它所做的一切，不过是将整个工厂的工作简短而完整地再现一遍。另一方面，我们可以想一下按小时收费、价格同样昂贵的律师事务所。律师之所以会被抱怨，可能有一部分原因是我们看不到他们在工作中所付出的努力。我们得到的，只有按小时收费的账单。一般来说，我们可能会占用对方一天中的好几个小时，但也只是几个小时而已。我们看不到对方的努力，看不到切实的汗水，也看不到像咨询公司那般明智的举动。

透明度（昭示一件产品或服务所包含的工作）能够让公司向我们展示其正在努力工作，以从我们的口袋里赚钱。对于一个事物，如果我们不清楚其中包含了多少努力，也就不会予以相应的重视。这就是互联网平台在购买和出售服务方面困难重重的原因。

在网上，我们看不到任何努力，所以我们就会觉得自己不应该付那么多钱给应用程序或互联网服务公司。

大大小小的公司都知道，透明度显示了自身的努力，从而也就表现出，并且证明了价值。在越来越多的情况下，它们会在工作中给我们以暗示，让我们更加看重其服务。旅游网站Kayak.com就有着比较高的透明度。它会通过移动条、滚动的物品、选项繁多且日益扩充的图表——从时间到价格到航线，向用户展示搜索航班的具体进展，这样一来，我们每次的搜索就会有新的发现。Kayak通过这种方式告诉我们，它考虑了很多因素，也做了大量计算。于是最终，Kayak为我们所做的这一切，给我们留下了深刻的印象，也让我们意识到，如果没有Kayak，自己可能永远也处理不完这些事。

将此与Google（谷歌）搜索对比一下。我们输入一些内容，立即就能得到答案。而且，Google做得既简洁又简单，不是吗？

另一个例子是比萨行业最具创意的革新：达美乐比萨独一无二的订单跟踪。不管什么时候，只要我们在网上订了达美乐比萨，就能看到一个进度条，它会显示订单的最新动向——从下订单开始，到挤牛奶制作芝士，将芝士放到比萨上，将比萨放进烤箱，将烤好的比萨装进送货车，送餐人员开着车穿越城市交通，堵在主干道，获得立普妥的处方。显然，达美乐公司为了简化比萨订单跟踪而略过了其中的一些步骤，但流程链中的这些细节，还是会吸引很多人每天来官网看一眼，观察自己比萨的进展动向。

说到最不透明的办事过程，政府事务就位列其中。波士顿曾经为了让政府的活动更透明，开展过一个聪明的项目。波士顿自开辟旅游业以来，一直在修缮道路。为了让这项工作更加透明，市政府上传了在线地图，标注了工作人员正在修复的所有坑洞和打算修复的道路。这等于是在告诉市民，虽然修缮道路的工作人员还未出现在他们附近，但也已经在其他地方忙碌着了。波士顿的居民可能会认同道：现在总算明白，为什么在哈佛的校园里停辆车会如此艰难了。

说到波士顿，我们的哈佛朋友麦克·诺顿曾经想出了很多颇有创意的方式，以说明透明度的价值，其中就有一个交友网站的例子，这个网站不仅会显示和我们匹配的对象，还会显示不那么匹配的对象。通过向我们展示数以千计不那么匹配的对象（老实说吧——这些配对都可笑得令人害怕），网站的运营商也向我们证明了，他们投入了巨大的努力，来将所有的网站用户分门别类，再找出哪些是适合我们的人。我们是否曾提及，现在的约会内容只会让人受到毫无意义的惊吓，好在，我们的妻子都格外可爱。

如果Uber、锁匠以及卖伞的那位店主，能够解释价格中所包含的努力，也许就能让那些价格看上去更加公平。Netflix其实也可以解释说，流媒体的版权费用非常昂贵，公司正在降低独立用户的成本；Netflix可以专注于改进每项服务，并推出新的节目……但它没有。餐馆也可以贴出告示，解释每次涨价的原因——天然气、原材料、鸡蛋、人工等各种成本。它们甚至可以将矛头指向税收或白宫中某位不招人待见的官员，以使自己免受指责。任何一种这样的解释和说明都能让用户理解并接受价格上涨。但商家往往不会这么做。是的，透明度有助于我们理解价值，但不幸的是，如果经营生意的是我们，我们一般也不会期望通过解释一样产品或服务背后所包含的努力来改变客户对它的评估方式。但的确是这样的……

虽然透明度能够帮助我们看到周围世界的价值，但它也会使我们更容易被利用。咨询公司展示了自己有多努力，但它真的富有成效吗？笨拙的锁匠为了开锁兢兢业业，但他所做的只是浪费了我们一小时的时间。波士顿的城市工人真的在努力修路吗？还是，只是在互相纠正口音？

虽然不大愿意承认，但我们很可能已经成为透明度的牺牲品。当我们清楚地看到一件产品或服务背后的努力时，我们就会高估它的价值。透明度显示了努力程度，从而也就揭示了价格公平与否，它能够以和事物的实际价值毫不相关的方式，改变我们对价值的看法。

家庭中的努力

我们对公平和努力的感觉不仅局限于金融领域。当然，我们并不能对个人的人际关系提出任何建议，但我们发现，如果让一对夫妇分别待在两个单独的房间里，再询问丈夫和妻子，他们各自承担了多少比例的家务，我们将得到的两个数字相加，结果往往大于100%。换句话说，每个人都觉得自己投入了大量的精力，而自己的配偶做得比较少，或许，他们还会觉得，这种劳动分工并不公平。

为什么这种努力的比例的数值总和会大于100%？因为我们一直都处于透明化的模式下。我们总是看到自身努力的种种细节，却看不到另一半的努力。我们的透明度是不相称的。拿拖地举例，假如我们拖了地，我们就会注意到这件事，也清楚它需要耗费多少工作量，但如果是另一半拖了地，我们不会注意到干净的地板，也不会意识到为了让地板光可照人，对方所付出的努力。扔垃圾的时候，我们知道它需要的所有步骤，也知道它有多麻烦，但如果是另一半去扔垃圾，我们看不到，也就容易忽视对方的努力。我们将碗筷以一种完美的几何逻辑放进洗碗机，但是我们的另一半呢，他们一点儿都不尊重那些餐具，只是胡乱地将碗和碟堆在一起而已。

那么，我们是否应该以咨询顾问的方式来处理我们的关系呢？每个月做个PPT，演示给另一半和孩子们看，让他们知道我们擦了多少次桌子，洗了多少只碗，付了多少账单，换过多少尿布，扔了多少次垃圾？还是说，应该向律师学习，只提供一份列着我们所做家务具体用时的账单？做晚饭的时候，我们是不是应该描述所有步骤——从买菜到切菜，从烹饪到打扫？或者，我们应该发出很多"咣当"的响声，这样另一半才会更重视我们所做的一切？老实说，用这些小心眼的琐碎细节骚扰另一半，的确存在着弊端，所以，到底是要展现自己的努力，还是要让另一半抓狂，各位读者还请自行权衡取舍，但至少可以将此作为闲暇之余的思考内容。另外，还请记住：离婚律师收费很高。他们按小时收费，而且看起来并没有付出多少努力。

公平的收尾

人们总是要求事事"公平"。在谈判的时候，在销售的时候，在婚姻中，在生活中。这一点没错。公平是件好事。2015 年，马丁·什克雷利一收购救命药达拉匹林的生产商，就立刻将该药的价格从 13.35 美元提高到了 750 美元——涨了 5 555%，民众对此非常愤怒。这被看作明目张胆的不公平行为。虽然达拉匹林的售价的确过高，什克雷利也因此备受谴责和咒骂，但这件事还是给药品定价的公平与否带来了持久的关注度。所以，即便在经济领域，我们对公平的直观感受也同样意义重大。

有时候，我们会高估公平。我们遇到的情况，并不像什克雷利那样过分，但当我们觉得价格不公平的时候，就会试图惩罚定价者，这么做的结果，往往是惩罚了自己，因为我们白白损失了具有优秀价值的事物。

公平是努力的结果，而努力通过透明度来展现。既然透明水平是生产商的策略，那么，以公平为手段来证明产品或服务价值的营销方式（特别是欺诈性地利用我们的公平感）也就不一定是出于好意了。

透明度通过展现和公平相关的努力，来建立我们对产品或服务的信任，以创造价值。那么，会不会有无耻之徒利用我们对透明度的需求，让自己的工作看上去比实际情况更加卖力，而只是为了增加他们产品的价值呢？嗯，从本书涉及的 150 多年的历史来看，我们必须得说……没有，绝不会发生那样的情况。

10 语言和形式的魔力

谢丽尔·金正在加班。她正在带头儿做一项可行性研究——公司打算聘请一支专家团队,来确定到底应该生产什么,以及后续市场状况如何。到目前为止,一切都还未下定论,但她面临着最后期限,焦虑的CEO也在等着她,没办法,她只能硬着头皮完成这项工作。她可以忍受偶尔的加班。而她无法忍受的,是偶尔的加班之夜里那些可怕的寿司。

她的团队时不时会从一家据说好评如潮、叫作欧拉拉花园的法国亚洲小酒馆订购寿司。这家时尚餐厅刚刚开始提供配送服务。团队第一次在那里点外卖的时候,谢丽尔甚至都没来得及看一眼菜单——急急忙忙地,她让同事帮她做了选择。同事布莱恩给她点了"滑熘龙卷"。谢丽尔将龙卷放在一张打开的纸巾上,一边盯着电脑屏幕,一边心不在焉地吃着。"呸,"谢丽尔吃完最后一口,心想,"难吃,又脆又软。好吧。"

与此同时,她的同事在隔壁房间里对这家餐厅兴奋到语无伦次——尖叫,干杯,惊叹,赞赏。他们爱死这家餐厅了。谢丽尔戴上了超大的耳机,试图将注意力集中到产品上。

布莱恩很快就返回了,还拿来一瓶酒。他递给谢丽尔一个杯子,说他收到了和周年纪念礼物一样上好的红酒,简直让人难以置信。2010年黑比诺酒庄出产的红酒,据说非常好。布莱恩倒了一些在谢丽尔的杯子里——杯子上印着"全世界最好的500位母亲之一",她的孩子们觉得这样很有趣。谢丽尔尝了一口,低声嘟哝道:"呃,谢谢。我喝一点儿 就好,待会儿还得回家。"在接下来的30分钟里,谢丽尔一边一儿点一点儿 地做着项目,一边一口一口地从马克杯里啜着酒。酒还可以,没什么特别之处,比不上她家里的那瓶。

谢丽尔离开办公室的时候,又碰上了布莱恩,她扔给对方40美元——寿司钱和酒钱。"够了吗?"

"足够了。是不是很棒?你知道吗,它的原材料是——"

"是的,挺好的。周一见。"

那个周末,谢丽尔和丈夫瑞克在劳雷尔大街附近溜达,他们来到一家最近很热门的餐厅大龙咖啡，这名字听起来像是某种法国机枪——Peu Peu Peu（砰砰砰）。他们的朋友已经到了，于是，他们溜进了等候席。

"噢，天哪，看看这菜单，太漂亮了！"

"我就知道，没错吧？我听说这里的每道菜都很好吃。"他们的朋友珍妮弗表示同意。

谢丽尔一边浏览着菜单，一边低声说道："噢，看看这个，选自当地老山羊奶，手工制成奶酪，加以喂养草食长大的牛的肉，混合从花园中新鲜采摘的带着藤蔓的番茄，辅以绿色蔬菜，千里挑一的洋葱，混合特制封存的香料，原材料进口自世界各地，经专家分析确认，神秘黑暗风小酒馆特供。"

"听起来挺有趣。"瑞克说。

"依我看，这就是一份昂贵的芝士汉堡。"比尔·沃森咕哝着。

两对夫妇聊了几分钟，直到侍者过来，给他们念了像是莎士比亚的现代独白一般的今日特别菜品。比尔·沃森指着菜单，让侍者解释一下什么叫"特别的房子"（原文法语）。

"就是'特别的房子'（英语），先生。"

"我知道字面意思，但它到底是什么？"

"嗯……"侍者清了下嗓子，"掌勺的大厨不管是在这里，还是在他的故乡法国都很有名，他每一季都会给顾客带来别具风味的美食盛宴。"

"好的，所以它到底是什么？"

"嗯，现在这个季节，是原汁原味的牛里脊，它选自成长在空气、阳光和水分都十分充足的大草原的牛群,从出生开始,一直到被搬上餐桌,每一步都有人悉心料理。"

"嗯,我还是要有奶酪的那个好了。"

之后,又来了一位侍酒师,他递给瑞克一份酒单。那是一本很沉的册子,印刷精美。瑞克并不是品酒方面的专家,于是他问对方有没有什么推荐。

"嗯,2010年黑比诺酒庄的酒很出色,而且很特别,也很罕见。那年夏天,法国南部的降雨使得地下水上涨,大多数葡萄园的地表都堆积了不少沉淀物,这让葡萄更加饱满而坚实。那年的葡萄采摘,比往年晚了整整144小时,在群山之风与淡水的滋养下,这批葡萄酒享誉全球。从味觉上来说,它无可挑剔。"

众人低声予以肯定。"听起来不错,那就这个吧。"

侍酒师拿了酒折回来,往瑞克的杯子里倒了一点儿。瑞克拿起杯子,将它放在光线下看了一会儿,他又将杯子轻轻地摇晃,微微啜了一口,闭上了眼睛,他抿起了嘴巴,让酒在口腔中流动,并小心翼翼地活动着面颊。他咽下了酒,停顿了片刻,然后点头示意,让侍酒师给所有人的杯子里都倒上。接着,他们一起举起了酒杯,瑞克说了祝酒词,杯盘叮当作响,每个人都开始吃了起来。

他们一起尝了那天的特别开胃菜。"这是我们店的招牌——滑熘龙卷。纯手工制作,主厨精挑细选,添加各种新鲜鱼类,鲑鱼、多春鱼、黄尾鱼、金枪鱼,辅以飞鱼籽、葱、用大豆调过味的海草、黄瓜、鳄梨、坚果,再用银质钳子处理和装盘。"

187

"嗯……"

"妙极了。"

侍者拿来了账单。红酒、龙卷、花哨的芝士汉堡，一个充斥着欢笑和夸张故事的夜晚，所有这些加在一起，每对夫妇150美元。他们都觉得这划算极了。

这是怎么回事？

以上两个不同的情境，向我们诠释了语言改变价值的魔力。语言可以重塑我们对各种事物的感受。语言可以使得我们更关注自己购买的东西，并将我们的注意力引导至这段经历的某些特定部分。它有助于我们更好地享受某段经历。当我们从某些事物中获得更大的乐趣时，不管是在实际消费体验上，还是在对它的语言描述上，我们都会更加重视这件事物，并愿意为它花更多的钱。其实，事物本身并没有任何变化，但我们对它的感受发生了变化，我们的支付意愿亦是如此。语言并不仅仅是用来描述我们周围的世界的，它还会影响我们所关注的事物，影响我们最终是否能享受一件事物。

还记得谢丽尔在办公室里漫不经心吃下的寿司和喝下的红酒吗？当场景切换到餐厅里，当侍者对同样的食物和酒水予以详尽的描述时，她沉浸在对方的语言中，于是，在她看来，那些东西的价值就变高了。同样，如果她在餐厅里只是吃了一个"芝士汉堡"，而不是"选自当地老山羊奶，手工制成奶酪，加以喂养草食长大的牛的肉",她可能就不会那么喜欢,也不愿意支付那么多钱了。

当然,我们在和朋友一起吃饭的时候,不可能还面对着电脑屏幕和笔记备忘,这件事本身就有附加价值。我们都得为此埋单。在这种情形下,我们会更加享受食物本身,也更乐意为它掏钱。食物被描述得越别具一格,我们享受食物的体验就越好。语言的神奇魔力能够改变我们对食物的看法,使食物本身得到一个符合其描述的价格。

说到创造价值,餐厅环境(奢华)、社会状况(好朋友们),以及对食物的描述(所有的这些后现代术语)都提升了我们对这段经历的感受。

我们应该清楚地认识到,这种语言是整个场景中最强大、最能提升整体价值的组成部分。语言不会让座椅更舒适,不会让香料更美味,不会让肉质更柔嫩,也不会让公司更讨人喜欢。客观说来,如何描述一件事物并不重要。汉堡还是汉堡,褐砂还是褐砂,丰田还是丰田。措辞内容的长短或风格不会从根本上改变一件事物。我们得到的,要么是汉堡、褐砂和丰田汽车,要么是鸡、公寓和福特。我们是在不同的事物之间进行选择,不是吗?

但实际情况,并非如此。从关于决策的早期研究中,可以清楚地发现,我们并非是在各种事物中进行选择,而是在对它们的描述中进行选择。这里面涉及了语言对价值的转换魔力。

语言将我们的注意力引至一件产品或体验的某些特定属性上。假设有两家相邻的餐厅,其中一家售卖"脱脂量80%的牛肉"汉堡,隔壁的那家店也有类似产品,只不过,它的名头是"含脂量20%的牛肉"汉堡。情况会怎样呢?数据显示,这两种对同一汉堡的不同描述方式,会使我们对这两者的看法完全不同。脱脂量80%的汉堡聚焦于"脱脂"部分,这就将我们的注意力放在汉堡的健康、美味和令人满意的部分。而含脂量20%的汉堡只会将我们的注意力引向它的含脂量,因此我们就会考虑,它是不健康的。后者会让我们觉得,汉堡很可恶,我们会转而查找素食主义者的食谱。我们更喜欢"不含脂"的汉堡,也乐意给它付更多的钱。

唇齿轻启,宛如打开了某个开关,我们所接触的景象和内容也变得大为不同。我们之前也看到,人们愿意靠当前收入的80%过上退休生活,却不愿意减少当前收入的20%去退休;当我们听到募捐人员将一笔捐款划分计算到每天只要几美分时,我们愿意慷慨解囊,而同样的一笔钱,如果是以一年多少美元的形式呈现出来,我们就又不愿意掏钱了;200美元的"回扣"让人愿意把钱存进银行,而200美元的"奖金"则能促使人们选择去巴哈马群岛度假。收入的80%,慈善捐款,以及200美元,不管被冠以何种描述,它们的金额都是固定不变的,然而,产品或服务的具体描述还是改变了我们对它的感受,而且,我们应该也发现了,它还改变了我们的实际消费体验。

说到语言对人心理的操控和暗示,不得不提一下酿酒师。他们创造了一套独有的语言,使用诸如"单宁""复杂度""质朴度""酸度"等词汇来形容酒的口感。还有一些被用来描述酒的酿造过程及其动态的术语,比如我们轻轻摇晃玻璃杯时酒的"腿"。人们是否能区分或理解这些术语的区别或重要性,我们不得而知,但很多人会表现出自己很懂行:我们小心翼翼地倒酒,慢悠悠地摇晃,我们将酒对着光线,仔细观察,我们温柔地予以品尝。当然,我们愿意给一瓶被介绍得很优美的酒支付更高的费用。

一方面,为描述一瓶酒及其酿造过程的内容支付更多费用并不合理:语言没法改变产品本身。但另一方面,我们又的确从一瓶形容优美的酒中获得了更多东西。也就是说,语言能改变我们对一瓶酒的感受和饮用体验,它虽然没有从根本上改变瓶中的那些液体,但还是对我们影响颇深。语言给我们讲了一个故事。我们倾听着,从开瓶到倒酒,从端起杯子到轻嗅香气,从咽下到回味,我们喜欢这瓶酒的故事。于是,这瓶酒对我们来说,就有了更高的价值,我们的饮用体验也相应地变得更好。

所以,虽然语言没有改变产品本身,但它改变了我们与它之间的交互方式,也改变了我们对它的体验。比如说,语言还能让我们放慢脚步,去密切关注自己当下正在做的事。即便我们拥有世界上最好的一瓶酒,但我们如果像谢丽尔那样,坐在电脑前,一边工作,一边心不在焉地喝着它,又能享受几分?反之,如果我们有一瓶不那么好的酒,但我们思考着,回忆它的酿造历史,品尝着它,仔细审视着它,珍惜它,那么,尽管客观上,它不算一瓶好酒,但我们还是会从中收获更多的价值,可能比客观上的好酒价值还要高。

与上文的酒业一样,咖啡行业也开始雇用创意写手来增加产品的语言环境,从而提升其价值。至少,看起来如此。我们会听到诸如"单豆咖啡"、"公平交易咖啡"、"在猫肠里自然压过的咖啡"、"猫屎咖啡"（你不会想知道具体是怎么一回事的），以及"当地居民世世代代悉心照料被阳光亲吻过、被眼泪浇灌过的咖啡"。最后一个不是真的，但人们很容易相信它，因为对于我们的中杯、大杯、超大杯，每一颗咖啡豆都有一个漫长而戏剧性的故事。随着故事中细节的增加，我们愿意为其支付的费用也相应提高了。

　　巧克力商家也紧随大流，推出了所谓的单豆巧克力（我们也不知道为什么孤独的豆子就能做出更好的食物，但看起来，消费者还挺喜欢这种东西）和其他日益昂贵的产品。在英国，有一家公司为了迎合巧克力狂热爱好者的需求，开创了一种订阅服务，让用户享受沉浸式的巧克力体验。当然，它是收费的。（谁不认为自己是个巧克力狂热爱好者呢？）

　　这种语言趋势能走多远？不知道创造"单牛牛奶"的前景如何，是否会有市场。我们在餐厅就餐的时候，能不能请菜单撰写者谈谈明尼苏达州贝特西的性格——我们点的那杯拿铁，加了这头牛在那个夏天第二周的周五第三次挤出的奶。顾客是不是得花上更多时间，才能知道贝特西妈妈挤出的奶曾经被做成一个冰激凌甜筒，而吃掉这个甜筒的人正是美国第42任总统，或是贝特西曾经乘坐全美第一辆混合动力拖拉机才到了明尼苏达州。它的爱好有：吃草、晒太阳、独自待着。当侍者讲到"顺滑""乳糖相关黏度""牛肉纹理"这些词汇时，顾客会不会想要看一下贝特西的照片呢？因为贝特西住在一个圆形的农场里，所以我们建议大家，可以用高大的、磨砂的、手工制作的玻璃杯装满她的珍贵牛奶，先晃一下，再把饼干泡进去。13美元，谢谢。

正如我们所见，语言会改变我们对各种商品、服务以及体验的价值感观。经过数个世纪的争辩，我们终于证明了朱丽叶·凯普莱特的理论是错的：玫瑰即使换个名字，也依然芬芳。

消费升级

我们对一个事物享受与否，不仅源于它给我们的感觉——食物的味道、汽车的速度、歌曲的声音，也离不开当时脑中的想法，两者加在一起，造就了这个事物带给我们的整体体验。我们可以称之为"消费体验"。

语言可以增加也可以降低消费体验的质量。这也是它为什么能够强烈影响我们对一个事物重视程度的主要原因，像是巧克力、酒或是原生态汉堡。有一种重要的语言类型称为"消费词汇"。当我们使用特定的术语来形容某段体验，比如酒的"酒香"或被子的"纹路"时，消费词汇便应运而生。它会引发人们的思考，使人更关注这些特征，从而放慢脚步，以一种不同的方式享受这段体验，再以一种不同的方式感受这个世界。

对厨师招牌菜的一分钟描述，不仅会让我们在那一分钟内的注意力集中在那道菜上，还给菜增加了意境和深度。它使得我们聚焦于菜的色香味，让我们以一种细腻而复杂的方式去看待整道菜。我们可以想象，自己寻找食材、咀嚼、细闻或切碎的每一个步骤。为了这次体验，我们的思想和身体做好了万全的准备。当一段体验得到语言的支撑，当语言融入某段体验时，体验本身就会有所改变和提高，我们对它的重视程度亦是如此。

谢丽尔和瑞克在倾听侍者描述招牌菜和酒时，越来越沉浸于这些事物中；他们也逐渐意识到，那些东西将会给自己提供怎样的特殊品质，以及自己将会体验到怎样的愉悦和价值。

举一个根本算不上健康食品的例子，麦当劳。它曾经在广告中用一首歌列出了自己招牌产品的所有成分："撒着芝麻的圆面包里，有两块全牛肉饼，特制酱汁，生菜，奶酪，腌菜和洋葱！"在这30秒内，我们能想象到自己将要吃到的每一种食材。商业广告，同它的表哥电视广告一样，先将一段经验细分瓦解，然后让我们想象一口下去，7种不同的味道在口腔内蔓延的感受。各种口味的混合和简单的一个"汉堡"，哪个听起来更吸引人呢？

撰稿人使用消费词汇来突显他们希望我们在某段经验中重视和忽略的部分。不要多想这些运动鞋的价格，也无须担心自己是否能成为一个真正的运动员，"Just Do It"（耐克）。迫于社会压力刮胡子只是为了让自己看上去干净利落，这事存在一定的风险，但是忘掉这种风险吧，使用我们的剃须刀会让你成为"最好的男人"（吉列）。即使，你破产了，"人生中有些东西是无法用钱买到的。至于其他一切，交给（万事达信用卡）"。也有不那么精细的消费词汇范本，像"一杯可乐，一个微笑"，"令人吮指回味"（肯德基），"味道好，添加少"（米勒淡啤），"我就喜欢"（麦当劳），以及直接而有导向性的"只溶在口，不溶在手"（M&M's巧克力豆）。

杰夫曾经在纽约时代广场的一家欧洲咖啡馆里看到一些古怪

排列的消费词汇。蜡纸印刷的标识将"放松""微笑""舒适""大笑""享受""芳香""口味"这些词植入顾客的思想之中,这些词汇表达了咖啡馆想要让顾客体验到的感受,这样顾客才会更重视自己的每次到访。从顾客愿意掏 3.5 美元来买一小杯咖啡来看,这是有用的。也许在哪个地方,更有效的标识是:"别管出租车的喇叭""尽量别用鼻子呼吸""不要从没穿裤子的男人那儿买戏票"。

当消费词汇所描述的,不仅是我们即将消费的事物,还有其生产过程时,我们就会更加欣赏这一事物(还记得努力和公平的效应吗),这进一步增加了它在我们眼中的价值。凭借与语言的接触,我们也逐渐沉浸在产品的优点中。还记得禀赋效应吗?仅仅是拿着一个东西就能通过虚拟所有权来增加它在我们眼中的价值。所以,花些时间更好地理解和欣赏某样东西的构成——宜家的桌子或一顿美食,说不定也能增加它在我们眼中的价值。

有趣的美味

餐厅使用语言描述过度的趋势没能逃过专业嘲弄游戏者的注意。我们最喜欢的两个菜单,一个是虚构的 Fuds(www.fudsmenu.com/menu.html),另一个是布鲁克林酒吧菜单生成系统(www.brooklynbarmenus.com),这两者都会基于最新的潮流热点,随机选择一些单词组成一个完整的菜单。

作为一个纽约人,杰夫可以拍胸口保证,这两个菜单听起来和很多人气餐厅一本正经地胡说八道的真实菜单并无二致。

佐以盐和黄油的精致酸橙拼盘烤串	14
小竹荚鱼配苹果酒和火腿	16
羊肉配法式酸泡菜肉馅煎蛋饼	14
冬季无花果配蛤蜊	14
米饭饼	11
摊朝鲜蓟	18
受惊的酒	12
海盐黑麦	10
擦拭骨髓,沙丁鱼配贝类豆子鞑靼牛肉	14
水馅饼配斜坡投掷	14

遗憾的是,这些并不是真正的菜品,但难道你不想尝试一下受惊的酒吗?也许配上一片米饭饼,再来个斜坡投掷?

看似公平的文字

语言描述会严重影响我们对事物的价值评估,它还有另一个作用:传达努力和公平。正如我们所见,形容努力程度的术语尤为重要。诸如"手工""手工制作""公平交易""有机"等词汇,不仅可以用来表现事物的创意性、独特性、政治立场和健康性，也可以用来表示额外的努力。"努力"术语告诉我们，一件产品中融入了大量的劳动力和资源，它也含蓄地暗示我们，这个产品的价值要比同类型的其他产品更高。这些文字增加了价值。

我们是希望花更多的钱去购买采用了历史悠久的制作工具和制作方法、小批量生产的奶酪呢，还是花少点儿钱去购买机器流水线下大量生产的类似产品呢？显而易见，小批量奶酪的制作需要耗费更多的精力。因此，它的价格也就更高，我们可能也愿意付更多钱去购买它。但是，如果不是语言引起了我们的注意，我们甚至可能都不会意识到两种奶酪之间的不同。

语言的努力无处不在。随处可见。奶酪、酒、围巾、公寓。所有这些都是工匠手工制作的艺术品。有"工匠公寓"和"工匠牙线"（真的）。杰夫有一次在乘坐飞机时遇上了不稳定气流，于是他就想随便翻翻飞机上的杂志，转移自己的注意力，安抚自己。结果，他读到一个关于手工月光的故事，这让他感觉更糟了。"手工"指的是"工匠制造"，而不是巨大的工厂流水线。从定义上来看，月光是手工制作的蒸馏威士忌。"手工"这个词没有传达出任何额外的含义（或价值）。它只不过是在冗余地重申同一件事而已。

类似"工匠"这种无处不在到令人厌烦的词汇，其存在的作用到底是什么呢？它的含义是，一个技术娴熟的人手工做出了一件产品，从其定义看来，任何东西，只要是手工制作的，就需要耗费额外的精力。因此，就应当收取额外的费用。想象一下所有能暗示过程复杂程度的术语——努力启发法，侍者用它来描述早些时候谢丽尔在办公桌前吃下的没有任何描述的同样的东西。

分享正在盛行

"分享经济"这个短语怎么样？诸如Uber、Airbnb（爱彼迎）和TaskRabbit（跑腿兔）这样的公司其实都属于"分享型公司"，这一短语以积极的方式定义了其服务内容。谁不喜欢与他人分享呢？谁又不欣赏那些公司所做的事呢？对于受过良好教育的人，有谁会否认分享是一种人类的美德呢？谁会这么想？没人。

"分享经济"这个词会让人联想到人性善良的一面，这也使得大部分人更加重视其服务内容。当然，语言并不会将人们的注意力引导至其消极的一面。"分享"让一切看起来都大公无私，就好像同意自己的小妹妹玩我们的乐高，或是捐一个肾给孤儿一样。但情况并非总是如此。实际上，有反对声音认为，分享经济的兴起是没能提供全职工作、收益状况不佳、安全难以得到保障的劳动市场的副产品，它退回到工人保护的水准，并利用了"自由无责任的国度"，而这个词汇本身就是帮助我们美化失业的另一个术语。但我们都很喜欢更方便地搭车，不是吗？

有些公司被指控有漂绿自己产品或不动声色美化产品的嫌疑，因为这样一来，它们就可以自称为环保型企业了。还有一些公司，被指控存在粉化行为（像声称为了专业女性健康的乳腺癌游说组织者苏珊·G.科门那样，花钱去买证书），因为它们知道，如果公司花费额外的精力让世界变得更好，顾客也愿意花更多钱去买它们的产品。优秀的营销人员非常擅长利用语言去表达一种精彩的感觉，即便对于"绿色"、"公平交易"或"有利于婴儿、树木以及海豚"这些说法，并不存在任何严格的界定准则。任何人都可以创建一个组织，雇用一名平面设计师，让他制作一个标识，再在所有产品上都打上这个标识。然后，你就得到了"健康明智之选"、"环保"或是"理事会认证，能让你快乐的好东西"。（注：顺便说一下，你现在读的这本书就是经由理事会认证，让你的生活更美好的"万里挑一"的东西。恭喜你，做出了明智而健康的选择。）

关键在于，语言给我们提供了一扇窗户，让我们能够看到想要看到的努力，这种努力所表现的是公平和质量。反过来，对公平和质量的看法就成了价值的衡量标杆。在从语言到价值这条漫长而充满险阻的路上，我们随时都可能被绊倒。

"神职效应"

语言不仅可以营造努力和值钱的感觉，它还会让我们觉得使用这些术语的人十分专业。想象一下，我们在医疗保健、金融和法律行业看到的情况。我们这些外行人并不清楚他们口中的那些词汇是什么意思——内侧副韧带、担保债务凭证、债务人监狱，而且往往也无法辨认他们到底写的是什么。晦涩难懂的语言给人一种专业的感觉。它提醒我们，对方所掌握的知识比我们多，他们一定兢兢业业、努力颇久才掌握了这么多知识和技能，现在，他们正在用一种格外复杂的语言将那些内容展现在我们面前。因此，它们一定十分宝贵。

这种对语言的使用带来了作家约翰·兰彻斯特所谓的"神职效应"——利用精心准备的形式和语言去蛊惑人心、装神弄鬼、恐吓威胁，结果，我们就会觉得不确定自己究竟在谈论什么，但只要我们还在使用这些专业人士所提供的服务，我们就逃不出他们的掌心。

再想想侍酒师用尽复杂而如诗般的词汇对酒的描述，它很吸引人，但对于那些对雨水、收成以及单宁一窍不通的人来说，这也是一种困惑。它之所以听起来特别，是因为那是只有专业人士才能理解的内容。幸运的是，对我们来说，他们来之不易而又晦涩难懂的专业性使得我们能够从中获益。

在这种情况下，缺乏透明度反而会增加价值。酒的制造，或其他任何外行人难以理解的生产过程，都会隐隐约约给人一种复杂的感觉。尽管这种感觉可能毫无缘由，但它却影响着我们对一段体验本身的感受。

以"上"为"下"

我们可能会觉得，一段引人回味的描述只会逐渐改变体验的价值，比如说，谢丽尔花了150美元而不是40美元去吃晚餐。但实际上，丰富的、具体的、感官上的描述能够对体验的价值造成翻天覆地的变化，谢丽尔愿意花150美元在餐厅里用餐，而在办公室里，她花在吃饭上的钱是40美元。此外，这种描述甚至可以决定我们是否要给某样商品或服务付费或收费。

在马克·吐温的名著《汤姆·索亚历险记》中，汤姆得帮姨妈把篱笆刷成白色。当他的朋友嘲笑他怎么总是在工作时，汤姆回答道："你把这个叫工作？"、"有几个男孩能每天有粉刷篱笆的机会？"以及"波莉姨妈对篱笆可讲究了。"他的那些朋友听完这番话后，觉得粉刷篱笆是一件快乐的事，于是他们争相体验这种乐趣，紧接着，他们甚至把自己最喜欢的私人物品送给汤姆，以获得粉刷篱笆的特权。

在这一章节的最后，吐温写道："要是汤姆和本书的作者一样，是一位伟大而聪明的哲学家，那么他现在就会懂得一个道理：工作，是孩子必须得去干的事，玩呢，并不是非玩不可。英国那些家财万贯的绅士，到了夏天，会每天驾着四匹马拉的马车，赶上二三十英里的路，因为他们有的是钱，所以才能享受这份特权；要是让他们给人驾车收工钱，就成了工作，那他们肯定不愿意干。"

语言能起到变革的作用。它可以将工作中的痛苦转变为快乐或兴趣，并能够让这些变化朝着任意一个方向发展。杰夫声称，他每次给《赫芬顿邮报》免费提交东西的时候，都要想一遍汤姆粉刷篱笆的故事。杰夫一直认为，创办人阿里安娜·赫芬顿是有史以来最伟大的篱笆粉刷者之一：她这么做，既成功地提供了"曝光度"，又在此过程中展示了语言的神奇力量。

形式也创造价值

形式是如何融入这一切的？瑞克摇晃着杯中的酒、抿起嘴唇、祝酒干杯,这些行为会让酒变得更美味吗?实际上,的确如此——而且其影响程度要比我们想象的还要高。

任何一件产品或一项服务,其描述性的语言和消费词汇往往都惊人地一致。它建立在自身的基础之上,一般不会变来变去。每一件产品的全新体验,总会让我们想起一些固定术语——红酒的香气,奶酪的质地,牛排的纹理。除了之前已经讨论过的语言的增值优势之外,这些术语的一致性——我们如何使用并重复它们,它们又如何提示我们的行为方式,创造了各种形式。

形式让一段同过去以及未来彼此相似的体验联系在了一起。这种联系使得这段体验成为延续过去和迈向未来的传统的一部分,因而赋予了体验更深的意义。

大多数形式源于宗教信仰。生活中存在着一些宗教仪式,比如犹太教的人会戴着圆顶小帽,伊斯兰教的人会数串珠,基督教的人会亲吻十字架。是的,所有这些仪式行为都有着特定的流程和描述。他们将人同过去的行为及其自身历史相连。但最重要的是,它们是一种能传递出更多意义的象征——一种更高的秩序感。与形式相关的任何东西,都变得比其本身更加有价值——无论是祷告,还是一杯酒。

请记住,愉悦的感觉源于我们从外部产品或服务中获得的体验,也来自我们大脑的感受。形式和语言一样,提高了我们的消费体验,它通过强化和过去体验的关联感,以及创造一种意义感,来增加我们的乐趣。在这个过程中,形式的存在让我们觉得，有了这种形式的东西更加值钱：一块寿司，或者一杯红酒，凭借我们在消费它时所采取的行为、所做的动作，可以使得它看上去"更加昂贵"。

凯思林·沃斯、王亚金、弗朗西斯卡·吉诺以及麦克·诺顿曾经研究过形式。他们发现，形式可以增加乐趣、愉悦、价值，当然也包括支付意愿。作为其研究对象的幸运参与者，每人都被分到一块巧克力，他们可以直接吃掉，也可以以特定的方式先掰开再剥开，然后吃掉。那些以特定的方式掰开和剥开的人，从本质上说，其实是在消费之前进行了某种形式过程。这虽然没什么意义，但也是一种形式。同样，还有两个小组的人被分到了胡萝卜，他们也被告知，可以直接吃掉或是先进行某种形式过程，包括轻敲指关节、深呼吸、闭上眼睛，之后再吃掉。从科学角度来说，没能想到"先咬一口再发问：'怎么了医生？'"这种形式真是太糟糕了。因为感觉这会是个很棒的形式……当然，这是从科学角度来说的，并不是为了取乐。

他们发现，那些进行形式过程的人更加享受这次进食体验。胡萝卜和巧克力都是如此。形式强化了体验和乐趣，无论是在实际体验之前还是之中。增加乐趣当然是一件值得的事，不是吗？还用问吗？在验证"支付意愿"时，他们发现，那些吃了形式化巧克力的人，也愿意支付更多的钱，并且认为自己吃到的东西更加"美味"。

形式并不仅仅是古怪的敲打节奏或奇妙的呼吸方式。一段体验中的任何一种行为和方式都可以成为形式。举杯祝酒，握手，谈论慈悲或是掰开奥利奥饼干并舔掉中间的奶油——这些以及其他种种形式都有助于我们聚焦当下,更加关注此刻所经历的体验、事物或消费行为。

我们在消费过程中的种种形式让这段经历变得特别。我们更加融入其中:它成了一项更大的投资,更加密切地和我们的生活以及经历联系在一起。我们也通过形式获得了掌控一切的感觉。我们开始熟知某种活动。当我们赋予其各种形式时,它就变成了我们自己的东西。我们在主宰着它,这也就增加了它的价值。

形式让食物看上去更加美味,让事情看上去更加特别,让生活看上去更有情调。它们让经历更加珍贵。形式同消费词汇一样,使我们驻足,使我们聚焦于当下正在做的事。它使我们更多地参与到消费中,从而也就增加了我们的消费乐趣。但形式比消费词汇更厉害的一点在于,它会融入我们的某些活动中,牵涉某些具体意义。在这个过程中,几乎没有它不能加强的体验。

我们平常可能只会喝一杯酒,但如果有形式的存在,我们在喝酒的那一刻就会感受到更多的乐趣和愉悦。两瓶完全一样的黑皮诺酒,将其中一瓶倒在咖啡杯里,另一瓶倒在水晶杯里,再轻轻摇晃,举到光线下,啜至舌尖,在口中回味——瑞克会觉得哪种更珍贵?我们愿意为哪种花更多钱?瓶子和里面的酒完全一样。它们应该被予以相同程度的重视。但事实并非如此。我们更看重形式化的酒!从经济学角度来说,这种消费行为当然不合理,但它无可厚非,甚至在某些情况下,是喜闻乐见的。

再说几句

若我们怀疑形式和语言是否真的会对消费产生强化作用，不妨先试试将捣碎的豌豆正常地喂给小孩。（注：诺顿认为，几个世纪以来，父母总是假装一勺豌豆是"一架即将着陆的飞机"，以此来让它显得更美味、更诱人。）然后，再以一种不同的方式去做这件事：告诉孩子们，勺子其实是飞机，它们就要降落了。将你的胳膊在空中飞舞片刻。发出螺旋桨般的嗡嗡声！冲啊！冲啊！冲啊！这让我们看起来像个神经病，但我们知道，即便是最难搞定的小孩也宁愿吃掉一架小飞机，而不是一勺子绿色糊状物。如果我们认为成年人愿意吃什么和吃一样东西的意愿程度不会受到外在表现的影响，不妨去一家日式烧烤餐厅或神秘谋杀晚餐剧院，或是在看狂欢必点的电视节目时，停下来检查一下自己脸上到底是怎样的表情。

我们人类想要相信，我们的食物是美味的，我们的投资总会得到回报，我们可以做成一笔划算的买卖，我们可以成为百万富翁，我们将要吃掉飞机。如果这是语言和形式告诉我们的，那么我们便会暂时打消疑虑——至少在某种程度上是这样的。我们将会体验到自己想要经历的东西。

形式和消费语言让我们觉得事物比客观上的本身更有价值。这两者的神奇之处在于，它们改变了我们的体验，小到日常购买各种产品，大到做出种种重大决策，诸如婚姻、事业，以及如何和周围的世界相连。

11 期望扭曲

文尼·德尔·雷伊·雷喜欢美好的生活。狂飙的汽车,热卖的产品,快乐的时光。他自认是个梦幻事物鉴赏家。他位于每种趋势的顶端,先于每种曲线,突破每个界限。如果某个东西被冠以"最好"的标签,文尼就会想尽一切办法得到它——然后,夸耀它。事实上,如果某个东西名声不那么好,他甚至连碰都不愿意碰。他不是超级富豪,但他也有点儿钱,他不会用低劣的产品或服务浪费自己的人生,他还是负担得起这些。

他穿着最好的阿玛尼西装,这让他感觉良好,而且看起来也不错。他多了些成功人士的感觉，作为一名商业地产交易人士，这很有用。

今天，文尼开着自己的新车去签一份房地产交易合同。那是世界上最好的车——特斯拉S款，零排放，速度快，外形惹眼。文尼每年或每两年都会租一辆全新的豪华轿车。他在正式上路之前，详尽地阅读了关于S款车的所有说明，只不过，卖给他的这辆是试驾款。他能感受到车的动力、手感和控制，这些内容他已经读过许多遍。他能看到他人注视的目光，听到他们的窃窃私语，这正是他一直以来梦寐以求的东西。这辆车简直就是为他量身打造的。

文尼坚信，自己是整个谷中最优秀的房地产谈判代表。哪个谷？所有的谷。今天，他将要和理查德·冯·斯特朗谈笔买卖，理查德是一个宛如冲击波般恶名远扬的成功人士。文尼向来沉着冷静，寡言少语，镇定自若，但这一天，他头痛得厉害。他把车停放在路过的第一家便利店附近的停车场里。

他走进了便利店，想要找些特效泰诺。店里不出售这种药。"试试这个，开心农场对乙酰氨基酚，"店员推荐道，"和泰诺一样，而且还更便宜。"

"什么？你在开玩笑吗？别给我那种廉价的仿冒垃圾，根本没用，必须得泰诺才行。不过，还是谢谢了。"

文尼回到车上，又往回开了几公里，终于买到了特效泰诺，他就着一瓶3美元的维生素饮料服了药。

文尼停在一家豪华酒店前，冯·斯特朗所有的会议都在这里召开。因为总喜欢租下顶楼套房来震慑对手，冯因此臭名昭著。文尼的脑袋隐隐作痛。他按摩了几下，在经过开放停车位时，将钥匙交给了代客泊车人员，他强忍着巨大的痛苦，告诉柜台后面的少年，S款是同级车中的佼佼者，就像他梦想中的火箭飞船一样，并且同样拯救了这个星球。

搭乘电梯的时候，文尼收到了助理发来的信息。冯·斯特朗似乎因为紧急情况而赶回家了，他的生意伙伴格洛丽亚·马什将会代他出席。文尼做了个深呼吸，放松了一下肩膀，掸了掸丝绸西装，他感觉他的头痛没那么严重了。

对于这次谈判，文尼不再紧绷着一根弦，他觉得格洛丽亚不会像冯·斯特朗那么强硬。他热心地听取了格洛丽亚的第一个提议，因为很显然，她并非那种可以糊弄应付的类型。文尼为了应付冯·斯特朗做了万全的准备，但现在，他面对的是一个更厉害的对手。文尼毫不担心，格洛丽亚遇上的不是最好的文尼·德尔·雷伊·雷。今天不行。最后，他达成了交易。虽然条件没有他希望从冯·斯特朗那里得到的更好，但他依然很满意。

他离开了会议室，给助理发了条短信，让对方去找一瓶最好的酒，然后跳进他的S款车里庆祝一番。

这是怎么回事？

文尼的故事让我们看到了期望是如何扭曲我们的价值判断的。文尼想让自己的车开起来、看上去以及感觉上都比其他任何车要好，所以他花在买车上的钱比预期没那么高的人要多。文尼期望能用泰诺缓解自己的头痛，而不是使用其他含有同样化学成分但没听过的牌子，于是，他也花了更多的钱。他原以为自己的对手是一个更加难以应付的男人，而非女性，他也为此付出了代价。

如果我们研读过股票市场，就会遇见"预期"这个词。股票价格反映的，往往是建立在分析师预期基础之上，公司的相对表现。像苹果这样的公司可能会在股票升值 1/4 时就赚得 70 万亿美元，但如果分析师预估其收益能达到 80 万亿美元，那么万一它之后"没有达到预期"，股价就会跟着下跌。这样相对于预期，有些人就会说，苹果表现不佳。

但是这里也存在一个很容易被忽视的陷阱。正是因为分析师的预期，股价才得以暴涨。分析师期望苹果表现良好——80 万亿美元，于是就觉得公司越发有价值。我们的大脑对于种种经历的处理，亦是如此。

同公司股票一样，我们自身的价值观也会受到最信赖的分析师的预期值的影响——也就是我们自己。如果我们期待某样东西非常棒，我们就会觉得它更有价值，但如果我们没这样想，也就不会那么重视它。我们希望精致的水晶杯里的酒会比有裂缝的马克杯中的酒更好喝，我们也愿意为此付钱。这是事实，即便其本质完全一致。

大脑在我们对事物的体验方式上，起着至关重要的作用。

未来是不确定的，我们不知道会发生什么事。即便我们知道一个总的计划，明天，我们会在 6 点 30 分醒来，冲个澡，拿杯咖啡，去上班，回家，亲吻我们的亲人，睡觉，我们不知道这其中所有的细节，不知道所有无法预料的波折。我们会在列车上遇到高中时代的朋友，我们会把办公室的生日蛋糕打翻在裤子上，或是在复印间同马维斯一起感受到了意料之外的性紧张……

幸运的是，大脑正在努力为我们填补一些空白。我们利用自身的知识和想象来预测未来经历中的种种细节。这正是期望所做的事，期望给未来自身的黑白影像增添了几抹色彩。

我们的想象力强大到不可思议。伊丽莎白·邓恩和麦克·诺顿曾经让读者想象自己在土星（真的）的轨道上骑着独角兽的画面，之后，他们指出，"人类之所以能够想象出这种惊人而不现实的活动，归功于人类自身的魔力，这也验证了，在脑海中，几乎没有我们去不了的地方"。

将我们对未来的想象描绘成一个有着各种断口、裂缝和空隙的表面。这些空隙可以用名为期望的糊状物加以填补。换句话说，我们的思想借由期望来完成我们对未来的想象。我们的思想非常厉害。但羞于言表的是，我们中的大多数人，脑子里住着的都是一位美国中型城市的家庭主妇。

远大期望

期望改变了我们在两个不同时期的经验价值：在购买前（或者我们可以称之为期待期）以及实际经历的过程。这两种期望类型，虽然其根本作用各不相同，但都很重要。当我们期待某种体验时，期望会给我们带来快乐（或痛苦），同时还能改变体验本身。

首先，当我们打算去度假的时候，我们筹划着各种事项，想象着即将到来的美好时光，水果、饮料和沙滩。我们从期望中获得了额外的愉悦。

然而，期望的第二个作用要强大得多。在实际经历中，期望能改变我们对周围世界的感知。提高期望可以让一周的假期变得更加快乐，也更有价值。期望让我们更加关注经历本身，更充分地享受每时每刻。期望改变的不仅是我们的思想，也包括我们的身体。是的，当我们花时间去期待一件事时，生理机能也会相应地发生改变。典型的例子就是巴普洛夫的狗，它对食物的心理预期让它流下了口水。

当我们开始期望某件事物的时候，我们的思想和身体就会开始为即将到来的现实做好准备。这种准备能够，而且通常也确实会，影响到这段经历的实际情况。

等等，什么？期望有这么大的影响力？

期望不同于我们到目前为止所探讨过的其他心理效应，它和语言以及形式一样，不仅能够改变我们对目标价值的看法，还能改变自身经历的实际价值。我们将在本书的第三部分探究这一重要区别，届时，我们将会深入探讨如何利用我们的一些人为怪癖来为己谋利。

期望……很伟大

当我们期望一件事的时候,每次购买都会令期望增加或减少它的价值。如果我们期望某件事能带来积极的体验,我们就会为此做好各种准备,也许是微笑以对,也许是释放内啡肽,或是单纯地以更积极的眼光去看待这个世界。消极的期望亦是如此。如果我们预感到一件坏事即将发生,我们的身体也会为即将到来的负面经历做好各种准备,也许是绷紧了神经,也许是咆哮,也许是压力倍增,盯着自己的鞋子,或是强迫自己去面对这个悲惨的世界。

如果期待一个有趣的假期能够让我们从中获得乐趣,那么,当终于到达那里时,我们的实际度假体验也会有所提升。如果我们4个星期以来都在幻想自己躺在沙滩上喝着鸡尾酒的画面,这中间就会产生一种价值。如果我们将期待的乐趣附加给实际体验(4周的幻想加上一周的实际度假),我们就可以看到,期望是如何给我们增加整体价值的,它甚至超过了实际度假的时间。换句话说,度假一周所支付的费用给我们带来了5周的快乐。(有些人会说,他们买彩票的时候,其实知道自己根本不会中奖,但这件事能够带来几天的幻想时光,他们可以想象如果自己中了奖会怎么花,这是件快乐的事。)

同样,低期望也会降低一段经历的乐趣。假设我们一周后要做牙齿的根管治疗,那么,我们这周每天的心情都会被这件事影响，我们会不停地幻想各种可怕的画面，夜夜深受噩梦困扰。然后，我们终于去做了根管治疗——很痛，我们将根管治疗这件事本身的痛苦与对根管治疗的恐惧加在了一起，虽然这听起来像是某个朋克摇滚乐队的超赞名字，但它一点都不有趣。(只有今夜！根管治疗的恐惧……你知道的，钻头！)

还记得我们之前讨论的，生动形象的描述和形式是如何提升"消费体验"的吗？期望的运作方式与此类似。增强的期望改变了我们对体验本身的看法。期望作为价值线索，并没有直接和我们正在购买的物品产生联系。它并没有改变已经购买的事物，它改变的，是我们的大脑对事物的看法，于是，我们的体验也发生了改变……

期望与体验之间的联系

期望改变的，不仅是我们对事物的看法，还有事物本身的实际表现和它所带来的体验。期望的作用实实在在地存在着，它不仅影响着我们对一段经历的准备工作，还影响了这段经历给我们带来的主观和客观上的感受。

经证明，期望可以提高事物的表现，促进消费体验，改变我们的看法，从而影响我们对事物的价值评估能力以及支付意愿。同语言和形式一样，期望有助于我们将注意力集中在一段经历的积极或消极方面，这么一来，这些要素就被赋予了诸多分量。不管是源自何处的期望，都有能力改变我们的现实。

文尼期望泰诺能治好他的头痛，期望特斯拉能表现优异，于是，在体验这两者的过程中，它们也的确没有让他失望。期望卡通片足够有趣的人，会更加开怀大笑；期望政客在辩论中能够挥斥方遒的人，坚信他或她做到了；期望啤酒可能不那么好喝的人，不会像没有这种想法的人那般喜欢这种酒。

在鲁道尔夫·埃里希·拉斯培的经典名著《吹牛大王历险记》中，有一个故事，说的是传说中的英雄被困在了沼泽地里。然后，他只是简单地拽了拽头发，就把自己和马匹从淤泥中拉了出来。当然，从实际角度来说，这是不可能的，但吹牛大王相信这有用（他期望会有用），而这也的确生效了。不幸的是，我们并非虚构小说中的角色，无法用期望来大幅改变自己的身体，但它还是会给我们带来一些不同。

关于期望对我们心理活动的改变表现，存在不少研究。其中最令人惊讶、最令人不安的结果包括以下内容：

A.当你提醒女性，对方是女性时，她们就会预期自己做不好数学题，之后，在实际工作的时候，她们的表现也的确不尽如人意。

B.当你提醒亚洲女性，对方是女性时，她们就会预期自己做不好数学题，之后，在实际工作的时候，她们的表现也的确不尽如人意。但当你提醒这些人，她们同时是亚洲人时，她们会预期自己能更好地完成数学题，之后，在实际工作的时候，她们的表现也的确令人满意。

C.如果老师预期认为，班上有些孩子学习较好，有些孩子学习较差时，每个孩子的表现都会超出或低于那些期望值。这是因为，老师最初的期望已经决定了他或她自身的所作所为，以及孩子们对于自身表现的期望。

尽管这些研究更多地暗示了思维定式和偏见的影响，但从我们的目的来说，它们只是单纯地强调了期望的作用，以改变我们的精神面貌和能力。

值得注意的是，围绕着期望的强大作用，有越来越多跨文化行为的影响超出了我们的心智。从奥普拉·温弗瑞"推向世界"的请求，到"愿景板"的传播以及精英运动员对形象化的利用以及顽固信念，人们坚信，创造期望能够带来变革。我们不会评价这些特定行为的科学功效，但我们，即将成为世界畅销书的作者，主流电影制作人，以及推动地球上生命与和平的关键人物，也或多或少地有一些相信。

所以说，期望很重要，但它究竟源于何处呢？

全新的你

品牌塑造会让人觉得事物更有价值，因而也就给人带来了期望。品牌塑造很有用！！！回溯20世纪60年代，我们发现，品牌塑造毫无疑问地影响了事物的主观表现。同样的肉和啤酒，如果冠以某个品牌，人们就会觉得它的口味更好。我们再将目光转到所有的神经系统科学上，人们声称："在喝到可口可乐时，他们会觉得更开心，这个时候，他们的背外侧前额叶皮层会更加活跃，大脑充斥着与情感、文化相关的记忆。"换句话说，品牌塑造并不会让人们说出自己更享受某些事物这种话；实际上它所做的，是让这些事物在人们的大脑中变得更加令人愉悦。

在最近的一项品牌研究中，有更多空闲时间的人，也就是实验的"志愿者"，应邀试用一些产品，其中有些是很时髦的牌子，有些不是。参与者们既紧张又兴奋，他们真的相信，相比不知名的太阳镜，名牌太阳镜能挡住更多的刺眼光线，名牌耳罩也会隔绝更多声响。在这些实验中，其实所有的产品都是一样的，只不过，品牌不同而已。标签的存在切实影响了人们对每种产品的实用性感受。

我们之所以会期待产品出自名牌，可能只是为了提高期望值——这样的产品能够抵挡更多光线，隔绝更多噪声。事实上，品牌所带来的期望也的确改善了产品的客观实际表现：当我们将目光投向产品的真实性能时，我们发现，名牌产品确实抵挡了更多光线，也隔绝了更多噪声。实验的参与者宣称，自己将成为这种品牌的忠实信徒，他们将皈依神圣的品牌殿堂。他们期望冠有品牌名的产品性能更好，更有价值，而令产品本身价值增加的正是这种期望。这是自给自足的太阳镜和耳罩预言。我们也喜欢忠于自己信任的品牌。也许，我们买过好几辆同一类型的车——比如本田。我们坚信，某个品牌要比其他牌子更有价值，它毫无疑问比其他的更好，我们的判断一定错不了。迪克·威特克和拉胡尔·古哈发现，那些一直购买同一种品牌汽车的人，实际上会比首次购买那种品牌的人花的钱更多。这是自我因循①与名牌保险的结合。

品牌声誉与品牌自身息息相关，但往往会和品牌相混淆，这也造就了人们对品牌的种种期望。声誉所带来的诸多影响随处可见。

文尼之所以觉得自己选择的产品更快、更有名、更好，不仅仅是因为特斯拉、泰诺以及阿玛尼这些名称。这其中也包含着这些特定产品的品牌声誉的成分。

丹和他的同事巴巴·希夫、齐夫·卡蒙曾经做过一个实验，他们给实验对象准备了索贝能量饮料。有些人只拿到饮料，还有些人在拿到饮料的同时，还得到了一份文字说明，宣称这些饮料可以促进心理机能和解谜能力，同时附带一些（虚构的）科学论文，以支持这一说法。结果显示，所有拿到（虚构）研究论文的参与者在随后的测试中，表现要好于那些没有拿到科学证明文件的人。也就是说，附带能够解决问题这一声誉的索贝能量饮料给了志愿者一种期望，他们觉得这种饮料能够提升心理表现，这种期望实际上也的确改善了他们的表现。

1911年7月，《蒙娜丽莎》还只是一幅普普通通的画。当年8月，它在卢浮宫失窃。在当局对此展开追查的过程中，突然涌现大批游客，排队等着一览曾经挂过这幅画的地方。而在此之前，并没有多少人特地去看过它。

失窃，成了《蒙娜丽莎》价值的信号。想必没有人会去偷一幅毫无价值的画作。这一案件给《蒙娜丽莎》和卢浮宫带来了长

---

① 可返回第7章复习一下。

期价值。现在，这幅画可能是整个馆内最著名的艺术品。它的价值不可估量，由失窃带来的名声，享誉全球。

杰夫曾经就读于普林斯顿大学，这是一所"久负盛名"而"德高望重"的大学，它给杰夫提供了4年的"啤酒"和"比萨"。他觉得在那儿，自己能受到良好的教育，他可能也的确得到了，当然，他也为此支付了一定的费用。他得益于母校的声誉优势（且不论他也为此研读了多少本书），从求职面试，延续到专业网络，再到车尾派对。不同学校的不同声誉，让每个人对此产生了不同的期望，从父母双亲到招生人员，从招聘人员到相亲对象。这也不是说，声誉不值得如此，只是，大学的品牌和声誉肯定会影响到人们对毕业生的看法以及他们自己的期望。

过去是序幕

我们自身过去的经历也会塑造我们对未来体验的期望。一辆汽车、一台电脑、一杯咖啡、一个度假目的地，这些产品的良好体验会使我们将过去的经历投射到未来的潜在消费上，从而高估产品的价值。

好莱坞总喜欢重拍经典或是推出续作。（研究表明，在好莱坞的新项目中，可能有145%都是旧瓶装新酒，将以前的项目冠上全新的名称。）为什么？因为我们喜欢原作，愿意给予其票房支持。因为我们之前的共同体验都很好，大家对续作（特别是对制作方）的期望值应该都很高。至少，高到让我愿意掏15美元去看看他们是如何毁了自己的童年的。

源自过去经历的期望，存在一个问题：如果它与经历本身的分歧过大，就会令我们陷入失望。当期望与现实相差甚远，期望的力量不足以克服这种差距时，过高的期望便会适得其反。杰西潘尼的顾客期望着商品折扣，所以在没找到打折信息时，他们感到愤怒，即便现在的实际售价和之前打完折后是一模一样的。

假设有个十几岁的孩子，生日的时候从阿姨那里得到了一张25美元的礼品卡，但是这位阿姨之前送出的一直都是100美元的礼品卡。那么，这个孩子会做何反应？"她一般都是给100美元。这太糟了。我整整损失了75美元。我失去了多少在社交媒体上发布照片的机会啊！老天！"这个孩子并没有看到自己获得了25美元，他基于过去的经历产生了100美元的期望，于是，觉得收到这个礼物是个损失。

再次说明，过去的表现并不能保证未来。请把这句话告诉我们的期望。过去某件事进展顺利，并不意味着今后也会如此。牛排可能会煎过头，飓风可能会侵袭我们的热带度假胜地，如果没有惊吓元素的存在，恐怖片中的惊悚时刻可能也不会那么吓人。我们只有一次机会塑造第一印象，不管是对人，还是对事。但是，我们的期望不会如此。我们将过去的经历注入期望，渴望能以相同的经验一次又一次地应用于新的事件上。

演示和设置也会产生一种期待，这种期望有助于将感知变成现实。

将红酒倒入不同形状、不同风格以及不同材质的玻璃杯中——烈酒杯、精致的细长水晶杯和马克杯,也会改变人们对价值的定义和见解,同时还能改变红酒本身的价格。还记得谢丽尔在办公桌前用咖啡马克杯喝下的上好红酒吗?之后,她和朋友们在一家高级餐厅里又喝到了它。同样的酒,在装进精致的水晶杯中时,她会觉得更有价值。

马尔科·贝尔蒂尼、埃利·奥菲克和丹曾经做过一个实验。他们给学生提供了一些咖啡,又将调味料放在咖啡周围,有的装在精致的餐盘里,有的装在一次性杯子里。从精致的餐盘里取了奶和糖的人宣称,他们更喜欢咖啡,也愿意付更多钱,但他们不知道的是,其实他们喝的咖啡和放在一次性杯子旁边的那些是完全一样的。

同样,当知名艺术家在地铁里拉起小提琴,过往的行人只会觉得对方是个穷困潦倒的乞丐。而当业余人士在国家剧院里扒拉着琴弦,也会有人捧场,虽然不至于得到诸如"很好"这样的夸赞,但至少不会像在街上演奏时那般恶评如潮。

时机就是一切

当我们先于消费或体验过程为某件事物付款时,期望的力量就会显得更强大。

举个例子,让我们再次回顾一下付款之痛。如果我们早就付了钱,那么在实际消费的时候,我们所感受到的痛苦会有所减少。假设我们花 100 美元买了某样东西,3 个月后才会用上它,那么我们得到的，除了价值 100 美元的这样东西本身，还有 3 个月的期望、幻想以及兴奋。所以，我们的收益大于付出，而且，当我们最终消费这样东西的时候，我们可能甚至会觉得自己赚大了。

消费之后再付款的方式在某种程度上也可以减少消费过程中的痛苦，但这种消费体验本身的期望、价值性和乐趣性都相对较低。在回顾过去的时候，我们用到的是自身的记忆，也就是那些既定的事实和细节，这些东西和幻想未来时用到的想象力比起来，创造性的自由度没那么高，因为后者存在着大量空白空间，可以唤起无限可能。该死的记忆！

如果南加州大学的学生在玩一款电子游戏之前，就开始幻想它有多么棒的话，将可以从中获得更多乐趣。迟来的消费增加了一种被社会科学家称为"垂涎因素"的东西。通过巧克力和苏打水的实验，他们发现，如果让实验对象等上一段时间，他们会更享受这些东西的消费过程。尽管我们或多或少地知道，期望会增加愉悦，不过，这些实验结果还是进一步验证了这一想法。但似乎我们并不清楚，为什么那么多的社会科学实验都喜欢拿巧克力当试验品。

还记得杰夫和妻子提前支付了蜜月费用，接着几个星期都在幻想即将到来的蜜月会多有趣的事吗？这其中所显示的，是对一段愉快经历的期望所带来的好处。另一方面，消极的期望也会降低我们的评估价值。丹和同事曾经让学生喝了些加了醋的啤酒。（虽然醋不多，但还是足以改变啤酒的口感。）事先被告知啤酒里加了醋的人，相比喝完才知晓这一事实的人，会更觉得那些酒难以下咽。如果我们告诉别人，有些东西可能会令人心生厌恶，那么他们很可能会赞同我们的想法，不仅仅是因为生理上的不同经历，也因为预警带来了期望。

未来拥有无限的可能性。在谈及这些可能性时，我们总倾向于持有乐观的心态。希冀、想象、期望——所有这些都会增加之后到手的东西的价值，不管是一场演出，一次旅行，还是一块美味的巧克力。但是，当我们回顾一段经历时，现实毫不留情地主导着我们的评价，我们不得不用事实去填补那些空白，除非我们是一名政客。不过，那不是现在该讨论的话题。

敲敲打打，话题重开

形式和语言也能产生期望，这种期望会影响事物的实际表现与随之而来的乐趣。我们之前已经讨论过，详细描述这种方式（像是时尚餐厅菜单上的各类名目）会引起我们的注意。但我们还未说明，它同时又是如何提升我们的期望的。任何一道有着三分钟独白的菜肴都必定美味可口。这是我们所期望的，也是我们想要说服自己即将体验到的。

我们知道，形式可以进一步提升我们的体验。它会减少焦虑，增加自信和关注。

在《怪诞行为学》中，丹提到了艾尔邦尼在形式上的好处，这是一种膳食补充剂，声称可以预防和治疗普通感冒。泡腾片溶化时发出的嘶嘶声和起泡现象让人感觉它正在起效。这种形式吸引了丹的注意，让他不由得产生好转的期望。杰夫在上台表演或打球前，都要完成某些特定的形式——嚼口香糖，吃嘀嗒糖，喝姜汁汽水（别问为什么）。这些到底是迷信还是形式，或者根本就是愚蠢的行为？我们不得而知。我们知道的是，他相信这些行为会让自己发挥得更好——也许是因为他在成长的过程中受到了波士顿红袜队古怪的三垒选手韦德·巴格斯令人费解的形式和不可否认的成功的影响。①

期望带来改变

对于自身期望的诸多起源，我们只了解浅显的表面，但其实，关键点在于理解它是多么普遍和强大。它产生的影响不可否认：它无处不在，它使我们以毫不相干的方式来衡量事物的价值。

不可否认，期望改变了我们在生活中对各种事物的价值衡量，从世俗之物（泰诺和咖啡）到崇高追求（艺术、文学、音乐、食物、红酒、友谊）。如果对于一段体验，我们抱以高度的期望，不管这些期望究竟源于何处，我们都会予以高度重视，也愿意为此支付额外费用。如果我们的期望值相对较低，我们就不会那么重视，也会希望能少花点儿钱。有些时候，这样挺好的。如果我们

---

① 曾经获得过5届打击冠军的巴格斯，在每场比赛前，都要吃点儿鸡肉，每次登板打击前，他都会对着地面吐出希伯来语的"生活"这个词，另外还有一堆特定的形式，像是击球练习、拉伸运动以及防守练习的时间安排。他很厉害，遗憾的是，他后来去了洋基，或者，换一种在新英格兰广为流传的说法——"被车撞了"。

更爱寿司，也许就应该为美好的期望和美味的寿司付更多的钱。但有些时候，事态并非如此明朗。如果我们坚信昂贵的名牌产品要比名声一般的产品更好（我们的期望造成了这种心态），那么，我们还应该花更多钱吗？

我们中的一些人，要比其他人更加依赖期望。我们承认，从某种程度上来说，文尼似乎是个浑蛋（为此向其他叫文尼的人表示歉意）。希望我们中的其他人不会这般混账，但有些时候，我们其实跟文尼差不多，我们也会对自己的所作所为闭眼不见，仰仗着自身的期望去评估选择并决定支出。

当然，能够转移价值的期望的强大来源是我们正在试图搞清楚的东西：钱。当某件事物收费昂贵时，我们会对其持有更高的期望，如果它比较便宜，我们的期望也会少一点儿。然后，通过自我创造的期望和价值循环，我们会获得自己愿意花钱购买的东西。

12 失控

等到哪天猪会飞了，罗布·曼斯菲尔德也就离退休不远了。

罗布是一位受过高等教育、事业有成的个体商人。他一直没为退休存钱。在20多岁和30岁出头的时候，他曾经就职于一家提供公司对接等退休规划的大型企业，但他并未参加退休金计划。罗布当时赚钱不多，必须珍惜每一分钱，不过，他足够年轻，可以兴致盎然地去享受这一切。在罗布看来，考虑是否要从薪水中抽出几百美元，似乎是个愚蠢的想法。于是，他决定在接下来的5年或10年内继续靠工作过活。他觉得，等到薪水大涨之后，每个月存下一笔不菲的钱应该不成问题。未来的罗布可以养活退休的罗布。

作为一位自主经营的自由顾问,罗布现在赚钱不少。虽然不是一直都这么盆满钵盈,但足以支付自己和新婚妻子的账单,偶尔还能去享受生活中的美好事物。每个月,他都会拨出一笔钱来纳税和购买医疗保险,但对于退休,他从未存过任何钱。

5年前罗布结婚的时候,他的岳父、岳母提前退休的故事博得了宾客们的笑声。他们一直是勤俭朴素的人,如今60岁的他们,过着不用工作的简单生活。他们四处旅行,拜访亲戚,一起打网球,欢度美好时光。噢,还吃了很多自助餐。

对罗布来说,这种生活方式似乎格外了无生趣,他还沉浸在自己做生意的兴奋中,每当签下一份新的合同,他都会出去吃一顿,去旅行,或是去购买新玩具来犒赏自己。他热衷于复古摩托车。每隔几年,他不是买一台新车,就是将车的铬合金部位进行升级、翻修和抛光。有些时候,他还会骑上摩托车四处转转。

婚后大约两年的时候,罗布的妻子在父母的催促下,第一次问起了罗布的退休计划。罗布开玩笑说,他一直都在购买彩票,最近还种了两棵橡树,又买了张吊床。

妻子眯起眼睛问道:"当真?"

罗布回答:"开玩笑的,不过,别担心。"

"罗布!"

"放轻松。"

妻子怒气冲冲地离开了他,就在那个时候,罗布突然想起一个存钱的好主意——脏话存钱罐（当你说脏话，或是说脏话被抓到的时候，就要把特定数额的钱放进罐子里）。要是早就实行这个办法，他现在应该很有钱了。

自那次遭遇以来，罗布每个月都会考虑要不要开始往退休账户里存一笔钱。但每到月底，不管赚了多少，他还是觉得自己拿不出钱来存进去。他得支付各种账单。除此之外，他还想给自己以及妻子购置点儿东西——浪漫的晚餐，周末出行，新自行车，音响系统升级。对他们来说，享受精致的生活比存钱更重要。实际上，好几年过去了，罗布还是没有存款。现在，他的工作也有点儿举步维艰。未来的罗布没有比25岁时的罗布更会存钱。

不幸的是，在退休金存款失败（或者说存款不足）这个问题上，罗布并不孤单。2014年的时候，近1/3的美国成年人还未开始为退休存钱。有近1/4的人，在职业生涯即将终结（50~64岁）的时候，也未开始为退休存钱。换句话说，在美国，大约有4 000万正值工作年纪的家庭没有退休存款。虽然，也有一些人给退休账户存了钱，但杯水车薪，远远达不到保守估计所需的金额。另一项研究发现，这些迟迟不为退休提前存钱的30%的美国人，必须得工作到80岁。而目前的平均寿命是……78岁。享受退休的时间只有负两年。我们不仅不擅长存钱，数学也不行。

甚至有一项有趣的调查发现，有46%的理财规划师也没有退休计划。这很有趣：那些帮我们规划如何存钱的人，自己却没在存钱。

这是怎么回事？

罗布的故事以及退休存款的整体情况，突出了我们在沉迷享乐和自我控制方面存在的问题。即便我们非常清楚什么是有利于自己的，我们也很难抵挡住各种诱惑。

昨晚保证过自己今天会早起上班的，请举起你的手。如果举起手是你今天一整天所做的全部运动，请继续把手举着。

当然，严格来说，沉迷享乐和自我控制并不关乎金钱心理学，但我们沉迷享乐和自我控制的能力还是会影响我们管理金钱的方式，可能更好，也可能更糟。我们随时都面临着自我控制的难题，从世俗之物（拖延，在社交媒体上浪费时间，享受第三轮的甜点），到危险和有害的事件（不吃药，做爱时不采取保护措施，一边开车一边发短信），无一例外。

向巧克力泡芙投降

为什么自我控制如此艰难？这是因为，我们会下意识地认为，现有的某些东西的价值要比未来的这些东西的价值高得多。对我们来说，一些非常有用的东西（但得为此等上几天、几周、几个月，甚至几年）还不如现在就能到手的东西。而未来对我们的吸引力，远不如现在。

沃尔特·米歇尔有一个非常有名的棉花糖实验，他找来一些四五岁的孩童，给每人分了一块棉花糖。他告诉那些孩童，如果他们在一小段时间内能忍住不去碰棉花糖，他们就能得到第二块棉花糖，但得不去碰第一块才行。大多数孩子都立刻把棉花糖吃了，他们也就永远没法享受第二块。

但我们不是孩子，对吧？我们并不冲动，我们有自制力。那么，请回答如下问题：你是愿意现在就拿到半盒美味精致、不可多得的巧克力，还是愿意一周后拿到一整盒这样的巧克力？想象一下，我们把巧克力递到你的眼前，你能看到它，嗅到它的香气。它就在你的鼻子下，就在垂涎欲滴的嘴边。你会怎么选？

大多数人，大多数成年人，都会说，再花上一星期只为等待另外半盒巧克力，这件事不值得，所以，他们愿意现在拿半盒就好。看吧，我们跟喜欢棉花糖的孩童有什么区别？真丢人！

等一等！如果我们将选项全都放在未来会怎样？我们是愿意等上一年，然后得到半盒巧克力，还是等上一年加一周，然后得到一盒巧克力？这和之前的问题是一样的：为了另外半盒巧克力等上一周是否值得。事实上，当问题以这种形式呈现时，大多数人表示，事关遥远的未来，他们宁愿再多等一周拿一整盒巧克力。反正都等了一年了，再多等一周就能多半盒巧克力，这是多么值得的买卖啊。噢，这么说，我们毕竟是成年人嘛！

并不尽然。我们在关乎现在和未来的选择上之所以存在分歧，只不过是因为当下的决策（是立刻得到一些巧克力，还是一周后得到更多巧克力）涉及情感，而未来的决策并不会。

当我们想象存在于未来的现实时，我们的生活，我们的选择，我们的环境，我们的想法都会不同于当下。当下的我们，有着明确而清晰的现实，怀着各种细节、各种情感。我们将要健身、节食、吃药，我们将要早起，为退休存钱，永远不在开车的时候发短信。假如，我们每个人把自己说过的"现在开始我要做什么"，写成伟大的美国小说，那么，这个世界将会变得多么丰富多彩啊。

当然，问题在于，我们永远不会活在将来。我们总是活在当下，而当下的情绪影响了我们。它真实存在，确凿具体。而我们将来的情绪，充其量不过是一种预测。它存在于虚构之中，而且，在我们想象的未来里，我们是可以控制这些情绪的。这么一来，我们在涉及未来的决策时，就不会受到情绪的影响。

然而，在现在，我们的情绪真实而强大。它让我们一次又一次地屈服于诱惑，使我们不断地重蹈覆辙。这也就是为什么每个月（虽然它们曾经也是未来），罗布都没能为退休存下钱，而是把钱拿去买了新的音响或轮胎蜡的原因。

当我们在决策中添加了个人情感时，就会发生这样的情况：现在引诱着我们，但未来不会。继续拿我们胃部的一般区域来举例子，假设我们被问道，下个月是想吃香蕉，还是巧克力蛋糕。香蕉更健康，对我们更好。巧克力蛋糕很美味。我们会说："将来的话，我会选香蕉。"未来不涉及任何情感，我们只会对比食物的营养价值，进行选择，考虑哪个对我们更好。但是，如果情景设定变成现在，要在香蕉和巧克力蛋糕之间做出选择的话，我们会想："此刻，我真的更想要蛋糕。"当下的我们，会考虑到营养价值，但除此之外，还有情感，还有欲望，还有需求。对于大多数人来说，巧克力蛋糕比香蕉，有着更多的情感引力。如果有人不是这么做的，那么，我们表示抱歉。

> ### 情绪化的定义
>
> 我们总是情绪化地脱离未来的自我，这在很大程度上是因为我们对未来的自我界定不佳。我们总觉得，未来的自己和现在的自己，完全是两个人。我们对当下需求和欲望的理解、感受和联系要远远大于未来。
>
> 一块棉花糖、半盒巧克力或更好的环绕音响，这些东西产生的即时回馈更加生动而突出，所以它们才会在更大程度上影响我们的决策。若将场景放在未知的将来，那么，对我们来说，它们产生的影响就不那么突出，也没那么真实，如此一来，它们对决策的影响就没那么大了。一个真实的现在要比一个抽象的未来更容易和情绪化挂钩。

为将来存钱，或没能存下来，就是对现在和以后（当涉及退休时，就是更远更远的以后）在情感上给予不同看待的绝佳例子。若是为了退休而存钱，我们就得放弃当下一些真实存在的东西，以节省资金用于今后的享乐，而且我们必须得做出这种牺牲，只为了一个无法密切相连的未来，一个甚至不愿去细想的未来。我们现在年纪轻轻而一无所有，谁又愿意想象自己又老又穷的画面呢？

既然应该基于机会成本（我们可以用即将花掉的那笔钱买到

其他什么东西）来评估事物的价值，那么，我们也应该将未来的消费纳入等式中，这就使得对机会成本的思考更复杂。花200美元买票去看当晚的汉密尔顿音乐剧和把钱存下来用于30年后我们可能会用到的老年人药物治疗上，这两者我们应该如何权衡？太难了。

退休储蓄的问题尤为复杂，而且充满了不确定性。我们需要知道自己会工作到多少岁，那个时候，薪水会是多少，我们能活到多少岁，退休期间的开支会有哪些，以及当然，我们的投资会得到怎样的回报。主要就是"我们将会成为怎样的人，我们将会需要什么，世界将会为我们提供什么，20年、30年、40年的代价又是什么"这类问题。小菜一碟，是吧？

退休规划的手段也不简单。有规划、替代规划、管理替代规划的规划，同时，这种管理还会改变替代规划。我们得考虑税收问题、明确的收益和贡献，比如IRS（美国国内税务局）、IRAs（个人退休金账户）和401(k)s计划、403(b)s计划。光是想要一条条弄明白，就足够令人生畏和困惑了。这就像试图用另一个词代替"同义词"或是回答"在切片面包之前最好的东西是什么"这样的问题。做起来很难。

为了达到存钱的目的，我们得重视遥远的、不确定的未来，并据此做出规划。这是罗布无法做到的事，也是我们中的大多数人无法做到的事；即便我们明白最大限度地存钱的最好方法，我们还是会面对来自自我控制的各种诱惑和挑战。现在，感觉良好是件简单的事；以后，感觉不那么好是件艰难的事。我们前面已经说过，之前也有很多人说过，我们坚信，这句话值得被重复：现在消费某样东西的好处，总是大于今后将这笔钱用于其他东西的成本。或者，正如奥斯卡·王尔德所总结的那样："我可以抗拒一切东西，但是诱惑除外。"

善意诱人

我们中的大多数人都试图借助意志力来抵挡诱惑，但面对无止境的诱惑，我们很少具备足够的意志。诱惑无处不在，它还会随着时间和技术不断增长。想想看，为了抵挡诱惑，我们立了多少不必要的法律——从防止偷窃行为，到避免酒后驾车，再到控制止痛药的滥用，禁止近亲结婚。如果人们打从一开始就没想过要做这些事，那么也就不会存在反对这些事的法律条款了。

想想一边开车，一边发信息这件事。当然，我们有能力权衡立即阅读信息内容和潜在的车祸，以及引起人员伤亡这两者之间的成本和收益。从来没人说过："你知道，我在开车的时候考虑过查看信息的成本和收益，考虑过造成人员伤亡的代价，考虑过自己想活到多少岁。然后，我才下定决心，觉得开车时发信息是值得的！实际上，从现在开始，我打算在开车时发更多的信息。"

没有这样的人！每个人都明白，当我们开车的时候，在打开手机的那一刻，我们戏剧性死亡的概率会提高。每个人也都明白，这是一种愚蠢的行为，它不仅使我们自己的生命陷入危险，还会危及他人的性命。没人会觉得这是明智的选择。尽管如此，我们还是总这样做。

我们为何如此愚蠢？这是因为情感因素的存在，我们无法推迟获得满足感，开车时发信息也不一定就会伤亡，我们对自己规避死亡的能力过于自信。这些因素聚在一起，扭曲了我们的价值等式。我们在将来，仍然会是"完美的人类"，但信息存在于当下，当下诱惑着我们。

我们明白，自己应该花多少钱，但我们总会花掉更多；我们明白，自己应该吃多少东西，但我们总会吃下更多；而且，因为我们圣母般的亲和力，我们屡屡犯下心知肚明的"罪行"。诱惑揭示了对于我们自己应有的行为，理性的想法和感性的行动之间的差距，我们以钱包、味觉、体重为代价。

在涉及支出时（因此也就存不下钱），诱惑几乎是一成不变的。我们觉得，应该不会有人需要消费文化的入门手册，但以防万一，还是请打开电视，登录网站，阅读杂志，或是步行穿过商场，感受一下无所不在的各种诱惑。

罗布沉浸在诱惑之中。家里有昂贵的娱乐设备，路上有豪华的自行车。这些东西不断地提醒着他，他拥有什么，他是谁，他想要什么。其实，他知道，每个月，他都该存点儿钱，但他没法抵抗消费对他的吸引。就像我们所有人都有的孩子气的那一面，也像我们大多数人都会有的成年人的那一面，罗布的自制力非常低。

造成这种现象的原因在于，自控不仅需要我们认清和理解当下的诱惑，还得具备抵挡这种诱惑的意志力。而意志力，从其定义来看，需要努力，努力忍受诱惑，努力抵制本能，努力拒绝免费的棉花糖、豪华的自行车设备或其他任何在情感上能够引起我们共鸣的事物。

我们并不完全了解意志力，但我们知道，这是一种难以掌控的力量。

存不下钱，其实是意志力薄弱的一个表现。但存钱这件事所需要的，不仅是意志力。我们首先得确定一个可行的存钱计划，然后，我们得弄清楚，哪些情感会诱使我们偏离原计划，接着，我们必须表现出足够的意志力，以抵抗在人生的每个拐角处等着我们的诱惑。

显然，不开始为退休存钱，才是一件更容易的事。这样一来，我们既不必改变自身的任何行为，也不必减少当前的任何乐趣。购买一些令人发胖的速食小吃永远都比购买、清洗和制作新鲜蔬菜要容易。当一个胖子更容易。证明我们行为的合理性也比改变它们更容易。偶尔偷吃一些巧克力蛋糕又不是我们的错，都怪巧克力蛋糕太好吃了。

远程控制

除了影响作用稍逊一筹的未来，其他还有什么因素会降低我们的意志力（意志力影响了我们抵抗诱惑的能力……诱惑利用情感使我们高估当下……于是，我们的自控力就会下降），这是个值得探讨的问题。

我们都知道人类的性兴奋现象。有些人甚至还研究过它，假装这么做是"为了科学"。实际上，丹曾经和乔治·勒文施泰因在 2006 年共同发表过一篇论文，他们发现，当人处于性兴奋状态时，男性会做出一些在平时看来令人厌恶或不道德的事。另一篇相关论文发现，男性在性兴奋时会做出更糟糕的决策。这篇论文的题目是《比基尼让人在跨期决策上普遍缺乏耐心》，因为"这看起来似乎是个消耗研究经费的绝妙办法，而且我也愿意把时间花在这上面"太长了。

除了性兴奋，还有一些其他常见因素会让我们进一步丧失自制力，这其中包括：酒精、疲乏和分心。所有这些元素正是赌场和深夜信息产业的基础构成。普通的音乐，混杂着硬币经久不息的叮当作响，以及老虎机运转的呼呼声，看不见出口，也看不见时钟，免费的鸡尾酒，吸氧机，这些都是赌场让人分心的工具。凌晨三点的节目编排，其快速的编辑，冗长的描述，以及观众的心态，都是深夜电视节目的武器。在我们面对诱惑无法招架的无能为力之上，从业者们纷纷建起了属于自己的帝国。

共同反对我们自己

当然，自我控制这个问题并不独立于我们之前讨论过的其他价值评估问题。相反，它还放大了这些问题。我们花了这么多时间，其实都是在说明一件事：思考消费真的是一件非常艰难的事。权衡机会成本，避免相对价值，忽略付款之痛，暂不考虑期望，超越语言查看……这些都是一个个挑战。

而现在，除了以上提到的种种挑战，大部分财务决策其实都事关未来，这个现实让事态变得更加悲惨。这是关于我们之后会不会有钱、有欲望、有需求的问题，也是关于挑战和自我控制的问题。因此，除了评估目前财务选择的正确价值外，我们还得考虑未来，而这让事情变得尤为艰难。

还记得相对性那章中我们讨论过的布莱恩·万辛克（无意识的进食）和他无底洞一般的汤碗吗？其实，人们只是因为由相对性引起的饥饿感（通过碗的尺寸去判断剩下多少汤），才会不停地喝汤。也就是说，我们常常会因为看到食物才吃东西，而不是因为我们真的饿了，只是因为它在那里。进食让人感觉愉悦，这是我们的本能。它充满诱惑，效果立现，是当下的事。如果没有自制力，除了拿走无底洞的汤碗，没有任何其他东西能够阻止我们。

但好在，我们不是鱼。如果我们将过多的饲料投到鱼缸中，我们的金鱼，就叫它"旺达"吧，会不停地吃，直到把自己的胃给撑破。为什么？因为鱼没有自制力。而且，旺达也没有读过这本书。所以，当我们觉得自己自制力不够的时候，不妨想想这些鱼。将自己和旺达对比一下，就会感觉良好，至少，相对好一些。

支付的痛苦会带来一些自我控制的可能。它还让我们意识到自己的选择。这样，我们的选择就会更加显著，这有助于我们在某种程度上约束自己。如果我们使用现金支付，而非信用卡，我们就能进一步感受到计划之外和朋友共进晚餐所花费的150美元会产生多大的影响。存在于当下的感觉有助于我们抵挡昂贵的用餐吸引。同样，减少付款之痛的机制会麻痹我们的自制力，让我们更容易也更迅速地陷入各种诱惑之中。

心理账户，特别是可塑型心理账户，是我们用来削弱自身自制力的另一种策略。"我今晚不该出去吃饭，但如果我把它定义为工作活动呢？我看行！"

在讨论高估自己的问题时，我们说过，我们会尤其相信过去的自己——这个过去的自己可能是过去做过财务决策的自己，也可能是看到过某个不相关价格的自己，比如房地产挂牌价。此外，现在的自己和未来的自己之间也存在着信任问题。未来的罗布相信现在的罗布会放弃及时享乐，为退休存钱，而现在的罗布又相信未来的罗布会做出更明智也更无私的选择——为退休存钱。事实证明，这两者都不可靠。对于我们其他人来说，依赖未来或过去的自己来抵抗或试图抵抗诱惑也同样是不明智的。

这些力量和我们之前讨论过的其他问题导致我们错误地评估了事物的价值。接着，由于自制力的缺乏，不论是否正确地评估了事物的价值，我们都会做出不合理的行为。我们可能会以为自己已经规避了所有的心理陷阱，最终做出了理性的财务评估……但是，在诸多情况下，自制力的缺乏使我们无论如何也没法理性行事。保持自制力这件事就好像在吃完蔬菜汤和燕麦晚餐后，面对一份豪华甜点时的选择：来吧，你活着就应该去享受，就一次。对不对？

来之不易的钱

丹曾经出席过一次体育界名人云集的活动。穆罕默德·阿里也在场,于是,丹自然而然地想起了阿里的拳击生涯对他个人生活的长期影响。阿里为了拳击事业的成功,愿意历经磨炼,代价是他后来患上了帕金森病。我们无权评论他的决定,我们不知道他考虑了哪些因素,也不知道当时有哪些可行的科学,更不知道是否有其他因素影响了他的选择,但在阿里的人生中,我们可以清楚地看到,现在的欲望和未来的美好并不挂钩。

在那次的活动中,还有一位知名棒球运动员,他跟丹说了自己第一次签职业合同时的事。当时,他的教练给他发了第一笔薪水,他很震惊,只有2 000美元。签合同的时候明明说好有几百万的,所以他很费解,为什么自己只领到这么点儿钱。

他打电话给经纪人,对方告诉他:"别担心,你的钱在我这儿。我打算把这些钱拿去投资,这样你退休的时候就可以获得一份巨额财富了。而且,我已经给你留了足够的钱用于日常生活。如果你想再多拿一点儿,跟我说一声,我们可以再商量。"

同龄的那些运动员赚的都和他差不多,不过他们的经纪人理念不同。其他运动员花更多的钱,开更好的车,消费更昂贵的东西。但他们存款没自己多。现在,许多年过去了,他们中的大多数人都破产了，而这位运动员和妻子过得很好，这得归功于他的终身存钱行为。

这位棒球运动员发现了一系列令人震惊的事实。许多职业运动员很快就能赚得一大笔钱，但他们花钱的速度也很快，而且往往没多久就会宣告破产。虽然职业运动员的平均收入高达320万美元，但大约有16%的NFL（美国职业橄榄球大联盟）运动员会在退役后的12年内申请破产。一些研究表示，NFL运动员在退役后的几年里，存在"经济压力"的人高达78%。同样，有60%的NBA（美国男子职业篮球联赛）运动员在离开球场的5年内，也会陷入财务困境。类似的还有彩票中奖者花光所有钱的故事。尽管他们拿到了很多奖金，但还是有70%的彩票中奖者会在三年内破产。

赚取或赢得一大笔钱加剧了自我控制的难度。在通常情况下，财富的突然增加尤具挑战性。银行户头里多出来一笔巨款并不意味着我们能更好地管理自身的财务状况，这一点与众人的常识恰恰相反。

杰夫有一个非常想要研究论证的假设：他认为，自己不同于其他大多数人，是有能力管理突然进账的现金的。可悲的是，尽管他一直无法获得适配该项目的七位数资金，但他并没有放弃希望，他觉得，要不了多久，一定会有人支持这项重要的科学研究。

第二部分 价值误判

在我们的文化中几乎一直鼓励和奖赏失去自制力的行为。"真人秀"节目表现的永远是谁最糟——谁输了,谁出状况了,谁失去了理智,而不会播出"相比五年级的学生,你是否能更好地吃下蔬菜"这种情节。电视剧《诱惑岛》讲述的并不是相爱的人之间诱惑的形成,《甜心波波来了》也不是关于笨拙的养蜂人的故事。

自我控制的问题无处不在。从亚当和夏娃那成熟多汁的苹果(或者事关我们选择原罪的任何事物)开始,它就一直和我们如影随形。

不仅到处都有诱惑,而且情况越来越糟。想一想:我们周围的商业环境想让我们做些什么?它关心二三十年后对我们有益的事情吗?关心与我们的健康、家庭、邻居、生产力、幸福或腰围相关的那些事吗?不见得。

商业利益想让我们做一切有利于它的事,而且现在就要做。商店、应用程序、网站以及社交媒体都在以短期内对其有利的方式吸引着我们的注意力、时间和金钱,但它很少(或者根本不)关心我们的长远最大利益。你猜怎么着?它们往往比我们自己更清楚,如何让我们行动。而且,它们越做越好。

这种日渐增长的诱惑带来了真正的坏消息:在自我控制方面,我们已经存在很多问题,而且未来可能会面临更多这样的问题。随着手机、应用程序、电视节目、网站、零售商店以及下一波商业前端变得越来越好,它们对我们的吸引力也越来越大。好消息是:我们并非无能为力。通过学习了解我们自身的行为、面临的挑战、面临的金融环境,从而避免做出糟糕的决策。我们可以使用某些技术来帮助自己克服,帮助自己思考将钱用于自身的长远利益,而非他人的利益。

关于这个问题,还没讲完。你能耐心等一会儿吗?你有毅力抵挡往后翻几页,多看几种解决方案的诱惑吗?我们相信,你可以的。

13 精确性错觉

让我们回到21世纪初,也就是2000年左右的时候,那时,年轻的丹·艾瑞里正准备给自己在麻省理工学院的办公室购置一张新沙发。他看了又看,相中了一张售价200美元的高品质沙发。没过多久,他又看上了另一张出自法国设计师之手的沙发,售价2 000美元。后者更让丹感兴趣,它非常接近地面,坐上去有种与众不同的感觉。但很难说清楚这种感觉究竟是更舒适,还是更好地发挥了其作为沙发的作用。当然,它似乎并不足以令人觉得值得支付高达前者10倍的价钱。但最后,丹还是义无反顾地买下了它。从那时起,形形色色的访客来到他的办公室,都得格外不易地低下身子才能坐到沙发上,而当他们起身离开时更是异常艰难。我们才不会说坊间流传着一个八卦,说丹只是为了折磨自己的访客才一直保留着这张沙发。

这是怎么回事?

丹没能好好地预判时尚沙发所带来的长期体验。他在试沙发的时候,只在上面坐了几分钟,但其实真正的问题在于,在沙发上坐上一个多小时后(是否非常舒适,以及访客的感受如何),就会发现感觉并没多好。(多年以后,丹才知道,有一部分访客并不喜欢坐得那么低,他们在离开的时候很难再次站起来。)这些问题,在购买的时候很难得知,因此,丹用了一种简单而直白的启发法来判定这张沙发是否能够满足自己的需求:贵的东西一定很好。所以,他买了昂贵的沙发。

使用这种办法做决策的人并不只有丹。你会吃便宜的龙虾吗?打折的鱼子酱或是廉价的鹅肝呢?餐厅通常不会以低价出售这些食材,因为其经营者深知我们对售价的看法,也清楚售价所能传递的强大信号,即便龙虾、鹅肝和鱼子酱这几种食材的整个销售市场早在几年前就开始暴跌,餐厅也不会将省下来的那部分钱还给顾客。这并不仅仅是因为他们贪心,也是因为低廉的价格会让我们对奢侈商品本身产生不舒服的感觉。我们会觉得折扣意味着品质较差。我们甚至会想,那些古怪的小食物是不是有什么不对劲。我们理所当然地认为，它们比不上竞争对手的美味佳肴。

如果我们面对的，不是廉价的龙虾和鹅肝，而是极其便宜的心脏手术呢？同样，我们会觉得不对劲，会想要让我们所能找到的最好的外科医生来操刀，但因为我们对心脏病学并不了解，所以最后找到的可能只是收费最贵的医生。

这些情况的产生，都源于我们评估事物价值的另一种重要方式，与实际价值无关的方式，而是通过事物的价格来判断。当我们无法直接评估某些事物的价值时（这是常有的事），我们就会将价格与价值联系起来。特别是在没有明确的价值提示时，尤其如此。作为一位年轻有为、令人印象深刻的麻省理工学院教授，丹并不知道应该如何衡量办公室沙发的价值，所以，他采用了自己会的办法——价格。在经历10年之后，在见识了诸多不满的访客之后，他终于意识到，自己当初做了个糟糕的选择。

在《怪诞行为学》一书中，丹向读者展示过一种现象——人们往往会认为高价就意味着有效。丹和自己的同事丽贝卡·韦伯、巴巴·希夫以及齐夫·卡蒙曾经做过一个实验，他们制造了一种名为维拉多尼-Rx的止痛药（VeladoneRx，实际上，它不过是一种维生素C胶囊），由身着笔挺西装和白大褂的技术人员将这种打着每片2.5美元高昂售价的特效药推销给实验对象，并附带详尽说明的小册子。之后，他们给实验对象做了一系列的电击，以测试药物的效果。研究发现，几乎所有人在服用了维拉多尼-Rx后都觉得痛苦程度有所减轻。而当丹伙同自己的"犯罪搭档"，用另一种售价为10美分的药片进行相同的实验时,觉得痛苦减轻的人数只有第一个实验中的一半左右。

巴巴、齐夫和丹又拿索贝能量饮料做了一系列衍生实验。在那项实验中,如前所述,喝了声称有提神效果饮料的人,在之后的各种心理任务中,确实都有着不俗的表现。还有实验显示,分到折扣价能量饮料的人的表现不如那些喝原价饮料的人。另一项实验发现,那些拿到折扣价饮料的人,下意识地觉得自己接下来的表现会不尽如人意,而实际上,由于价格所传递出的信息,他们之后的体验也的确相对较差。

无论是否合理,高价格都传递出一种高价值的信号。在诸如医疗保健、食品以及服装这些重要事物领域,高价还给人一种产品不便宜、品质不低的感觉。有些时候,没有低端品质就等同于具备高端品质。苏珊阿姨可能不会花100美元买一件T恤,但如果100美元是杰西潘尼的"常规"售价呢?这么一来,一切就变得有理可循:一定有人愿意花这么多钱买下它。因此,这件T恤的质量一定很好。幸运的苏珊阿姨,只花了60美元就买到一件价值100美元的时尚T恤。威图手机所提供的服务和具备的性能,其实和其他大多数手机无差,但那些买得起这种手机的人,花了1万~2万美元才得以在羡煞旁人的身份地位象征标志产品上玩《愤怒的小鸟》。"如果商品本身不值那个价的话,怎么会有人愿意花那么多钱",一定会有人找出这样的理由,然后义无反顾地买下它。在另一个只存在了一天的技术平台上(因为它很快就下架了),有一款名为"我很有钱"的苹果手机应用程序。它仅仅显示了一些关于有钱的肯定短语，其他什么也没有。它的售价为999.99美元。有8个人购买了这款应用。我们希望那8位用户能同我们取得联系，这里还有一些其他类似产品，希望他们能了解一下。

事物的价格不应该影响它本身的价值、性能或给用户带来的愉悦体验——但事实并非如此。我们训练有素地基于每笔交易涉及的金额迅速做出决策，尤其是在缺乏其他价值标记的情况下，更是如此。

还记得锚定效应和任意连贯性吗？单是列出价格便能影响我们对价值的看法。（我们看到的与产品相关的第一个价格就决定了我们对其价值的判定，甚至不是价格，任意一个数字，比如社保账号或是非洲国家的数量也可以。）

想想红酒，这种直达男人胃的最佳方式，而且正如传闻，这也是直达其心灵的最佳方式。一瓶红酒的价格越高，就越招人喜欢。这件事证据确凿：当我们知道自己为正在喝的酒花了多少钱时，价格和享受之间的联系就会变得尤为强烈。不管是哪种红酒，都适用此条定律。然而，用价格来推断质量是一种相对愚笨的估值方式。如果我们能够以其他方式来评估一瓶酒的价值，那么价格对臆测质量的影响可能也会有所减少（假如我们能够知晓红酒的原产地，葡萄是何时种植的，又是何时酿制的，或者假如我们能够了解酿酒师的习性，知道他或她在碾碎每颗葡萄前会如何清洗自己的双脚），尽管这似乎不太可能。

不确定的情况

理想很美好，但我们有多大的概率会"认识酿酒师"？也就是说，我们有多大的概率能够知道所有的相关细节，以便客观地评价一次经历、一件产品或一次充斥着各种产品的经历？几乎没有。正如我们所看到的，我们往往对事物的实际价值知之甚少。没有身临其境，我们几乎无法独立评估任何事物的价值，无论是赌场筹码、房价，还是泰诺。我们在财务价值暧昧不明的汪洋大海中漂浮不定。

在这样的时代，金钱变得尤为显著。它是一个数字，它清晰明了：我们可以在多个选项中一一对比，而且，以这种直观的、看似精确的方式去考虑金钱，是一件简单的事，于是我们便会过多地关注金额本身，而忽略了其他诸多方面的考虑。

为什么会这样？这源于我们对精确性的热爱。有一种说法，对于我们的决策，特别是在涉及财务问题时，心理学通常会给你一个模糊的正确答案，而经济学则会给你一个精确的错误答案。

我们热爱精确性，包括精确性的错觉，因为它让我们觉得，我们清楚地知道自己在做什么。特别是我们根本不知道的时候。

金钱的奇怪之处在于，尽管我们并不理解它究竟是什么，但仍旧可以用它来衡量其他事物。不管什么时候，当我们面对一件产品或一段体验，而它附带诸多不同性能，以及一个精确且可比的属性（金钱）时，我们往往都会过于看重那个特定的属性，因为这么做很容易。而衡量或比对诸如其中滋味、风格或是合意程度则要难得多。于是，最后，我们执着于价格，并将其作为决策的依据方式，因为这么衡量和比较让我们感觉轻松。

人们常常表示，宁做鸡头不做凤尾，在一家企业拿着最高薪酬的员工总好过在另一家企业拿着最低薪酬的员工——即便前者薪资的绝对值还没后者高。但如果你问他们，是愿意拿 85 000 美元的薪酬，站在一家公司的顶端，还是愿意拿 90 000 美元的薪酬做一个一般员工，他们往往都会选择 90 000 的那个。有道理吗？有。

同样的问题，如果我们换个侧重点来问，就会得到完全不同的回答。当你问一个人是在一家公司拿着最高的薪酬 85 000 美元更幸福，还是在另一家公司拿着不是最高的薪酬 90 000 美元更幸福时，同样的选择，同样的参数，只不过是问题的重心转移到幸福感上，人们会说，哪怕只赚 85 000 美元，他们也是最幸福的人。在一般情况下，人们会如何回答这个问题，而当将问题的焦点引向幸福感时，他们又会如何回答，这两者之间的区别在于一个事实，即：在金钱面前，人们很容易陷于金钱之中。在缺乏其他特定焦点的情况下，金钱会成为默认的唯一焦点。即使涉及工作这类事物，即便存在许多需要考虑的其他方面，只要将金钱具体精确、便于衡量地摆在人们面前，那么，在我们做决策时，它都会迅速地占据重要的一席之地。

或者，再想想另一个稀疏平常的同类型例子——买手机时的纠结经历。有诸多因素需要我们一一衡量：屏幕尺寸、运转速度、重量、像素、安全性、运营服务、覆盖范围。若将以上所有因素考虑在内，你会给出怎样一个心理价位？随着产品变得越来越复杂，依靠价格选购就成了一种相对简单也更具诱惑的策略，于是，我们聚焦于价格，却在很大程度上忽略了这一决策的许多复杂面。

正如我们在探讨任意连贯性时所学到的一样，大多数人很难将某种类型的产品或体验同另一种完全不同类型的产品或体验进行比较。也就是说，在丰田汽车、一趟度假或20顿昂贵的晚餐之中，我们并不会用到机会成本来进行对比。我们只会在同类型的事物之间进行比较——汽车和汽车，手机和手机，电脑和电脑，商品和商品。假如我们买了第一代苹果手机，这也是当时唯一的一款智能手机。当时不存在其他类似的产品供我们进行对比，那么应该怎么办？（是的，当时盛行掌上电脑和黑莓手机，但苹果手机远远领先于这些产品，成为独树一帜的唯一产品类型。）我们如何确定它是否值那个价呢？当苹果推出第一款手机时，售价为600美元。几周后，公司将价格下调至400美元。这么一来，便有了一种新的产品类型，人们可以将它同第一款手机进行比较——但实际上，不管是600美元还是400美元，其实都是同一种苹果手机。一旦某个类别中存在多种产品，钱就成了一种比对这些产品的迷人方式，这么做的后果是，我们可能会过分看重价格。我们更关注价格差异（哇，它便宜了200美元），而不是其他品质问题，并且我们依旧对机会成本视若无睹。

钱并不是唯一一种易于比较的特性。其他特性，如果能被量化，也可以起到同样的作用。但这些特性（如果不被量化）运用起来很困难。衡量巧克力的美味程度或跑车的驾驶性能并不是很简单的事。这种难度也反映了价格的强大吸引力：毕竟钱的量化、衡量和比较都很简单。举个例子，分辨率、马力、兆赫，在被分门别类具体指定的情况下，就会更具可比性和精确性。这就是所谓的"可评估性"。我们在比较产品的时候，可量化的特性会使得易于评估，即便它们本身并不重要，也依然更能吸引我们的注意，这样，我们就能根据那些特性更加轻松地评估自身的种种选择。这些特性，往往都是产品制造商希望能脱离于其他特性，格外引起我们的注意的部分（比如，我们在购买相机的时候，考虑更多的是像素，而不是这台相机能用多久）。一旦某一特性能够得到衡量，我们就会对其投入更多关注，而它对我们决策的重要影响也会加强。

奚恺元、乔治·勒文施泰因、萨莉·布朗特和麦克斯·H.巴泽尔曼曾经做过一个实验，他们让学生翻阅一些旧书，并问对方愿意出多少钱购买一本收录了1万个单词、保存良好的音乐词典。另一组实验对象则被问道愿意花多少钱购买一本收录了2万个单词，但封面破损的音乐词典。每个组的成员都不知道另一本词典的存在。从平均实验结果来看，学生们愿意付24美元购买收录了1万个单词的那本，付20美元购买收录了2万个单词的那本。词典的封面（明明完全不影响使用）让人们的态度大为不同。

研究人员接着又找来第三组实验对象，并且向对方同时展示了这两本词典。于是，这组学生便可以对比两者之后再给出答案。这也改变了他们对两本词典的看法。这个更加便于对比的小组给出的回答是，他们愿意花 19 美元购买收录了 1 万个单词的那本，花 27 美元购买收录了 2 万个单词、封面破损的那本。出人意料地，因为加入了更加明显的对比因素——收录单词数，所以，虽然词汇量更大的那本封面有破损，但还是显得更有价值。当评估单一的某件产品时，收录 1 万个单词也好，2 万个单词也好，实验对象对此并不敏感。只有在这一特性易于比较时，它才会对价值评估产生重要的影响。另外，当我们不清楚如何评估事物的价值时，即使某些特性（这个例子中是破损的封面）与所讨论的产品的实际价值毫无关系，我们还是会轻易地受到这些便于对比的因素的影响。在这种情况下，当收录的词汇量变得更重要时，封面的状况就没那么让人在意了。然而通常情况下，我们在实际做决策时，还是会过于看重一个容易注意和评估的因素：价格。

所以，如果我们总是将重心放在最容易衡量和对比的因素上，会有什么问题吗？答案是肯定的。当可衡量的因素并非是决策中最重要的部分时，可能会大有问题。我们得到的并不是理想的结果，只是达成结果的手段而已。飞行里程就是个很好的例子。没有人会成天想着积累飞行里程数，它们的存在，只是为了某一天能让自己获得度假机会或免费机票。就算是《在云端》中的乔治·克鲁尼，也不是天生就喜欢积累里程数的，他只是将其看成能力和成功的象征而已。

虽然很少有人将飞行里程数的最大化看作评估人生意义的关键，但人们还是很容易就不由自主地去累积任何容易衡量的事物。飞行 10 000 英里和在沙滩上悠闲地度过 4 个小时，这两者应该如何比较？在沙滩上悠闲地度过1个小时又等于飞行多少英里呢？

钱也一样，它并不是人生的终极目标，只是达成目的的手段而已。但因为相比幸福、安康和目的，钱更加切实有形，所以我们在做决策的时候，才会总去考虑钱，而不是将重心放在终极的、更有意义的目标上。

我们都想过得健康又快乐，都想享受生活。飞行里程数、钱以及艾美奖提名，这些可衡量的事物是用来知晓我们人生进程的最简单的方法。人们为了能够积累更多的里程数，甚至会选择一些匪夷所思的路线，而航班延误、令人不适的座椅、喋喋不休地倾诉自己对复印中心名叫梅维斯的女孩的爱意的推销人员，实际上都降低了这段过程的整体幸福感。直接约她出去不就行了吗！

在人生这场游戏中取胜

啊！没错，人生。还有，钱。以及，其他重要的事物。

金钱代表着价值和财富，这在很大程度上是一件好事。因为金钱的存在，我们的个人生活和社会生活都更加充满活力、更加丰富多彩，也更加自由自在。但是，当金钱成为衡量价值和财富的标杆，当它跨过产品和服务，将作用延伸到生活的其他方面时，它就会产生不太好的影响。

相比人类的其他需求，比如爱和幸福，以及孩童的欢笑，金钱是一件更加切实有形的东西，正因为如此，我们才会经常将钱等同于人生价值。如果我们停下来仔细想想，就会知道，钱并不是生命中最重要的东西。没有人临终前的心愿是希望能有更多的时间和钱待在一起。但因为钱更容易被衡量，而且考虑起来也没那么可怕，于是，无论生命的意义到底是什么，我们都可以将焦点放在钱上。

在现代经济社会中，内容创作的成本不同于以往，那么，艺术家的作品价值该如何衡量呢？既然钱是文化定义价值的方式，因此纵使赚钱并不是艺术的目的，不给劳动者支付一定的酬劳也是显得无礼又道德败坏的行为。历史上，许多伟大的艺术家要么仰仗慷慨的赞助人（而在现代社会，这些赞助人已经不复存在），要么穷困潦倒，走完一生……当然，那个时代的艺术家也没有必要为了让自己的作品得到更多的关注，而去跟糖果传奇或者Instagram上的美女去竞争。

纵观杰夫整个颠覆传统的职业生涯三分钟、律师、喜剧演员、专栏写手、作家、演讲者、内衣男模（并不是真的，但梦想总是要有的），从写书到上电视节目，从各种交际到与丹相识［有谣传说他们是通过Tinder（一款社交软件）认识的，其实不是，杰夫在写第一本书的时候，他们就联系上了］，他的家人认可他的每一份成就，只不过总要问上一句："能赚多少钱？"长久以来，这一直让杰夫深受其扰，因为他觉得，这个问题听起来冷酷无情，好像家人根本就不理解他在做的事情的真正价值。没错，家人的确不太了解他具体在做什么，但他们并无轻视之意。他们也试图去了解。他们将对钱的发问作为努力了解的标志。对他们来说，具体金额是一座桥梁，它能将杰夫无形而难以理解的工作转化为他们可以搞懂的语言：钱。最开始的时候，杰夫和周围的人看待世界的不同方式令双方都感到痛苦不堪，但当杰夫意识到，他人不同的看法不仅是一种批判，也是一种对理解的尝试时，钱便成了一座共同语言的桥梁。它有助于旁人理解自己在做什么，并能获得他人的评判、价值观、建议以及支持。这么一来，他人便能通过见多识广的反驳、半真半假的玩笑以及教养有素的白眼，来嘲弄杰夫的选择。

当然，某些时候，将重心放在钱上情有可原，但有些人可能会说，我们在很久以前就背离了重心的所有有用部分，而现在，我们完全沉浸在钱眼里，在财务的暧昧不明的汪洋大海中漫无目的地漂浮不定。

果归果，尘归尘

我们应该认识到，金钱只是一种交换媒介。它可以让我们换到一些东西，比如苹果产品、红酒、劳动力、假期、教育和住房。我们不应该给钱贴上象征主义的标签。我们应该看清它的本质，将它当成单纯的工具，通过这个工具，我们可以获得自己当下、以后以及更久的将来需求、想要和渴望的东西。

有一句老话，说将苹果和橙子进行比较是一件格外困难的事，但事实并非如此。对比苹果和橙子其实很简单：没人会站在水果天平的中间，思索自己到底是喜欢苹果还是橙子。当我们通过一样东西带给自身的乐趣来衡量其价值时（即所谓的直接享乐评估），我们肯定能够清楚地知道哪个选择会让自己更快乐。

难的是将钱和苹果做比较。如果天平的一端放的是钱，选择会变得尤为艰难，我们也更容易犯错。到底要多少钱才能买到一个苹果给我们带来的快乐，这是一个充斥着艰难险阻的计算过程。

这样看来，假装钱不存在，倒不失为一个有用的财务决策之计。

如果我们时不时地将那些钱从天平中拿出来，会产生怎样的后果？如果我们不再聚焦于旅行度假，而是思考用于一趟旅行的钱够看多少次电影，喝多少瓶红酒，会怎样？如果我们看着打算购置的冬装，想想购买天然气、修理自行车或是请假会需要多少花费，又会怎样？如果我们在犹豫是否要换新电视时，不再考虑不同尺寸之间的价格差，而将它想象成和朋友共进晚餐或加班14个小时的对比呢？

当我们从钱和物的比较转换到物和物的直接比较时，我们的选择也会焕然一新。

这种办法可能最适用于，也最有利于重大决策。想象一下，我们手里有一笔钱。我们可以买一套大房子，但这样就得贷很多款，或是买一套中等大小的房子，这样的话贷款比较少。比较还贷、首付、利率等单纯数值，在两者中做出选择是一件困难的事。而如果这件事所牵涉的每个人，卖家、经纪人、贷款机构也都希望我们花更多的钱买下大房子，决策将会变得更加艰难。那么，不再从钱出发，换个角度想如何？如果我们说："你知道吗，大房子的花费等于小房子的花费加上一年的旅行加上我们每个孩子大学一学期的费用，我们还得为此多工作3年才能退休。是的，我可以负担得起，但就为了多一个浴室和一个更宽敞的院子似乎没必要这么做。"也许在计算一番之后，我们还是觉得大房子更加值得购买。这棒极了！但至少，这是我们在考虑了资金的其他使用方式之后所做出的明智决定。

这种直接比较的方式不一定是最有效的，甚至可能不是最合理的。花时间将每笔交易转换成不谈钱的机会成本分析是一件费心费力的事。但它不失为评估我们决策能力的良好练习，特别是在面临重大决策时。

金钱是一种诅咒，也是一种祝福。拥有作为交换媒介的金钱是一件非常幸福的事，但是，正如我们所知道的，它常常会误导和影响我们将重心放在错误的事物上。解决办法是：撇去金钱，重新看待决策，有时，这么做是有用的。我们应该在事物和事物之间权衡取舍，而不是在金钱和事物之间做选择。如果权衡结果令你满意，那就放手去做。如果不满意，那就再好好想想。如此循环。如此往复。

无论我们的人生前行到了哪一站，我们始终坚信，不该用钱来衡量人生的种种选择，而应该从生活出发，去取舍决策。这一点，很重要。

被钱主宰

你可能还记得我们在本书各章中遇到的一个或一些人：乔治·琼斯、苏珊阿姨、简·马丁，蜜月之旅中的杰夫、图森房地产经纪人、汤姆和瑞秋·布拉德利夫妇、詹姆斯·诺兰、谢丽尔·金、文尼·德尔·雷伊·雷以及罗布·曼斯菲尔德。他们在如何花钱这件事上，耗费了大量时间，但结果呢，他们还是没能找到正确的方法。他们是愚蠢的，这么说不仅是因为他们无法搞清复杂而费解的金钱世界，不仅是因为他们总是被无关紧要的价值暗示迷惑，不仅是因为他们做了错误的选择，也是因为他们将很多时间浪费在了担心金钱上。他们在那片充斥着不确定的汪洋大海中漂浮不定，依赖自身积累的价值暗示前行，宛如典礼上的祭品，驻足于金钱这座火山之上。

从本章一开始，我们就分析了人们在试图进行财务决策评估时，是如何过分看重金钱，特别是价格的。接着，我们又分析了人们在其他重要决策中、在衡量自己的人生时，又是如何过分看重金钱的。

我们俩都没有能力或资格，也没有110%的幸福心态去教育任何一个人应该如何处理自己的人生，但我们有足够的数据显示，人应该更加远离金钱带来的独断负担。至少，应该放松一些，放一点儿到别处。

金钱也好，家庭、爱、上好的红酒、运动团队、小憩也好，我们不会告诉你应该如何确定各类事物的优先顺序。我们只是想告诉你，应该好好考虑一下自己是如何看待金钱的。

|第三部分|
Dollars and Sense

现在,该怎么办?
站在并不完美的思维之肩

14 心之所向,金钱所在

那么,现在该怎么办?

我们已经见识到了自己是如何错误地看待金钱,如何以与事物自身实际价值相去甚远的办法来评估它,以及这些行为是如何误导我们对金钱的看法、让我们滥用资金的。我们得以在窗帘后一窥——一瞥财务大脑的内部运作情况。我们了解到,自己总会过于看重一些毫不相干的因素,忽略重要的因素,任由无关紧要的价值暗示将我们引向歧途。

那么，我们应该如何看待金钱？所有这些问题，有没有什么解决方案？

你们中的一些人，刚刚肯定翻到这本书的末尾去找这些内容了吧。很多人在书店浏览书籍时，可能都会这么做。如果你是这样的人，那首先为你省下了买这本书的钱而鼓掌，但也觉得你并没有正确对待我们的努力价值，并在这里提供简介版解决方案：当牵涉财务决策时，我们需要着重考虑的应该是机会成本、一次消费所带来的真正好处，以及同其他消费方式相比，它给我们带来的真正快乐。

那么，在绝对理性的世界中，哪些是不重要的？

- 售价或"省钱"，或是同一时间我们花在其他东西上的价钱。（相对性）
- 我们的资金分类，它的具体来源，以及我们对它的感受。（心理账户）
- 支付的便捷。（付款之痛）
- 我们看到的第一个价格，或是之前某次消费中曾经支付的价格。（锚定效应）
- 我们的拥有权意识。（禀赋效应和损失厌恶）
- 是否努力工作。（公平和努力）
- 是否屈服于当下的诱惑。（自控力）
- 将价格同产品、体验或事物相比较的便捷。（过于看重金钱）

第三部分 现在，该怎么办？

请记住：以上列出的这些内容并不会影响消费的价值（虽然我们觉得它们有影响）。如果我们是绝对理性的人，我们就应该清楚，还存在其他诸多类似因素，它们不会改变事物本身的价值，但我们有着各种古怪的借口，这使得这些因素最终还是改变了体验的价值。具体如下：

• 描述某件事物时使用的辞藻，以及我们在消费时的所作所为。（语言和形式）
• 我们对消费体验的预测方式，而不是针对其真实本质。（期望值）

语言、形式以及期望不同于其他因素，因为它们的确能够改变体验本身。25%的折扣或是手指一点轻松付款的方式，永远不会改变产品的价值。但了解红酒的酿造过程，让戴着白手套的侍酒师在湖畔野餐时给自己倒酒，这些行为都可以让整个体验变得更有意义，更有趣，也更有价值。

如果我们绝对理性，我们就不会让语言、形式以及期望改变自身的消费决策。然而，我们并非机器，我们是人，很难说我们从未受到语言、形式以及期望的影响。而且，也不能绝对地说，将这些因素考虑在内就是错误的，特别是当它们能让我们的体验变得更加丰富多彩的时候。如果我们想要更好地享受红酒（基于描述性的语言、配置、瓶子、品酒形式等），我们就会真的从红酒中获得更多美好的体验。那么，是否允许犯错呢？或者说，这是我们应该愿意支付的附加价值吗？

无论语言、形式和期望是否真的掺杂在某些特定的价值评估中，有一点需要说明的是：我们应该是能够决定是否要受这些因素影响的人。我们应该是能够决定是否要深入进行这些不合理的行为以获取更多价值的人，而不该受控于那些影响。基于我们现在所拥有的意识，我们能够决定是否，以及什么时候因为红酒的倾倒方式而更加享受它。

坦白说，我们并不确定自己是否想活在一个没有语言、形式以及期望的世界中——在那个世界里，我们会以更加中立的情感状态去体验事物。这听起来很无趣。我们只是想确保自己能够把控这些重要因素的使用方式。

这就简单了。现在，你知道我们是如何看待金钱的了，也知道哪些非理性的偏见会影响我们的行为，从相对性到期望值，等等。从现在开始，在面对每一个财务决策时，你只需始终将那些教训牢记在心。

没那么容易，对吧？似乎相当艰巨呢。其实，我们之所以没有直接告诉你应该如何应对各种情况，而是告诉你为什么我们会做出各种愚蠢的金钱决策，这是有原因的。我们并不知道在每种情况下，怎么做才是对的。没人知道。"授人以鱼，不如授人以渔"，如果愿意的话，你可以以更好的方式应对将来的种种。也许这并不公平——将大量信息传递给你，然后挥手道别；将你留在小溪里没有桨的船中，转身游走，还说着"这就是我们的命运"，然后开怀大笑。

除非我们根本不相信这是我们的命运。我们天性乐观。我们坚信，自己会有办法克服金钱中的种种错误。

如果用心想一想，我们就可以单独或一起改善我们的财务决策。首先，需要具备这种意识，这一点我们做到了。接着，我们要将意识转化成有效的计划、具体的步骤和切实的改变。

到目前为止，我们已经探讨了很多自己做得不好的地方，接下来，我们可以继续探讨自身行为上的细微差别，以便找到有助于构建美好未来的工具。行为经济学的主要经验之一，就是环境中的细微变化也会影响我们的生活。按照这种经验，我们认为，对人性弱点的详细了解是改善我们的整体决策，特别是财务决策的最佳出发点。

让我们首先考虑一下，自己能做些什么来避免、修正或减轻我们所犯下的每一个估值错误。

我们容易忽略机会成本

更具体地想一下，我们为了即将到手的东西，放弃了什么，从机会成本的角度去看待每一笔交易。例如，我们可以将钱转化成时间——我们需要努力工作几小时，甚至几个月，才能用赚来的薪水买得起某样东西。

我们忽略的任何事情都是相对的

在看到打折促销时，我们不应该去想那些东西以前卖多少钱，也不该去想如果现在买的话能省下多少钱。而是应该想一想，我们真正需要的是什么。买一件从 100 美元降到 60 美元的衬衫并不是"省了 40 美元"，而是"花了 60 美元"。苏珊阿姨的口袋里从来没多出来过40美元，多的只是衣柜里那件难看的衬衫。或者，更可能的情况是，那件衬衫放在了她的侄子的衣柜里。

当涉及大宗且复杂的交易时，我们可以试着细分每一笔支出。也就是说，当我们打算买一样涵盖多种选项的东西时，比如房子或车子，应该单独衡量每项附加内容。

我们应该避免用百分比数值去思考问题。当数据以百分比的形式呈现在我们面前时（例如管理资产中的1%），我们应该另行计算出它的具体金额。我们口袋里的钱是切实有形的；它的存在是绝对的，100美元就是100美元。不管是一笔1 000美元交易的10%，还是一笔10 000美元交易中的1%，它也只能买100包嘀嗒糖。

我们明确区分

预算可以起到一定的作用，但请记住一个简单原理：钱是可以互换的。每1美元都完全相同。钱从哪儿来并不重要，工作收入也好，遗产继承也好，彩票中奖、银行抢劫或是以爵士四重奏中贝斯手的身份进行夜间演出所赚取的收入（要有梦想）也好，这些都是我们的钱，它属于我们，事实上，它在广义上也属于"我们的钱"这一账户。如果我们发现自己挥霍了某些特定分类账户里的钱（仅仅是因为我们在脑海中将这些钱划分在"津贴"或"奖金"账户下），我们就需要停下来想一想，并提醒自己，不管怎么说，它都是一笔钱。我们的钱。

与此同时，我们还应该记住，对于那些常常无法算出机会成本的人来说，使用心理账户划分自己的支出不失为一种有效的预算手段。这里指的是我们所有人。一方面，这是一种暗藏危机的手段，因为它彰显了我们对各类钱财的不同态度。但另一方面，如果使用得当，它就会有利于我们以趋近自己理想的方式去花钱。

我们避免痛苦

在所有把钱搞得一团乱的方式中，付款的痛苦可能是最棘手、最令人厌恶的。适当地保持一些付款之痛，至少有助于我们去思考某件事物中涉及的各种选择和机会成本的价值。这种痛苦可以让我们在付款前停下来想一想，自己是否真的有必要在当下将这笔钱花出去——这有利于我们衡量机会成本。

当然，问题在于，我们想要放慢消费节奏、考虑替代选项、深思熟虑的愿望，并不是支付系统开发人员的想法。这就是为什么解决付款之痛的最佳方案可能是类似于"不要使用信用卡"这么简单的办法。或者，还可以更简单，"每次花钱的时候都狠狠地揍自己几拳，以便真正地感受到它"。虽然这可能并不是可持续的财务规划，毕竟到了最后，我们还得承担医疗费用。

从现实说来，我们不可能突然停用信用卡。但我们不该盲目相信最新的金融技术，特别是那些旨在节省我们的时间和精力，让我们更容易将钱花出去的技术。在不久的将来，也许眨一下眼睛就能完成一笔消费。千万别注册。

我们过度自信

相信自己，相信我们对曾经遇到的价格的判断、选择和反应，通常被认为是一件好事。"相信你的直觉。"收费颇高的自我疗法大师仰天长啸道。这其实并不是什么好想法，特别是在消费方面。当牵涉支出时，相信自身过去的决策会导致锚定效应、从众行为和任意连贯的问题。因此，我们应该质疑那些看似"随机"的数字、故意放置的MSRP和昂贵到不可思议的产品。当我们看到一双2 000美元的鞋或150美元的三明治时，要留心售价排在其后的那双鞋和三明治，或是不知为何售价是三明治两倍的鞋。

除了质疑他人设定的价格，我们也应该质疑自身设定的价格。我们应该避免习以为常，比如，毫不迟疑地花4美元买一杯拿铁。我们之所以会这么做，只是因为我们之前习惯了花这么多钱在这件事上。我们应该时不时停下来，质疑一下自己长久以来养成的消费习惯。不曾从自身的历史消费中学习反思的人，必然会重蹈覆辙。我们应该扪心自问，对我们来说，一杯拿铁真的值4美元吗？每个月的网络套餐服务费真的值140美元吗？真的有必要办健身房会员卡，就为了步履艰难地在跑步机上看一个小时的手机吗？

我们高估了自己所拥有的和可能会失去的

不要觉得即将开始的家装会增加房屋的转售价值。我们应该认识到，并非人人都能接受自己的审美品位，其他人可能会有不同的看法。但如果我们在着手装修前能清楚地意识到，家装只会增加我们自己对房屋的价值定位，那就没问题。

我们应该小心试用服务和促销活动。推销人员深知，一旦曾经拥有过某些东西，我们就会更加珍视它，也更加难以放弃它。

沉没成本无法复原。一笔钱花出去，就没了。过去就过去了。我们在做决策的时候，只需考虑自己当下的处境和将来的处境。我们可能觉得，沉没成本会影响未来的决策，其实不会。我们应该像《冰雪奇缘》数百万的 4 岁粉丝那样坦然处之，在过去的几年里，他们一直对着父母尖叫着："随它吧！随它吧——！"

我们担心公平和努力

不管是被推下秋千的 5 岁孩童，还是被挤下晋升岗位的 35 岁成年人，在人生中的某个时刻，我们都会学到一条简单的真理：这个世界是不公平的。抱歉。

我们不要纠结于某样东西的定价是否公平；取而代之，我们应该思考它对我们来说有着怎样的价值。我们不该为了惩罚看起来不公平的商人而拒绝上好的价值——进到家中、维修电脑、冬天打车。他们可能会不以为意，但我们却会被困在大雨倾盆或大雪纷飞的室外，还会找不到电脑文件。

在某件事物的定价是否公平以及它是否真的耗费很多工夫这件事上，我们也会评估失误。我们应该认识到，知识和经验也是有价值的。锁匠、艺术家、作家，这些人的工作价值并非来自我们可见的用时和工夫，而是来自他们在漫长的一生中，为了让自己变得更加专业所付出的时间和精力。工匠们不断完善自身技术，这让他们看起来似乎毫不费力就能完成工作，但事实并非如此。从成为毕加索到养育子女，有些时候，最困难的工作看上去总是比实际做起来要容易。

不过，我们得注意，不要被虚假的努力欺骗。我们得小心那些过程特别惹眼的事物。如果某位顾问向我们展示了他们所经历的所有巨大痛苦却没有任何实质性的结果，还要收取 10 万美元的费用，那么请再深思熟虑一下。如果某个网页只有一个进度条和一个"立即付款"的按钮，那么请继续搜索其他网页。如果我们的配偶在摆放洗碗机或洗衣服的时候，又是嘟哝又是呻吟，又是哀号又是尖叫，故作苦恼又充满绝望，那么，在这种情况下，我们可能应该给对方揉揉脚。这只是出于安全起见。

我们相信语言和形式的魔力

伟大的 20 世纪哲学家 Public Enemy（他们还是一个嘻哈乐队）说得非常对："不要相信炒作。"如果形容某件事物的描述或消费某件事物的过程冗长又夸张，我们可能就得为这些描述或过程付费，即便它并没有增加任何实质价值。

要小心毫不相关的暗示：我们没有理由非去买一把手工制作的锤子。

同时，请记住，语言和形式可以改变我们的体验质量，所以，如果愿意的话，我们应该接纳它们，让它们来提升我们的体验。

我们让期望成真

期望让我们有理由相信，某些事物会很美妙，或糟糕、或美味、或恶劣，它虽然不会改变事物的本质，但能改变我们的看法和体验。我们应该认清，期望的来源，无论是梦想和渴望的愉悦心情，还是品牌名称、偏见和外在呈现出的无关诱惑。或者，正如许多伟大的哲学家和平庸的平面设计师所说的那样："不要以封面来评判一本书。"

我们，丹和杰夫，得再次承认，期望同语言和形式一样，也会改变我们的真实体验。我们可以将此类期望用于自身所长，不然的话，很可能会被其他人拿来加以利用。

我们买下一瓶红酒，可能就会想要暗示自己，去相信它的价值比我们实际支付的费用还要多出20美元。我们可以让酒醒一醒，将它倒在精致的杯中微微旋转，轻嗅它的香气，我们深知，这些把戏会让品酒体验变得更好。这就是运用了期望的作用。

但我们不想因为被别人糊弄，就多花20美元买下一瓶酒。侍酒师向我们讲述它的年份、单宁、荣获的嘉赏和标签，以及接骨木果的审查和示意，这都让我们觉得，这瓶酒一定就值那么多钱。这就是期望被他人利用的例子。

什么才是现实？是用机器检测出的一瓶酒的客观味道，还是添加了我们期望和有关它的所有心理因素之后的味道？实际上，这两者都是现实。假设，有两瓶一样的酒，其中一瓶有着不同的外形、颜色、标签和推荐语。我们的期望可能会让我们对这两者产生完全不同的体验。但当蒙上眼睛去品尝，或是让机器客观检测数据时，我们就会发现，两者的味道完全一致。

但我们不能像无法视物的机器那样去生活（其实我们也不知道，人工智能和神经科学发展到了哪一步，但我们中的大多数人仍是人类）。我们不能低估期望在我们品尝红酒时所起到的客观改善作用。它的确会发生。这也是一种现实。

这是利用与被利用的选择。我们不希望自己不情愿或无意识地被他人利用，但如果由自己来利用或设计一个系统，那就没问题。站在厨房的水槽边吃饭的每个人都知道，如果能坐在餐桌旁，沉浸在当时的氛围中，就算吃着完全一样的食物，也会比现在愉悦得多。

我们过于看重金钱

价格不过是事物价值的众多属性之一,它可能是唯一一种我们能轻松理解的属性,但不是唯一重要的属性。要记得使用其他衡量标准,即便这在实际操作时可能很困难。我们都在这片充斥着不确定性的汪洋大海中漂浮不定,不要让别人的价值观(也就是价格)成为你赖以求生的浮木。价格只是一个数字,虽然它可能成为决策的重要部分,但它并不能,也不该意味着一切。

大体而论

如果对于某个事物的实际价值,我们缺乏一定的想法,那么我们就应该去做些研究。上网搜索、调查探讨、询问他人。在当今社会,我们可以接触到大量信息,这就是所谓的"互联网",我们没有理由不用知识武装自己。我们不需要耗费一周去搜索口香糖的价格,但在去汽车经销商那里之前,我们可以花几个小时,或者至少几分钟,去挖掘一些有用的信息。

是什么促使你去调查研究?

买卖车辆这件事,存在着严重的信息不对等,比如销售人员(掌握着很多知识)和我们自己(知道的知识少得可怜)。汽车销售人员经常会利用这种知识差距,也会利用某些消费人群。哪些?女性和少数民族!

所以,有些人在去汽车经销商那里之前,通过上网搜索从中获益。哪些人能从信息武装中收获更多?同样,女性和少数民族。

> 汽车销售是一种格外棘手的商业环境，其中存在着诸多金钱陷阱和文化偏见，我们得始终牢记最基本的一点：当我们面临着自己比对方知之甚少的情况时，存在的信息差距可能会被用来对付我们，它存在于生活的方方面面，被所有试图说服的人利用，只有不断地学习才能让我们克服这种障碍，哪怕只有微不足道的作用也好。

我们希望自己能够见多识广，不仅仅是在我们的潜在消费上，也在对自己、自己的偏见和自己的金钱错误上。

15　免费的建议

请记住：免费也是一种价格。它是一种不成比例地引起我们注意的价格。

俗话说："天下没有免费的建议。"

没错：这一章，让我们的出版社耗费了一页纸。

16　自控力

在阐述我们对金钱的看法时，自控力是一个值得特别关注的点。虽然在自身选择和理性的财务决策之间，我们为了消除诸多内部及外部障碍而付出了不少努力，但如果缺乏自我控制的话，我们还是会在到达终点前就被绊倒。我们也许很清楚自身选择的正确价值，但自控能力的不足还是会使我们做出错误的选择。

请记住，我们之所以缺乏自控，是由于不够重视未来（因为未来无法引起我们情感上的共鸣），以及不具备足以克服当下诱惑的意志。那么，我们应该如何加强自控力呢？多想一想，然后，抵制诱惑。但这的确说起来容易，做起来难……

回到未来

我们将未来的自己当成了另一个人，因此，为今后存钱这种行为会让人觉得是把钱给了一个陌生人，而不是自己。这个问题的解决办法之一是：重新建立与未来的自己之间的联系。

针对这种心理，哈尔·赫什菲尔德一直在研究各种解决办法。概括地讲，他所有的发现可以总结为一种强有力的想法：使用简单的工具和手段来帮助我们更加生动、具体和有据可循地去想象未来的自己。比如，和年长的"自己"展开一场想象中的交谈，就这么简单。或是，写一封信给将来的自己。我们也可以想象一下，当自己到了65岁、70岁、95岁，甚至100岁时，会有哪些具体需求和心愿，最大的乐趣是什么，最痛苦的遗憾又是什么。

与未来的自己交流能够有效地转变我们的想法，同时还能建立更多的意志，去抵挡当前的诱惑。这种交流不需要充斥着讽刺和负面情绪——"哦，不，年轻的我没能存下钱，害得现在的我只能住在纸箱里！"它应该是积极的、有益的。想一下，假如我们预订了一家酒店，并提前支付了费用。在登记入住的时候，我们被告知：所有费用已经缴清了。我们可能会转身面对更年轻的自己，说道："嘿，过去的我，你太棒了，让我住到这么好的酒店！棒极了！"再想象一下，假如不是提前支付酒店费用这种事，而是在401(k)退休储蓄计划里给自己存了50万美元呢？

我们可以从自我交谈开始，但同时，我们也应该建立起更有利于在情感上倾向将来的自己的其他体系。我们对未来的想象越清晰、生动和具体，它就越可靠，我们也就会越发关心自己未来的利益，并同它紧紧相连，依据它来行事。

增加情感倾向的方法之一是，改变某个对我们来说最重要的决策环境：人力资源部（HR部门）。这是经常令员工做出存钱决定地方，它看上去像是医生的办公室或养老院，甚至更精致，像养老院里的医生办公室，摆放着装有硬糖的碗、沙狐球棍、"1号奶奶"马克杯以及各种各样让人们能够联想到变老和长远打算的事物。对于全球不断增长的数以万计的自主创业人士来说，存钱这件事更加困难，不过，当我们打算做出退休决定的时候，可以把厨房的餐桌布置成人力资源办公室的样子。

一项研究发现，用具体的日历日期而不是一段时间来描述以后，可以适当加强人们对未来的重视程度。"2037年10月18日"退休与"20年后"退休相比，前者更能激发起我们的存钱意识。这种简单的改变让未来变得更加生动具体，也更加真实可靠。对于人力资源专家和投资顾问来说，这种简单的转变能更好地激励我们存下更多的钱。

我们也可以使用科学技术让人们以文字（以及某种诡异）的形式同未来的自己相连。与电脑生成的老年的自己互动后，我们会存下更多的钱。我们与未来那个更加年迈的自己联系在了一起。我们体验到了移情和情感，我们希望这个人能生活得轻松一些。

无论是从对别人的利他主义，还是激增的利己主义角度，其结果都是一样的：这个人，这个"未来的我"，应该得到关照。

这看起来可能像科幻电影的情节，但它不失为一种强大的想法：与其想象同老去的自己交谈，不如真的去做；我们可以看到未来的自己，与他/她互动。当然，我们也许会希望对方告诉我们彩票的中奖号码或是超级碗的比分，但即便没能知晓这些，我们至少也会更愿意为现在能看到的这个具体的人存下更多的钱。再看看现在的我们：我们说不定会想吃更健康的饮食，做一些锻炼。还有保湿，看在上帝的分儿上，让我们注意一下皮肤的保湿吧。

当然，我们中的大多数人，在填写福利表格时，并没有机会参与未来的虚拟现实之旅，那么，我们如何才能将这种看到老去的自己的想法大众化呢？也许，可以在工资单或信用卡上用软件制作一张看起来比现在的自己更老的照片。或者，为了激发我们对未来的渴望和情感，可以用变老的照片去想象自己在完美的未来所能做的美妙事情——远足、度假、和孙子嬉戏、夺下奥运金牌、发表总统演讲、完成火箭发射时的画面。

将我绑在桅杆上

说到财务决策，我们可以通过各种各样的尝试，让现在和未来的自己的所作所为更符合我们自身的长远利益。这里有一个解决办法，就是使用具有约束效应的自我控制契约，或者是我们所说的"尤利西斯契约"。

我们应该都记得尤利西斯和赛壬（古希腊传说中半人半鸟的女海妖，惯以美妙的歌声引诱水手，使他们的船只触礁或驶入危险水域）的故事。尤利西斯很清楚，若是听到赛壬的召唤，他一定会不由自主地跟过去，就像在他之前许许多多的水手一样，尽管这会给他以及他的船员带来厄运。他没法控制自己，但他想听听赛壬的歌声（他得知赛壬的最新专辑是《炸弹》）。尤利西斯知道自己无法抵抗对方如同天籁般的节奏，所以他让水手们将自己绑在船的桅杆上，这样一来，他就能听到赛壬的所有歌声，但又不至于被对方牵着鼻子走。此外，他还让水手们在各自的耳朵里放上了蜡，这样，他们就听不到赛壬的歌声了，而且，万一尤利西斯鬼迷心窍地想让水手们放了自己，也不会有人理睬，他们不会驶向厄运。这个办法很有效，船只幸免于难。

尤利西斯契约是我们制定出的用以对抗未来诱惑的准备。我们让自己毫无选择，我们摒弃了自由意志。不幸的是，尤利西斯契约几乎不会带来精彩绝伦的音乐，而且，也很少涉及我们的船只触礁事故。

常见的金融尤利西斯契约包括：预设信用卡额度、只使用借记卡，甚至取消所有卡片，只使用现金。另一种与此类似的契约有一个明确的非荷马名称："401(k)"。

401(k)这一尤利西斯契约是一种称不上理性却非常有效的策略。长期储蓄最合理的办法是，等到每个月的月末，看一眼自己的账单和消费，然后再决定我们能存多少钱。当然，这种月末策略产生的结果，我们一清二楚：永远也存不下钱，就像鲍勃·曼斯菲尔德拥有了他的摩托车以及私人空间一样。那么，我们应该怎么办？我们可以通过一种非理性的策略——尽管我们不清楚自己每个月会有多少钱，也不知道需要花多少钱，但我们可以预先存一种类型和一定金额。至少，我们承认了自己在自控方面的失败，而且对于每个月的决策，我们也在采取有效的干预行动。401(k)（以及其他类似的东西）当然不是一种理想的策略，但总比什么都不做要好。重要的是，这个办法只需我们做出一次简单的决策，从长远来看，这对我们大有好处：我们只需克服一次诱惑，而不是一年12次。克服一次挑战是困难的，克服12次挑战更是难上加难。减少诱惑有利于我们更好地做出决策，不过它并不是用来制作真人秀电视节目的好方法（网上有传言说，杰夫打算做一档名为《陆上公园的节俭主妇和理性丈夫》的节目）。

另一种明智的做法是，让养老金的缴纳和存款变为自动默认选项，这样，我们就没法插手存钱这件事了。这种办法不仅避免了每个月未来的存款、当下的诱惑以及需求之间可预测的种种问题，也使我们免受每月一次的登录烦扰。

如果我们主动参与退休储蓄计划，惰性和懒惰的倾向反而会对我们有利：因为它让我们更加懒得去改变一切，首要的就是为退休存钱；之后，它又有助于我们维持储蓄计划。尽管从逻辑上来说，存钱的决定只是决定存钱而已，两种达成这一目的的手段应该是一致的，即努力构建实现个人储蓄的保障策略。对个人而言，要么接受这种策略，要么放弃这种策略。这种自动参与的概念违背了传统的经济学思维，即我们应该并始终能够做出知情的、合理的决策，但它是顺着行为科学呈之字形的人性发展走向的。

罗布在20多岁的时候，是一家公司的职员，公司让他主动参与退休储蓄计划，但他没有参与。如果，他当时自动加入了呢？他可能也不会去主动取消。默认选项，加上懒惰和惯性，将对他的长远存钱行为产生巨大的影响。

这些自动储蓄计划（退休储蓄、大学储蓄、医疗保健账户，等等）利用心理陷阱，让自动支出变得习以为常（就像支付之痛和可塑型心理账户），让其成为优势。自动储蓄与自动消费相比，我们当然知道哪种选择更好，但如果让我们自己选的话，不一定会选它。

利用尤利西斯契约来存钱的确有用。纳瓦·阿拉什夫、迪恩·卡兰以及卫斯理·尹曾经做过一项研究，他们发现，银行账户受限的那组实验对象（钱会自动存入储蓄账户），其存款总额在一年内增加了81%。

另一项实验侧重于研究从将来加薪金额中拿出一部分，自动存起来的行为。也就是说，人们同意，如果未来得以加薪，他们愿意将多出来的一部分钱自动存起来。他们现有的收入不会受到影响，将来也还是会加薪，他们这么做，只是让薪资的提升稍微少了一点儿而已。这种做法也有利于存款的增加。这是利用我们的心理缺陷（现状偏见和不愿改变）去克服另一种心理缺陷（缺乏自控）的一个绝佳例子。

专款专用是另一种可以预存资金、鼓励自己坚持执行计划的方式。当专款专用（给某些特定账户和心理账户拨出一定额度的资金）成为一种主动先发、有意为之的决策时（它不同于我们之前讨论过的无意识的或下意识的行为，那些行为会产生一些问题），就能给我们带来好处。专款专用可以避免我们在其他各种类别上滥用资金的行为，特别是一开始根本就没打算花钱的类别。我们可以通过在工资单上设置视觉提醒或是将钱存放在不同的账户中的办法，或是正如我们在资金细分那章中所提到的，将每周可自由支配的开支汇总在一张预付借记卡上。[①]这些事情提醒我们应该给自身制定各种准则，这将有助于我们对自己做到心中"有数"。一语双关。

我们可以用情感手段来进一步控制自己，比如使用自然界最伟大的工具：罪恶感。迪利普·索曼和艾玛尔·奇马曾经做过一项研究，他们发现，人们不太会去滥用标有子女姓名的专项资金，而如果消费过程中没出现子女的姓名，人们花起钱来就会更加轻松。这是对的：装满了现金的信封，如果标有实验对象子女的名字，父母用起来就会比较节制，从而省下更多的钱。这是多么扭曲、多么残酷，但老实讲，又是多么有效啊。孩子让最沉闷的事都变得可以接受。

---

① 到底是周一将每周可支配的资金存到预付借记卡上更有利，还是周五存更有利？答案是周一。为什么这么说？因为如果是周五的话，我们在接下来的那个周末会觉得自己荷包鼓鼓，这样一来，就很容易忽视下周三或周四的需求，肆意地花掉这些钱。而如果是在周一存入这笔钱，我们这周的消费就会更加分类明确，上下班的费用、一日三餐的费用，并且可能会为了周末能稍微大手大脚一点儿而计划且省下更多的钱。我们在一周中的哪一天领到工资这件事，也同样适用于这种逻辑。

我们也可以考虑一下尤利西斯终极财务契约。尤利西斯被绑在桅杆上。如果我们进一步强化这种捆绑行为和惩罚机制，开办一家训诫银行，并以女王大人为银行行标，那么这会是怎样一番情形呢？这家银行会尽可能地从我们手中夺取一切财务决策权。我们的老板会直接将我们的工资汇到这家银行。银行会帮我们支付各种账单，我们每周会得到一定额度的津贴。我们的资金受限。我们无法随心所欲地获得自己想要的东西，所有的钱会被分门别类，用于各种特定用途，银行经理可以以自己觉得合适为由改变规则。如果我们选择退出，或是违背了自己的预设准则，我们就会受到惩罚，因为我们不听话，没规矩。真见鬼，为什么我们没早点儿想到这个创意，我们还可以把银行行标改成女王大人辱骂老去的自己的图像。我们相信，这会让人们对自己的资金……有所作为。

当然，我们实际上并不需要这么一家银行（不管行标是什么）。但我们的确想知道，如果无须一直担忧资金管理，是否就能更加享受生活？如果我们将自身大部分的决策和责任移交给一个系统，只需麻烦这么一次，之后就由系统来为我们掌管资金，会是怎样的结果？我们会更加享受自己的人生吗？我们的自由会变少，但需要担忧的东西也变少了。我们是这么想的，但我们并不确定，所以，为了测试这一事项，请把你所有的钱打给我们，我们来看看结果如何。（开玩笑的。不要把所有的钱打给我们。）

我们应该意识到，尤利西斯契约可以作为非常有用的工具，来帮助我们避免生活中几乎无所不在的诱惑。丹教授的大学生告诉他，在考试周的时候，他们会把自己的电脑交给朋友代为保管。他们还让朋友修改自己的脸书密码，这样，在考试周期间，他们就没法登录上去了。还有一些MBA（工商管理硕士）女学生告诉丹，当她们不想让恋情进一步发展的时候，她们就会穿难看的内衣。也许，我们可以制定一份书面的尤利西斯契约，规定每当我们屈服于诱惑时，我们都得诵读荷马的《奥德赛》——这是关于尤利西斯的史诗，创作于古希腊。

善待自己

还有一种办法可以用来对抗自控问题，那就是奖励替代。还记得前文中讲过的，我们所面临的挑战之一，是我们觉得未来的奖励，两个棉花糖，一整盒巧克力，远远比不上现在的奖励，即便现在的奖励（一个棉花糖，半盒巧克力）要少得多。如果我们跳过对未来奖励的无动于衷，将其替换成另一种现在的奖励呢？这种转变会带来更多的自我控制吗？

在复杂的医疗领域，丹有过感同身受的体验。青少年时期的丹曾经因为严重烧伤而入院。在漫长的住院期间，他感染上了丙型肝炎。之后，美国食品和药物管理局找到他，他们希望他能帮忙做一个实验，看看干扰素这种新药能否治疗丙肝。丹参与了这项研究，这也就意味着，在持续一年半的时间里，他每周得接受三次令人难受的注射。每次注射完后的那一整晚，他都会非常不舒服——颤抖、发烧、呕吐。如果能坚持完成治疗，那么他在未来 30 年内得肝硬化的概率就会大大减少……但，每晚都是一场煎熬。这个十分具体又相当极端的例子正显示了为了未来的受益而牺牲现在的事实。

丹坚持完成了治疗。后来，他发现自己是所有签了协议的病人中，唯一一个在可怕的药物治疗方案下坚持下来的人。他之所以能完成，并不是因为他是超人，也不是因为他比我们其他人都要优秀（背景中的杰夫欢呼叫喊："他没比我们优秀！"），而是因为他能理解并活用奖励替代。

每当他不得不服用药物时，他就给自己租一部电影作为奖赏。他回到家，注射药物，然后在不良反应开始之前观看期待已久的影片。他将令人不快的事情——注射，同令人愉快的事情——电影，糅合在一起（有些时候，他会挑到一些不太好看的浪漫喜剧，这让他感觉更糟。在不久的将来，我们会公布丹用来克服恶心力荐的电影）。

丹并没有试图同未来的自己建立连接。他没有执着于拥有健康肝脏的好处，因为那些未来的好处，虽然从经验上看，固然重要，但还是无法和当下可怕的不良反应成本相抗衡。丹选择了改变当前的环境，而不是自己去思考未来的重要性。他给了自己一个不是那么重要却更加立竿见影，也更切实有形的理由（电影）来弥补现在的牺牲。他没有聚焦于更加重要却虚无缥缈的理由（丙肝免疫），而是专注于一些不那么重要却触手可及的事物（电影），来弥补现在的牺牲。这就是奖励替代。

如果人们的理性行为能够获得奖励替代，也许他们就能更理智地消费，也能更频繁地存款。一些州目前通过给存款用户发放"彩票"的方式，奖励他们的存款行为。用户每次存款都会获得一张彩票，这意味着他们有可能额外中一笔钱。这种基于彩票的存款计划是有效的。它也是奖励替代的另一个例子。

毫无疑问，在不同的情况下，还有诸多其他方式可以用来应对自控力的问题。至少，我们必须意识到，即便能够仔细分析那些了不起的财务决策制定系统，缺乏自控还是会使我们偏离成功。

17 现在是我们反抗它们的时候了

在之前几页中，我们探讨了如何利用一些技巧来应对我们在心理上对金钱的部分错误认知。但是，我们也应该意识到，知道应该做出改变和实际做出改变是两回事。面对金钱更是如此，我们不仅要同自身的喜好做斗争，还要同处处充满陷阱、引诱我们做出糟糕财务决策的金融环境相抗衡。在我们所处的世界里，外界总想从我们身上榨取些什么，我们的金钱、时间和注意力，这使得理性思考和明智行动成了困难的事。

举个例子，我们都知道，如果只根据利率来衡量各种贷款，人们很容易就能找出更理想的那一种，4%的利率明显比4.5%的利率要低［即便如此，人们往往还是不太会花时间去寻找更便宜的抵押贷款。许多人没明白，纵使只是略微下调（比如从3.5%降到3.25%），从长远来看，也可以省下一笔不少的钱］。

然而，当贷款经纪人给选项加上积分系统（例如，我们可以通过支付一笔预付金，假设是1万美元，来减少……比如0.25%的利率）时，我们就会没法权衡比较各种贷款。突然之间，需要计算的内容从一个方面（百分比）变成了两个方面（预付金和百分比），在这个略微复杂的决策环境中，我们会犯下更多的错误。

现在，你可能会说："哦，好吧，没事。想要搞清复杂的事情本来就很难。"是这样。但是，贷款经纪人熟知我们在面对多方面权衡时做出决策的艰难。于是，赶快！突然，贷款就有了越来越多的附加选项。这些选项摆出一副"为消费者选择"的样子，打着为我们提供更多信息以做出明智决策的旗号……不过，更多的信息和选项显然也意味着，我们容易犯更多的错。这个系统并不是用来帮助我们的，而是用来加剧我们的财务失策的。

因此，想要改善财务决策，我们不仅要同个人缺陷做斗争，还要同旨在加剧这些缺陷、利用我们自身不足的各种系统做斗争。因此，我们得加倍努力才行。我们必须逐个调整自己的思维过程，以便更加明智地思考应该如何消费。而且，从社会的角度来说（假设我们希望周围的人也能做出更好的财务决策），我们还得设计出和我们对金钱的看法相一致的系统，这样，我们的决策才会令自身和社会受益，而不会让那些杂乱的系统利用和滥用我们在思想上的不足。

这就是为什么，只有现在越来越充分地了解自身的各种缺陷和不足，未来才能更好地处理和应对各种问题。没有人可以预测未来，我们的投资、健康、职业也好，世界大事、明星总统、红酒饮用机器人也好，没人能预测。①

我们所知道的是，今后的消费决策会变得更为艰难。从比特币到 Apple Pay、视网膜扫描、亚马逊推荐以及无人机送货，越来越多的现代系统会让我们的消费变得更多、更轻松、更频繁。我们所处的决策环境根本谈不上周到、理性或合理。而因为这些现代化工具的存在，我们只会越来越难以做出有利于自身最佳长远利益的决策。

信息的诱惑

现在，我们知道，许多商业利益会榨取我们的时间、金钱和注意力，我们可能认为，自己可以为此做些什么。不管怎么说，我们坚信自己是理性之人。所以，只需要具备相应的正确信息，我们立刻就能做出正确的决策，不是吗？

吃太多了？只需提供卡路里信息，一切就会好起来。存款不够多？只需使用退休计算器，接下来，就等着看存款增长吧。一边发信息，一边开车？只需告诉所有人，这是多么危险的一件事。孩子辍学？医生在检查病人前不洗手？只需向孩子解释为什么他

---

① 哎呀，多亏了《卡尔文与霍布斯》这部卡通片，杰夫觉得，他现在应该在新奥尔良一家聚集了所有女孩的歌厅里演奏萨克斯。

们应该留在学校、告诉医生为什么应该洗手即可。

可悲的是,生活并非如此简单。我们在现代生活中遇到的大多数问题也并非由于缺乏信息所致,这也就解释了为什么通过提供额外信息来改善行为的方式总是以失败告终。

我们正处在一个颇有意思的历史转折点,技术可以用来帮助我们,也可以用来对付我们。目前,大多数金融技术都在和我们对着干,因为它们中的大部分,都是为了让我们更多更快地消费,而不是更少更慢地消费。技术寄希望于能够减少我们对消费的思考,让我们更频繁地屈服于诱惑。如果仅仅依靠自身的直觉和始终可用的技术,我们就会受到绝大多数机制的支配,它将使我们不断做出难以抵抗的短期决策。

例如,电子钱包被称赞为"当代消费行为演变的一个巅峰"。它使我们即使脱离现金也能灵活应对各种交易,同时还能节省时间,减少资金管理的麻烦,我们会得到一份数据,列明过去的所有消费。这听起来像是技术极乐的乌托邦时代。消费更便捷,签字更快,访问和享受更加轻松、更加迅捷、更加方便。付款变得不再麻烦,我们将进入一个全新的财务极乐的后金钱时代。

其实,没那么快。更可能的情况是,这些现代金融工具将进一步加剧我们的消费行为,我们会花更多的钱,而且花起来也更轻松、更草率、更迅速、更频繁。如果我们是一名账单收集者或一位破产律师,这样的未来可谓光明,但对于我们大多数人来说,光明只会源于把我们钱包烧出一个洞的火光。

并不一定要变成这样。

越来越多的人开始意识到，让消费变得"更加轻松"的技术，不一定会让它变得"更好"。人们开始思索，不仅要改变自身行为，同时也应该改变我们的金融环境、金融工具以及各类财务默认设置。

我们可以设计有利于自己，而不是引诱自己的各种系统、环境和技术，来增加我们的知识。我们可以几乎原封不动地利用对我们有害的行为和技术，让它们对我们有利。我们可以将其颠倒过来。我们可以利用自身怪癖来为我所用。

我们怎样才能改变金融环境？我们怎样才能创造出与Apple Pay以及Android Pay对抗的系统，也就是说，我们怎样才能让消费变得不那么草率，让自己更清晰地做决策呢？不能在完成某些事之后才采取行动，我们要做的不是创建一个在消费行为发生后才记录所有开支的记账系统，而是应该创建一个在一开始就可以帮助我们做出财务决策的系统。但是，应该怎么做呢？可以想象一下，我们这样的人（时间、精力和认知能力都有限，同时有着许多怪癖）真正需要的到底是什么样的支付工具？我们哪些事做得好，哪些事做得不好？从这里入手，我们或许就可以设计出真正有利于自身消费和储蓄的工具。

我们希望这本书，以及它所揭示的人类缺陷，以及利用缺陷为我们带来好处的一些方式，能够激励我们所有人采取进一步措施，并开发出这样的工具。

诈骗应用心理学

想象一下"应用程序"的世界。10年前,这些东西闻所未闻,但是现在,它却成了生活中不可或缺的东西。它是用于娱乐、教育并令人着迷的工具。如果说应用程序能够有助于我们提高身体素质和心理健康,那它说不定对财务健康和财政健全也有着同样的作用。

如果我们能开发出一款帮助我们不停进行大量对比和计算的应用程序,来追踪机会成本,会怎样?它可以自动对比:想买双100美元的鞋?砰啪!好了,这是两张电影票,拿去和自己的爱人看场电影,你们还能买份爆米花,剩下的钱可以在电影结束后供你们喝点酒。看起来是不是还不错?

创建一个消费类别和消费上限的应用程序怎么样?这样,我们就能同时兼顾心理账户的优点和缺点,当某个类别的消费金额接近上限时,它还会发出警告。

为了避免损失厌恶,也许我们可以开发一款应用程序,它能无视决策在现状中的得失,估算决策的预期价值。想要卖掉你的房子?也许这款应用程序可以帮你克服主观依恋,设定正确合适的价格。

以上只是一些初始想法。还有一个很有前途的理念是,我们随身携带的手机,不仅可以用来诱惑我们,使我们分心,还能实时地为更好的决策提供各种工具和手段。在硅谷,每家咖啡厅里都有一大批失业的程序员，等着帮助你开发更多这样的应用程序。

> ### 过犹不及
>
> 越来越多的研究表明，太多的信息反而会阻碍行为的改变。监测睡眠、心率、卡路里、健身、步数、爬楼以及呼吸（更不用说支出和网络使用以及其他行为）的应用程序让我们活在一个个人信息被量化的时代。我们可以随时掌握自己正在做的、已经做完的，以及应该做的一切。拥有这些信息很好，但实际上，太多的数据反而会降低我们从诸如健身、睡觉、节食和存钱这些健康活动中获得的乐趣。随着数据的积累，我们必须努力做出权衡、跟进并思考，活动本身从"生活方式"变成了"工作"。这么一来，我们参与这些健康活动的积极性就会下降。所以，虽然数据有助于我们理解自己应该做什么，但太多的数据还是会阻碍我们做任何事的愿望。
>
> 任何事情，从红酒到冰激凌，到技术，再到小睡，都有一个度，这一点很关键。是的，即便是喝酒和吃冰激凌也得适度（我们不想把这句话加上去，但我们的律师和医生坚持让我们写上）。

刮 刮 乐

如今，电子钱包的存在让我们不会那么在意付款所带来的痛苦，这无形中也就增加了消费行为，为了应对这一状况，我们可以通过提升自己的消费意识，来加强付款所带来的痛苦，从而减少消费行为，增加存款。

我们往往不会想到要去存钱。即使我们终于想起这件事，也不代表真的就能存下多少钱。为了测试电子钱包对人类行为的影响，丹曾经和自己的同事以肯尼亚成千上万的移动支付系统用户为对象，进行了一次大规模的实验调查。一部分人每周会收到两条短信：一条是在每周开始的时候，提醒他们要记得存钱，另一条是在每周结束的时候，总结他们这周的存钱情况。另一部分人收到的短信内容略有不同：它假装子女的口吻，要求他们为"我们的将来"存钱。

还有4组参与者，通过贿赂的方式令其存钱（正式名称是"财务激励"）。第一组参与者，在存第一个100先令时，可获得存下金额10%的奖励。第二组参与者，在存第一个100先令时，可获得存下金额20%的奖励。第三组和第一组的奖励机制一样，不过是以损失厌恶的形式。第四组和第二组的奖励机制一样，但也是以损失厌恶的形式。（研究人员在一开始就会把全额奖金，10先令或者20先令，存入第三组和第四组人员的账户中。参与者被告知，他们最终能存下多少钱，就能保留多少对应的奖金，没能存下的那部分，对应的奖金也会从账户里转走。从经济学角度来说，这种损失厌恶的方式和周末提醒信息差不多，但其理念在于，眼看着钱从账户中被转走是一段痛苦的体验，这会激励参与者去存更多的钱。）

最后一组参与者收到了和之前那群人同样的短信，以及刻度数字为 1~24 的金色硬币，表明计划将持续 24 周。这些人被要求将硬币放置在家里最显眼的地方，并用小刀在数字上画上记号，以此记录他们那周是否存下了钱。

6 个月后，实验结束，表现最佳的是（请滚动！）硬币那组。其他方式的实验参与者的存款也略微有所增加，不过，拿到硬币的那些人，存款高达只收到信息的人的两倍多。你可能以为，获胜的是获得 20% 的奖励或附带损失厌恶的 20% 的奖励的其中一组（大多数人都预测这是最有效的方式），但你错了。

简单的一枚硬币，是如何让人在行为上产生了如此大的差异？还记得那些收到短信提醒存钱的实验对象吧。考虑到每一天，人们存下的钱的数量都不尽相同，所以硬币并不是在人们收到短信的那天发挥用处——它最大的影响是作用于除此之外的那些日子。通过改变人们在日常生活中思考的事物，金色硬币让人的储蓄行为变得更加突出。人们时不时地就会瞥见房子里的硬币，偶尔还会碰到它，谈论到它，意识到它的存在。通过这些身体上的接触，硬币将存钱的念头、存钱的行为融入日常生活中。虽然硬币的这种作用并不是一直持续的，但它时不时的出现，足以让人采取行动，有所作为。

这是一个很好的例子，它显示了我们是如何看待金钱，又是如何将自身缺点转而为我所用的。照理说，面对能让资金最大化的方法，我们应该反应最强烈才是（存钱的奖金，这是免费的钱），但事实并非如此。塑造我们的记忆、注意力和想法的事物，比如硬币，反而对我们影响更大。比起痛心于金融人格障碍，我

295

们倒不如设计一种系统，让它在生活的诸多领域提供类似上文中硬币的功能，从而激励我们存钱。

展示价值

我们可以利用这一基本理念——将存款直观地展示给用户会让其更醒目，并将其扩展开来，试着调整社会价值，向人们稍微施压，让他们去存钱，而不是消费。

我们经常通过观察身边同行和邻居所做的事（通过他们的房子、车子和假期）来权衡自己的消费水平。这些是我们可以看到的。而另一方面，存款是无法被看到的。我们不会去打听自己的同事在401(k)中存了多少钱，也不会雇个俄罗斯少年黑客去窃取信息，所以，我们没法知道别人的具体存款金额，我们只知道他们在添置衣物、厨房装修和购置汽车上花了多少钱。因为意识的存在，我们只会在消费方面感受到"跟上琼斯"的社会压力，而在看不见的存款中，这种感觉并不存在。

我们可以看看其他文化。在非洲的一些地方，人们通过购买山羊来存钱。如果进展顺利，我们的个人财产里会有越来越多的山羊，每个人都会知道我们有多少只山羊。还有一些地方，人们通过购买砖块来存钱，他们把砖块堆在房子外面，直到足够盖另一间房为止。在这种情况下，其他人也知道每个人有多少砖块。

现代数字文化中并没有类似的存钱方式。当我们把钱存进大学储蓄账户或401(k)时，不会有喧闹的喇叭声和明晃晃的假日灯光。我们在给孩子买礼物时，他们会看到我们的付出，心存感激。但当我们把钱存进他们的529大学储蓄账户时，他们对此毫不知情，更不会有任何反应。

那么，我们怎样才能让这些"看不见的事物"变得可见呢？怎样才能让这些良好的行为被大力赞赏呢？怎样才能让存钱这件事在家庭和社会中引起话题呢？这样，我们才能说服大家为了将来做出一些牺牲，哪怕这些牺牲隐秘而保守，无法为他人所知。

人们在投票箱前履行自己的公民义务时，会得到一张写着"我参与了投票"的贴纸。像伊拉克和阿富汗这样的新晋民主国家，公民会自豪地竖起染着紫色墨水的手指，来作为参与其中的标志。那么，存钱这件事可不可以也采取类似的做法呢？有没有某样东西能显示我们为了自己和子女，开设了哪种类型的存钱账户呢？

当存下超过15%的收入时，我们是不是可以给个贴纸？小奖杯？大雕像？在领口和家里留下红色美元符号？在房子外面建一个类似巨型温度计那么大的东西来作为每次存钱的里程碑，这太俗气了，但毫无疑问，如果我们真的这么做了，肯定能存下更多的钱。等到人类文明真正接纳这种计量方式的那天，我们就可以在还完房贷和车贷的时候开始庆祝？不要什么16岁的甜蜜派对，而是我现在可以供16岁的自己上大学的甜蜜派对。

这些想法可能不太实际，但我们应该基于"让看不见的存钱行为变得肉眼可见"这一原则去努力。我们可以从如何合理存钱这种激励性的交流入手，这样，我们互相比拼的就不仅是更大的汽车，还有更多的存款。

看我做得多好

将自己明智的决策和无私的选择公布于众能够带来一定的好处,这种现象并不局限于金融领域。在我们生活的其他方面,宣扬良好行为也很有用处。

考虑一下全球变暖的问题。除了回收利用和偶尔对着新闻大喊大叫之外,我们中很少有人会为了地球的未来而做出自我牺牲。如果使用奖励替代来展示这些决策的价值会怎样?我们能不能从本质上让人以错误的原因去做正确的事?嗯……是的。我们可以,而且我们也是这么做的。

想想丰田普锐斯和特斯拉。这些汽车能让司机同其他人进行沟通交流,赞美他们是多么慷慨、多么美好、多么体贴、多么优秀。普锐斯和特斯拉的司机可以笑对自己,想着"我是一个伟大的人"。他们也可以向世界展示自己做出了这个决策,他们坚信,别人会看着他们和他们的车说道:"噢,一个伟大的人一定得开这种生态杰作!"对于每个个体来说,阻止全球变暖的直接奖励可能还不够,但如果它能与这种自我激励结合,那么,也许会有更多的人愿意牺牲一点儿自我,减缓全球变暖的速度。

我坚信子女将拥有美好未来

研究表明,如果父母给子女开设了大学储蓄账户,子女的一生就会过得更好。美国的一些州正在将这一发现同另一项重要发现（如果穷人获得了一笔资产，就会开始存钱，让自己将来过得更宽裕一些）结合起来。禀赋效应、损失厌恶、心理账户以及锚定效应都是促成这些积极成果的部分机制。

CDA（儿童发展账户）是以长期发展为目标的储蓄或理财账户。这些程序为新生儿父母提供自动大学储蓄账户、一笔500美元或1 000美元的初始存款、储蓄匹配、账户报表、关于大学的一般信息以及大学储蓄提醒。

为什么这些程序能起作用？其实，它和金色硬币生效的原理差不多。CDA除了能帮家庭进行存款外，还充分利用了我们的心理。它提醒父母和子女，大学是生活中触手可及的一部分，甚至是可以被抱以期望的一部分，为上大学而存钱很重要。账户报表让家庭能够掌握自身资产的增长状况。此外，如果子女知道自己有能力和方式去上大学的话，他们在为了进入大学而努力时就会更加满怀希望，更加专注于目标，看得也更远。最终，这些子女和父母就很有可能在上大学这件事上形成一致的意见和一定的期望。

CDA是一种有意设计的金融环境，它重视存款和由此产生的心态。它提醒人们去存钱，让人产生一种所有权的感觉，同时通过强调目标的长远价值来帮助人们克服当下放弃一些资金的忧虑。所有的这一切，其实都是在以对自己有利的方式从心理上对金钱稍加利用。

看看这个

大多数人的生活都包括一些固定金额的收入——工资、福利，以及固定水平的支出——住房、交通、保险，等等。剩下的才是我们所说的"可自由支配"部分。这部分的其中一些，我们可以放心使用，但另一些，我们应该避免触及，将它们存起来，或延迟支出，或作为"雨天资金"。

我们可以通过有利于自身的方式来将可自由支配的资金进行分类——是"轻松去花"，还是"禁止去动"。目前，权衡可自由支配资金最简单的办法就是，查看自己的活期存款，也就是账户余额。如果我们的账户里没有多少钱，或是我们觉得账户里的钱比较少，我们就会约束自己的消费行为。相反，如果我们觉得自己的余额比较高，那么就会继续花更多的钱。

有几种办法可以使这种查看账户余额的规则为我们谋利，骗自己存钱。例如，我们可以将一小部分资金从活期存款中转到储蓄账户里，那样的话，我们的活期存款就会人为地变得比较低，这使得我们觉得自己比实际要穷。还有一个类似的办法是，我们可以让雇主将部分工资直接打到单独的账户中，来帮助我们"忘记"这部分存款的存在。通过这样的办法，我们依然可以通过检查账户余额来确定自己可以花多少钱，但我们会发现，出去吃晚餐或是犒劳自己的频率减少了一到两次，整体消费也随之降低。

从本质上来说，我们可以通过把钱藏起来的办法减少消费。

其实，如果我们停下来想一想，就会知道自己藏了钱，也知道它被藏在哪儿。但是，我们可以利用自身的认知惰性以及我们不太去思考其他账户中到底有多少钱这一事实，暂时忘记这笔钱的存在。而且，如果是自动存款，不用每次都自己手动转账的话，我们就更不会想到它。所以，欺骗自己是一种简单有用的策略。它并非永久性的欺骗，但肯定能杜绝一些不理性的消费行为。

给年轻人更多动力

关于存钱，还有很多技巧。例如，在英国，有些人把硬币放在电表中，当他们想开暖气的时候，他们就会感受到付款所带来的心理上的痛苦，以此减少用电。在这种情况下，就不是一个月抄一次电表，然后寄来账单，你再付费的形式了……这些英国人经常能感受到支付暖气费所带来的心理上的痛苦，因此就会决定不开暖气，自己多穿件毛衣取暖。

从那些斤斤计较的人到那些钱多到已经没那么在意的人……近来，富达投资专家发现，投资理财收益最好的往往是那些压根儿忘了自己在做投资理财的人。那些将自己的投资完全抛在脑后的人，没想过要去交易或管理，不会陷于市场趋势或从众心理，不会过于看重价格，不会厌恶损失，不会高估自己所持有的，也不会成为期望的牺牲品，因此反而做得最好。他们做出"明智的投资"选择，然后将它放在一旁不去过问，从而最大限度地减少了自己财务失策的可能。我们也可以这样。我们可以想象，在某个地方，有一个被我们遗忘了的巨额投资账户……

需要注意的是，有些成功的投资者是因为自己去世才会使得他名下的那些投资理财被置于一旁。这就说明了，"装死"不仅是避免被熊攻击的好办法，而且也是一种合理的投资策略（这里也许应该讲一下"熊市"的教训，不过这本书已经到尾声了，所以暂且略过不表）。

财富的错觉

我们对于"噢，这杯咖啡一天要花 4 美元"和"噢，这杯咖啡一年要花 1 460 美元"的反应截然不同。如何描述一笔花费的时间范畴，是以小时，还是以周、月或年，会对我们的价值观以及消费决策的明智与否产生极大的影响。

我们曾经做过一组实验，实验对象被给予一份 70 000 美元的薪水，一部分人是以时薪 35 美元的形式发放，一部分人是以年薪 70 000 美元的形式发放，结果发现，后者存下的钱比前者多。当薪水以年薪的形式呈现时，我们的眼光就会放得更长远。这么一来，我们就会为退休存下更多的钱。当然，在美国，大多数低收入工作都是以小时计费的，这往往也恶化了不去长远考虑存钱的问题。

这种退休时一次性支付 10 万美元的方式看上去似乎比每月支付 500 美元更昂贵的现象被称为"财富的错觉"。虽然它可以被视为人类思维中存在的一个缺陷，但我们也可以利用它来设计储蓄系统，为己所用。在退休储蓄的事例中，按月计算退休金使我们觉得自己的存款比实际所需的要少，这就会让我们去反思是否应该增加金额，存更多钱。同样，我们可以在获取退休金方案的其他任何信息之前，就将预计月收入分配到预计退休时间中进行计算，从而突出较高的存钱需要。一些退休计划已经朝着这个目标在努力，也取得了积极的成效。

一旦能够更好地理解数字思维中存在的这些怪癖，我们就可以找出利用它的办法，从长远看，是有利于我们的。同时，这也有助于改善我们的存钱行为和决策。正确时间范畴的使用看起来是一个颇为重要的因素。为了说服人们从薪水中拿出一部分储蓄，我们应该以年为单位去界定他们的薪水。为了让他们相信自己以后会需要更多的存款，我们应该以月为单位界定他们的支出。之前提到的那种标志了女王形象的银行，说不定也会有一定的帮助。

除了这些数值界定的方式，还有一些其他办法也可以有效地帮我们处理每年的收入，增加自身幸福感，并减少糟糕的消费决策。当我们有一笔固定的收入时（假设是每个月5 000美元），我们就会在这个范围内相应地提升自己的消费水平。如果我们除此以外还给自己发放一笔奖金呢？我们会如何使用这笔钱？

丹曾经让学生想象他们为自己工作的情形，假设他们有两种选择，一种是每个月获得1 000美元的加薪，另一种是年底一次性获得一笔12 000美元的奖金。几乎所有人都觉得，每个月加薪更合理。这样，他们可以更早地拿到钱。所有人都表示，每个月多拿到的一笔钱和年底才拿到的钱，对于这两者，他们的使用方式会完全不同。如果是每个月多出来1 000美元，它就会被当成常规资金流的一部分，人们会将它用于日常开销，像是支付账单或月度消费。但如果是在年底才拿到钱的话，在心理账户中，这笔钱就不会被划分在薪水一类中。人们会将这笔钱更自由地用在一些特殊事项上，让自己更开心，而不是简单地拿去支付账单。好在，并不是所有人都会像这样花掉这 12 000 美元，但其中的确存在一部分人，在花这笔钱时会更加放纵。

那么，如果在月薪 6 000 美元和月薪 5 000 美元加 12 000 美元年终奖之间做出选择的话，生活质量会有何不同吗？选择月薪 6 000 美元的人可能会提升自己的生活质量，买稍微好点儿的车，住稍微好点儿的公寓，吃稍微好点儿的餐饮，但他们却无法为自己做什么大事。而选择年底拿一大笔奖金的人就可以做些特别的事，像是买辆摩托车，花钱去度假，或是开始存钱。

这似乎与我们刚才所说的相矛盾，不过，第一，那是存钱，这是花钱，第二，我们是人，第三，没人会责怪人类的行为总是一成不变。

说到存钱的话题，有"先给你自己付钱"这个说法，的确应该这么做。但是，如果我们具备相对稳定的收入，有一种有效的办法可以让我们从中收获更多乐趣，那就是削减一部分固定收入，略微降低自身的消费标准，并将削减出来的这部分钱（如果你愿意的话，可以称其为薅羊毛）作为奖金送给自己。我们可以将奖金中的一部分花在我们真正喜欢的事物上。没错，我们首先应该给未来的自己付钱，但我们也可以稍微剥削一下现在的自己。

18 停下来，想一想

在最后几章中，我们提供了一些通过环境设定将心理缺陷转化为有助于财务成功的手段的例子。

我们可以通过世界各地的种种实验和成果朝着这个方向继续努力，但重点在于：其实，我们不仅是在利用自己的怪癖，正如财务心理学和行为经济学所揭示的那样，也利用它来改善因自身思想的欠缺所引起的后果。不过，鉴于我们在现实世界中的所见所闻，显然，还有很多事情需要去做。

如果我们能设计出更多类似的系统，去改善金融环境，减少心理上财务失策的影响，并削弱将我们引入歧途的外界力量，那真是再好不过了。

但事实是，我们唯一的，或者说最强大的敌人，并不是这些力量，而是我们自己。如果我们一开始没有做出那些糟糕的价值评判，也就不会落到现在这个地步。我们需要理解和接纳自身的缺陷和不足。不要相信自己所想的一切。不要刚愎自用。不要以为只有别人才会上当，不要觉得自己很聪明，根本不会落入这些陷阱。

聪明人知道自己的愚蠢之处，而笨蛋只会坚信无疑地打开钱包。

毫不相关的价值暗示会对我们的想法产生一定的影响，在认识到这一点后，我们就有可能去学习进取，改善作为金融个体的自己，也就能有钱去庆祝这一成长（希望庆祝活动可以推迟一些）。

了不起的漫画家山姆·格罗斯曾经画过一幅画：两位男士伫立在一幅写着"停下来，想一想"的巨大广告牌前。其中一位男士转过身去对另一位说道："它还真的会让你停下来，想一想，不是吗？"

在金融之旅的途中，我们需要这种类型的路标使自己驻足，将我们从金融梦游中唤醒。我们希望这种路标能经常出现，哪怕只是一个瞬间、一个停顿、一些额外的冲突，让我们的主动意识得以加强，让我们维持现状，帮助我们去思考自己到底在做什么。

假如我们坐在一张沙发上，沙发上放着一大袋爆米花或者饼干，我们肯定会毫不犹豫地把它吃光。但如果，这些食物是被分在4个小袋子里的呢？我们在打开新的一袋前，都会停顿一下。这一细微的动作让我们得以反思和决定，自己是否还要继续吃下去。事实证明，相比完整的一大袋零食，拆小包装袋时的停顿会让我们吃得没那么多。

若是将这种吃零食的癖好放到金融世界，假如把一段时间内所有的钱都放在一个大信封内，我们很容易就会把这些钱花光，就像坐在沙发上不动脑子地吃零食一样。但如果这些钱被分放在好几个信封里，在每花完一个信封里的钱之后，我们都会停顿一段时间。此外，正如我们之前所提到的，如果把子女的名字写在这些信封上，我们甚至可能就不愿意去一直花这些钱了。

我们在打开一个新包装或新信封时，之所以会调整零食消耗或消费支出，其原因在于，打开新容器这一行为令我们停下来思考一下自己正在做的事。这就带来了一个决策点，在此期间，我们会对自己的行为稍微做出一番评估，并重新思考接下来的举动。

纵观全书，我们一直在努力说明一个事实：在财务生活中，我们面临着诸多决策。我们往往不会特意停下来思考这些决策，甚至都没有意识到自己面临着这些决策，也压根儿没想到自己正在做一个重要的决策。即便如此，我们还是做出了许多财务决策，而其中的大部分，是在接收了太多毫不相关的价值暗示后做出的回应。我们应该更加注意这些事。这样，我们才有可能，时不时地停下来，想一想，然后做出更好的决策。

生活中充斥着各种决策：重大决策、小决定以及一而再、再而三的重复决断。重大决策，诸如购置房产、结婚，或是选择上哪所大学，需要我们停下来，尽可能多地思考其价值和消费。我们中的大多数人的确是这么做的。虽然还不够，但至少我们有所行动。

小决定，诸如在县集市上挥霍一顿，或是在周年晚宴上加一道菜，这些事往往不值得我们花时间和精力去思考其价值暗示。你要去想，其实也没问题，但如果每一个小决定都要随时这么耗费脑神经的话，任何人都会被逼疯的。

接着，就是重复决断，这些决断的本质其实是我们一而再、再而三做出的小决定。它是一种习惯，就像买咖啡，在超市购物，出去吃饭，或是每周给你爱的人买花。每一次，单独的消费金额其实都不算多，但因为次数的重复，所以整体而言，还是会形成较大的累积影响。我们不可能在每次购买前都停下来仔细思考一番，但至少，我们应该偶尔，比如说在每个学期结束的时候，换季的时候，或是读完这本书的时候，停下来，想一想。（显然，对于买花这件事，我们只是开了个玩笑——我们还没遇到有哪个人，能用金钱去充分展示自己对重要的人的爱。）

我们并不是说，要一直竭尽所能地去质疑每一项财务决策。从经济学角度来说，它合情合理，但从心理学角度来说，这令人崩溃，使人却步，又算不上明智。我们不希望自己变得畏畏缩缩、吝啬小气又杞人忧天。所以，没必要去质疑一切。人生是用来享受的。但你得找准自己的定位,对那些有可能带来长远伤害的事物,要抱有质疑之心。

偶尔,你得仔细想想,我们从每次购物中,真正能够收获的乐趣有多少、价值又有多少。再想想,那些钱原本还可以花在其他什么地方,想想我们为什么最终还是做出了那个选择。如果我们能够认识到自己在做什么,以及为什么这么做,那么,随着时间的推移,纵使过程缓慢,但肯定的是,我们终将有能力改善自己,做出更好的决策。

金钱是一个令人费解的抽象概念。处理起来不易,思考起来也颇为艰难。但是,这并不意味着我们就只能坐以待毙。只要我们能了解其诱因和手段,理解自身的心理状况,我们就可以予以反击。如果我们愿意深入研究人类心理学,也就可以改善自身的行为和生活,脱离财务困境和压力,变得更加自由。

钱虽愚蠢却重要……我们也是如此

杰夫曾经受雇为一名竞选五年级学生委员会中位高权重一职的人撰写演讲稿。(她成功了,否则,杰夫也不会分享这则故事。)当时,杰夫的大部分时间都花在了保证其父母(事业有成的对冲基金经理)是好人这件事上,但实际上,在杰夫看来,父母所享有的财富及其自身与金钱的关系,已经扭曲了他们的价值观,也扭曲了他们同孩子的关系。那么杰夫为什么要骗人呢?为什么他还要接下这份工作呢?当然是为了钱(杰夫想说是"为了故事",

但实际上，主要还是为了钱）。

金钱会令人做出疯狂的举动。如果说我们从落魄的彩票中奖者和破产的职业运动员那里学到了什么的话，应该就是：就算有很多钱，也不会让思考变得更加容易；有时候，恰恰相反。

那么，我们应该怎么办呢？我们可以试着抛开现代经济，找到有效的解决办法。我们可以去一家菜篮编织公社，或是创办一家物物交换、不用货币的社区，每份餐饮收费一个阿尔巴尼亚三只脚趾的blork。但到了那会儿，我们又会想念戏院、艺术、旅行和红酒了。金钱让我们得以深入浩瀚的、复杂的、令人惊叹的现代社会，我们应该将此分享给他人，这会令生活和赚钱都变得更有意义和价值。

所以，我们还是与钱和平共处吧。有越来越多的亿万富翁在意识到慈善的价值以及极端财富所带来的负面影响后，开始捐赠钱财。而关于我们如何从消费中获得更多乐趣、意义和满足感，也有越来越多的相关文献（以我们的朋友麦克·诺顿和伊丽莎白·邓恩的著作《花钱带来的幸福感》为首）。你自己可能也有了一些好主意。不妨将这些想法分享给他人，深入这些想法，探索其可能性。让我们不断思考金钱，思考如何与这个棘手却重要的发明和谐共处。

还有一点也很重要，我们应该开始同周围的朋友探讨金钱。交流我们将钱花在了哪些事物上、存了多少钱、花了多少钱，以及在财务上犯过多少错误，这些事做起来并不容易。但是，我们应该互帮互助，去处理金钱所带来的问题，去面对各种错综复杂的决策，这一点很重要。

最后要说的是，钱并不是唯一重要的东西。但对我们所有人来说，它的确很重要。我们花了大量时间去思考它，然而，这些想法往往还是错的。

我们可以继续任由定价者、销售人员和商业利益利用我们的心理和行为以及喜好和愚蠢。我们可以坐等社会和政府利益来制定相关程序，拯救我们自己的愚蠢选择。或者，我们也可以进一步认识到自身的局限性，通过设计个人系统来矫正自己，掌控自己的财务决策，这样，我们珍贵的、有限的以及无法估量的宝贵人生才会每天都变得更加丰富多彩。

怎么做完全取决于我们自己。让我们举起盛着美味红酒的脏兮兮的咖啡杯，祝明天更美好。

干杯——丹和杰夫！

致　谢

丹和杰夫想对金钱表达一下衷心的感谢，谢谢你如此复杂。谢谢你所做的让我们难以考虑周全的一切，谢谢你让金融世界变得尤为复杂。

感谢信用卡、抵押贷款、隐藏费用、手机银行、赌场、汽车经销商、财务顾问、亚马逊网站、房地产表单、难懂的条文、苹果以及橙子。

没有你们，生活将变得更加简单，但这本书也就没有存在的必要了。

感谢书中所提到的那些研究人员、教授和作者的杰出工作，没有你们，这本书只能沦为纯粹的空谈。

感谢伊莱恩·格兰特、马特·特罗尔以及英格丽·宝林的惊人天赋，没有你们，这本书只是一堆毫无意义的辞藻。

感谢吉姆·莱文的热爱和支持,感谢马特·哈珀的远见和热情,没有你们,这本书只能在我们自己的硬盘上慢慢腐烂。

感谢你们所有人。

杰夫还要感谢他的父母,因为忘恩负义的子女就是这么做的;感谢他的兄弟姐妹,感谢他们成为忘恩负义领域的开拓者;感谢他的妻子安妮,感谢她的耐心、灵感和爱;感谢他的子女,斯特特和萨拉,感谢他们拥有全世界最棒的笑容;当然,也要感谢丹·艾瑞里,感谢丹用自己的以色列口音(在美国生活了几十年后,口音竟然还没有消退)在北卡罗来纳州的一家餐馆越过喧嚣和吵闹问道:"那么,也许我们应该写些和钱相关的东西?"

丹·艾瑞里也很爱自己的家人,但他更喜欢将细节留给读者去自行想象。